Florian Müller / Hendrik Zill (Hrsg.)
Frühe Störungen
bei Kindern und Jugendlichen

Aus unterschiedlichen Blickwinkeln beschäftigen sich die Beiträge mit den frühen, präödipalen Störungen, die sich im Kindes- und Jugendalter zeigen. Es kann als gesichert gelten, dass diese Störungen, die aus frühen Störungen der Eltern-Kind-Interaktionen und Traumatisierungen resultieren, erhebliche Auswirkungen auf die psychische Entwicklung haben und nicht selten in Persönlichkeitsstörungen münden, sollte keine frühzeitige Intervention und Behandlung erfolgen.

Daher haben gerade bei diesen Störungen die Kinder- und Jugendlichen-Psychotherapie und die Jugendhilfe eine große Bedeutung, da sie frühzeitige Interventionen ermöglichen, die eine Persönlichkeitsstörung im Erwachsenenalter verhindern können. Allerdings rufen gerade diese Störungen mit ihrer »systemsprengenden« Dynamik Hilflosigkeit, Ohnmacht, Wut und Angst in denjenigen Helfern hervor, die mit diesen Kindern arbeiten: Kinder- und Jugendlichen-Psychotherapeuten, Sozialarbeiter und Lehrer.

Psychoanalytische Theorie und die damit verbundenen psychodynamischen Behandlungsformen ermöglichen ein Verständnis dieser Störungen, da die innere Not des Kindes in den Mittelpunkt gestellt wird und die daraus resultierenden destruktiven Beziehungsgestaltungen als Ausdruck davon verstanden werden.

Die Beiträge widmen sich den ideengeschichtlichen und behandlungstechnischen Entwicklungen von Frühstörungen innerhalb der psychoanalytischen Theorie, der Bedeutung von traumatischen prä- und perinatalen Erfahrungen, den pathologischen Auswirkungen früher Verfehlungen zwischen Objekt und ungeborenem Kind, den Internalisierungsprozessen bei strukturell gestörten, aggressiv-dissozialen Kindern, der besonderen Situation von Pflegekindern, der behandlungstechnischen Thematik des Aushaltens in der Behandlung von frühgestörten Kindern und Jugendlichen.

Florian Müller, Analytischer Kinder- und Jugendlichen-Psychotherapeut in eigener Praxis in Nürnberg; Supervisor, Dozent und Vorstandsmitglied am Institut für Psychoanalyse und Psychotherapie von Kindern und Jugendlichen in Nürnberg. Letzte Veröffentlichungen: »Zwischenwelten in der Kinderanalyse eines Jungen im Latenzalter« (*Kinderanalyse*, 4/2018); »Vom Trieb zum Begehren. Über das Verschwinden des Ödipus« (*sans phrase*, 14/2019); »›Eine Art psychoanalytischer Roman.‹ Versuch über Döblins Hamlet-Roman« (*sans phrase*, 24/2024).

Hendrik Zill, M.A., analytischer und tiefenpsychologisch fundierter Kinder- und Jugendlichen-Psychotherapeut, seit 2020 stellv. Vorsitzender des Instituts für Psychoanalyse und Psychotherapie von Kindern und Jugendlichen Nürnberg e.V., Supervisor und Dozent an verschiedenen Ausbildungsinstituten und Universitäten, war mehrjährig in der Kinder- und Jugendpsychiatrie und im sozialpädiatrischen Zentrum in Chemnitz als Psychologe tätig, seit 2011 niedergelassen in eigener Praxis in Chemnitz.

Florian Müller / Hendrik Zill (Hrsg.)

Frühe Störungen bei Kindern und Jugendlichen

Verstehen und Behandeln

Beiträge von Josef Christian Aigner,
Frank Dammasch, Ludwig Janus, Lisa Koch,
Ellen Lang-Langer, Florian Müller,
Martina Scharrer, Angelika Staehle,
Jörg Wiesse, Hendrik Zill

Brandes & Apsel

Auf Wunsch informieren wir Sie regelmäßig mit unseren Katalogen *Frische Bücher* und *Psychoanalyse-Katalog*. Wir verwenden Ihre Daten ausschließlich für die Zusendung unserer beiden Kataloge laut der EU-Datenschutzrichtlinie und dem BDS-Gesetz.
Bitte senden Sie uns dafür eine E-Mail an info@brandes-apsel.de mit Ihrer Postadresse. Außerdem finden Sie unser Gesamtverzeichnis mit aktuellen Informationen im Internet unter: www.brandes-apsel.de sowie www.kjp-zeitschrift.de

1. Auflage 2025

© 2025 by Brandes & Apsel Verlag GmbH, Scheidswaldstr. 22, 60385 Frankfurt a. M., Kontakt: info@brandes-apsel.de
Alle Rechte vorbehalten, insbesondere das Recht der Vervielfältigung und Verbreitung sowie der Übersetzung, Mikroverfilmung, Einspeicherung und Verarbeitung in elektronischen oder optischen Systemen, der öffentlichen Wiedergabe durch Hörfunk-, Fernsehsendungen und Multimedia sowie der Bereithaltung in einer Online-Datenbank oder im Internet zur Nutzung durch Dritte.
DTP: Brandes & Apsel Verlag
Umschlagabbildung: Abb. d. Tagungsprogramms 2024 d. Instituts für Psychoanalyse und Psychotherapie von Kindern und Jugendlichen e. V. Nürnberg. Mit freundlicher Genehmigung.
Druck: STEGA TISAK d. o. o., Heinzelova 60/1, 10000 Zagreb, Kroatien
Kontakt: upit@stega-tisak.hr
Printed in Croatia, gedruckt auf säurefreiem, alterungsbeständigem und chlorfrei gebleichtem Papier, FSC CO15522

Bibliografische Information der Deutschen Nationalbibliothek:
Die Deutsche Nationalbibliothek verzeichnet diese Publikation in der Deutschen Nationalbibliografie; detaillierte bibliografische Daten sind im Internet über www.ddb.de abrufbar.

ISBN 978-3-95558-388-0

Inhalt

Hendrik Zill / Florian Müller
Vorwort 7

Jörg Wiesse / Lisa Koch
Die Bedeutung der Frühen Störungen in der Psychoanalyse 15

Hendrik Zill
Innenwelten »frühgestörter« Kinder – Defizitäre Internalisierungsprozesse und Strukturentwicklung in präödipaler Zeit 23

Ludwig Janus
Die Psychodynamik der Folgewirkungen der Unreife bei der Geburt 67

Ellen Lang-Langer
Traumatisierendes Objekt und autistischer Rückzug 83

Angelika Staehle
Ungehörte Schreie – Enactment, Containment und Worte
finden in der Psychotherapie von Kindern mit frühen Störungen 101

Florian Müller
Entwicklungsrisiken bei Pflegekindern 119

Josef Christian Aigner
Die Bedeutung ödipaler Beziehungen für die frühe
Geschlechts- und Männlichkeitsentwicklung 137

Frank Dammasch
Adoleszente Entwicklungszusammenbrüche und ihre
frühen Wurzeln – Erfahrungen aus der Walk-In-Sprechstunde 155

Martina Scharrer
Vom Halten und Aushalten – Psychodynamisches Verstehen
von Jugendlichen mit Frühstörungen 167

Die Autorinnen und Autoren 183

Hendrik Zill / Florian Müller

Vorwort

Vor dem Hintergrund psychodynamischer, bindungstheoretischer und psychotraumatologischer Diskurse kann es als gesichert angesehen werden, dass die strukturelle Entwicklung von Kindern mit *frühen Störungen* massiv beeinträchtigt ist. Dies geht mit Chronifizierungen einher, welche die Persönlichkeit nachhaltig prägen und spätestens im Jugendalter sehr häufig in Persönlichkeitsstörungen kulminieren, sollte nicht frühzeitig eine Behandlung erfolgen.

Diese sogenannten *frühen Störungen* sind strukturelle Ich-Störungen, deren Wurzeln in den präödipalen ersten drei Lebensjahren liegen und welche u. a. durch *Ich-Schwäche*, *Impulskontrollstörung* und *Über-Ich-Schwäche* gekennzeichnet sind. Ihre Symptome können nach Hoffmann & Hochapfel (2009) entweder »als direkte Folge des Entwicklungsschadens« oder als »Ersatzbildung für den Schaden« verstanden werden (ebd., S. 67). Zu diesen Störungen »gehören Kriminalität, Dissozialität, Soziopathie, Süchte, schwere sexuelle Deviation, schwere Persönlichkeitsstörungen« sowie »das Borderline-Syndrom (…), die narzisstische Neurose (…), andere Neurosen mit Neigung zu ›malignen Regressionen‹ und die Psychosen (soweit psychogen)« (ebd., S. 65).

Das 21-jährige Bestehen des *Instituts für Psychoanalyse und Psychotherapie von Kindern und Jugendlichen* in Nürnberg haben wir zum Anlass genommen, uns diesen »frühen« persönlichkeitsstrukturellen Störungen von Kindern und Jugendlichen im Rahmen eines Symposiums zu widmen, da es gerade diese Störungen sind, die oft Hilflosigkeit, Angst und Wut in denjenigen Helfern hervorrufen, die mit den betroffenen Kindern arbeiten, sei es in Therapie, Klinik, Schule, Jugendhilfe oder einer anderen Institution. Insbesondere die Dynamik des unbewussten Wiederholungszwangs, die dazu führt, dass die betroffenen Kinder immer wieder die traumatisierenden und vernachlässigenden Situationen, die sie selbst erlebt haben, aufsuchen oder sie reinszenieren, lässt uns ratlos und ohnmächtig zurück. Die Psychoanalyse kann dabei zum Verständnis dieser Störungen und der daraus resultierenden Dynamiken einiges beitragen. Dafür haben wir renommierte, praxiserfahrene Wissenschaftler[1] und Psychoanalytiker sowie Pädagogen aus dem Bereich der Jugendhilfe eingeladen. Aufgrund des großen Interesses der Zuhörerschaft und Brisanz der Thematik haben wir uns entschlossen, ausgewählte und zur Verfügung stehende Vorträge in einem Band zu veröffentlichen.

Vor mehr als 30 Jahren hat Reimut Reiche (1991) in seinem gleichnamigen Essay die Frage »*Haben frühe Störungen zugenommen?*« aufgeworfen und darin konstatiert, dass sie nicht quantitativ zugenommen haben, aber die Aufmerksamkeit darüber stärker geworden ist und diese Patienten verstärkt in die analytische Praxis kommen. Angesichts der medialen Aufmerksamkeit, die diese Störungen derzeit erhalten, Stichwort: Systemsprenger, und die Zahl der Kinder und Jugendlichen, die durch ihre enorme Destruktivität, nicht zuletzt auch Selbstdestruktivität, auffallen, gewinnt die Frage, ob diese Störungen zugenommen haben, eine erneute Aktualität. Allerdings sind wir auch heute deutlich sensibilisierter für diese komplexen Problematiken und besitzen größere Kenntnisse über sie.

Zahlreiche Untersuchungen der letzten Jahre belegen, dass bereits Erfahrungen in der Schwangerschaft und im Säuglingsalter prägend für die gesamte weitere Entwicklung sind (vgl. Brisch, 2011; Fedor-Freybergh, 2014). Die intrauterinen Erfahrungen haben einen Einfluss auf die Entwicklung des Temperaments und der Persönlichkeit (vgl. Verny, 2014) und entsprechend muss man davon ausgehen, dass »frühe Störungen« ganz früh, bereits in der Schwangerschaft beginnen (vgl. Janus, 2023). Eine Reihe von Langzeituntersuchungen zeigten signifikante Zusammenhänge zwischen pränatalem mütterlichem Stress und einem schwierigen Temperament des Kindes, späteren Verhaltensproblemen, Beeinträchtigungen der Intelligenz-, Aufmerksamkeits- und Sprachentwicklung. Mütterlicher pränataler Stress kann außerdem zu Aufmerksamkeitsstörungen, Autismus, kognitiven Problemen und Depression der Kinder führen und erhöht das Risiko zu Schizophrenie (vgl. Linderkamp, 2014). Ebenso konnten bei Menschen mit einer »beeinträchtigten Liebesfähigkeit« Risikofaktoren bei der Geburt (vgl. Odent, 2016) sowie bei einem hohen Anteil erwachsener Psychotherapiepatienten prä- und perinatale Probleme festgestellt werden.

Bereits René A. Spitz (1965) zeigte mit seinen bahnbrechenden direkten Säuglings- und Kleinkindbeobachtungen in Säuglings- und Findlingsheimen, dass der *Entzug affektiver Zufuhr* und »*ein krasser Mangel an Objektbeziehungen* die Ent-

---

[1] Aus Gründen der besseren Lesbarkeit wird hier im Text verallgemeinernd das generische Maskulinum verwendet, was gleichermaßen weibliche und männliche Personen anspricht.

wicklung in allen Bereichen der Persönlichkeit zum Stillstand bringt«, und vermutete, dass dieses frühe *emotionale Verhungern* lebenslange »Narben hinterlässt, die in späteren Jahren sichtbar werden« (Spitz & Cobliner, 1965).

Entsprechend betonte Donald Winnicott (1960, 1962), dass für eine gesunde Entwicklung die Bemutterung[2] *hinreichend gut* sein muss, damit eine »Integration der Ich-Kerne« erfolgt, oder dass das, was E. H. Erikson (1959) *Urvertrauen* nannte, im Kind entstehen kann.

Vice versa kann es bei Verlust der *hinreichend guten Mutter* zu Störungen in der Objektbeziehung zu den Hauptbezugspersonen oder einer unabgestimmten Bedürfnisbefriedigung und Zuwendung zu einer zum Teil irreversiblen *Grundstörung* (Balint, 1968) und »Schäden in der höheren Ich-Entwicklung« (vgl. A. Freud, 1968) kommen, aus denen lebenslange Gefühle des Mangels und Urmisstrauens resultieren. Letztere sind der Nährboden für spätere schwere Persönlichkeitsstörungen und Dissozialität, welchen strukturelle Defizite der Realitätsprüfung, der Entwicklung von Abwehrmechanismen, der Angsttoleranz, des Über-Ichs usw. inhärent sind (vgl. Fonagy & Target, 2003/2007, S. 197f., 205).

Aus Sicht der Objektbeziehungstheorie beschreibt vor allem Wilfred Bion (1959) die Angewiesenheit des Säuglings auf eine verarbeitende Psyche der Bezugsperson (*Container*), welche die unverarbeiteten *(Beta-)Elemente* annimmt, diese transformiert und ihnen Bedeutung verleiht. Beim Fehlen eines solchen *Containers* kann das Kind diese Transformationsfunktion nicht internalisieren und somit seine Affektzustände nicht ausreichend regulieren, so dass daraus archaische Ängste, stark realitätsverzerrende Spaltungsabwehren und unintegrierte Objektbeziehungsrepräsentanzen resultieren und sich somit auf dieser brüchigen Basis kein kohärentes Ich und Über-Ich entwickeln kann, was nach Otto Kernberg (1984) als typisch für schwere Charakterpsychopathologien anzusehen ist.

John Bowlby (1969) hat mit seiner Bindungstheorie auf die universelle Bedeutsamkeit der Entwicklung eines lang andauernden affektiven Bandes zu den Hauptbezugspersonen hingewiesen und zahlreiche Untersuchungen zeigten, wie unzureichende Bindungserfahrungen im frühen Kindesalter zu unsicheren Bindungsmustern und Störungen der Affektregulation führen. Vor diesem Hintergrund sehr bedenklich bemerkt Hans Hopf (2022) in einem Interview mit Verweis auf eine Untersuchung aus den Niederlanden, dass im Vergleich zu vor zwanzig Jahren etwa 15% weniger Kinder eine sichere Bindung zu ihren Bezugspersonen entwickelten.

---

2   Und natürlich auch die »Bevaterung«.

Wie Arne Burchartz (2019) feststellte, sind auch bei Traumatisierungen »strukturelle Funktionsstörungen auf den unterschiedlichen Ebenen der Entwicklung die Regel« und aus diesen »kann eine große Bandbreite von psychischen und psychosomatischen Störungen entstehen« (Burchartz, 2019, S. 127). Gerade die Versuche, frühe Ohnmachtserfahrungen in einer Täter-Opfer-Umkehr, in aggressiv-destruktivem Agieren oder mittels des gänzlichen Rückzugs von der Objektwelt zu bewältigen, bringen Psychotherapeuten und Pädagogen an die Grenze ihrer Belastbarkeit.

Besonders im Zusammenhang mit der Entwicklung feindseliger Destruktivität beschreibt Henry Parens (2017), wie eine unzureichende emotionale und körperliche Bedürfnisbefriedigung in früher Kindheit zur »Entleerung« des gesunden primären Narzissmus des Kindes führt (ebd., S. 100) und in deren Folge Wut, Unsicherheit, Gier und Neid entfacht werden, wie wir sie bei vielen »frühgestörten« Patienten und Patientinnen im ausgeprägten Maß vorfinden.

In seiner Studie zu früh vernachlässigten und misshandelten Kindern beschreibt Kai v. Klitzing (2022) eindrücklich die gravierenden Auswirkungen von derartigen Deprivationserfahrungen und stellt die emotionale Misshandlung als Kernrisikofaktor für ein breites Spektrum von psychischen Störungen heraus (vgl. v. Klitzing, 2022).

Die unzureichende Berücksichtigung oder gar Missachtung struktureller psychopathologischer Besonderheiten in der Behandlung bei Kindern und Jugendlichen führt nicht nur im psychotherapeutischen Setting zu unheilvollen Wiederholungen von früheren seelischen Verletzungen. Auch im Bereich der Jugendhilfe und weiteren pädagogischen Feldern resultiert häufig ein Modus des hilflosen Agierens. Die »systemsprengende« Dynamik, welche diese Heranwachsenden mitbringen, stellt dies immer wieder unrühmlich unter Beweis. Dies macht die hohe Bedeutsamkeit einer engen Zusammenarbeit zwischen Psychotherapie und Jugendhilfe deutlich.

Die Schwierigkeiten der Behandlung von »nicht-neurotischen Störungen« bei Kindern werden bereits von Anna Freud (1968) beschrieben. Es gehe vor allem darum, »vorbewusste Gefahrensituationen und Ängste für das Kind in Worte zu fassen und ihm zu helfen, sie zu verstehen, sie in seine Denkvorgänge aufzunehmen und allmählich unter die Herrschaft seines bewussten Ichs zu bringen« (A. Freud, 1968, S. 2343). Laut Fonagy & Target (2003/2007) sähe auch André Green (1975) die therapeutische Aufgabe vor allem darin, »die Sprache von Aktion und Somatisierung in Worte zu übersetzen« (ebd., S. 211) und Winnicott (1959) setze »bei solchen Störungen voraus, dass der Therapeut die Entwicklungsarretierung des Patienten identifiziert und sich dem arretierten Bedürfnis anpasst« und dabei die »Funktion eines Übergangsobjekts erfüllt« (ebd., S. 209f.). Michael Günter (2023) stellt tiefgreifend dar, wie für manche dieser früh frustrierten und in ihrer Ich-Entwicklung beeinträchtigten Kinder die destruktive Aggression als letzter Ausweg und Befreiungsversuch von traumatischen Erfahrungen interpretiert werden kann. Zugleich betont er bei der Arbeit mit diesen Patienten die Notwendigkeit auf Seiten der Therapeuten und Therapeutinnen Unwissenheit und Unsicherheit aushalten zu können (*negative Capability*).

Die Beiträge in diesem Sammelband widmen sich aus verschiedenen Blickrichtungen den genannten Schwierigkeiten im Verständnis und der Behandlung von Frühen Störungen und nehmen dabei unterschiedliche Schwerpunkte ein. Im ersten Beitrag dieses Bandes werden diese einführenden Überlegungen zur Thematik der Frühen Störungen von *Lisa Koch* und *Jörg Wiesse* im Hinblick auf ihre ideengeschichtliche Entwicklung und unter Berücksichtigung des realen Traumas vertieft. Im zweiten Aufsatz analysiert *Hendrik Zill* auf Basis psychoanalytischer sowie entwicklungs- und neuropsychologischer Konzepte defizitäre Internalisierungsprozesse, die damit einhergehende gestörte Strukturentwicklung, Defizite in der Selbst-Objektwahrnehmung und narzisstischen Regulation in präödipaler Zeit. *Ludwig Janus* fokussiert bezugnehmend auf psychohistorische Hintergründe die Bedeutsamkeit von prä- und perinatalen Erfahrungen für die weitere seelische Entwicklung. *Ellen Lang-Langer* untersucht die pathologischen Auswirkungen allerfrühester Verfehlungen zwischen Objekt und ungeborenem Kind oder Säugling bei autistischen Störungen, während *Angelika Staehle* die Bedeutung von Enactment, Containment und Sprache in der Behandlung von »frühgestörten« Kindern in ihrem Beitrag hervorhebt. *Florian Müller* widmet sich den besonderen Entwicklungsauffälligkeiten von Pflegekindern, welche heutzutage fast immer gravierende Mangelerfahrungen in ihrer Frühgeschichte aufweisen. *Josef Aigner* erweitert die Perspektive auf die ödipale Entwicklung und stellt die Bedeutung der »negativen Ödipuskonstellation« und des Vaters für die Geschlechts- und Männlichkeitsentwicklung heraus. *Frank Dammasch* beschreibt, wie adoleszente Entwicklungszusammenbrüche, die oft ihre Wurzeln in frühen Störungen haben, in einem niederschwelligen (prä-)therapeutischen Angebot aufgefangen und die Jugendlichen auf intensivere Behandlungsangebote vorbereitet werden können. Schließlich bietet *Martina Scharrer* einen psychodynamischen Zugang zum Verständnis von Jugendlichen mit Frühstörungen und zeigt, wie die Thematik des Haltens und Aushaltens eine Schlüsselrolle in der Behandlungstechnik spielt.

An dieser Stelle möchten wir uns bei allen Autorinnen und Autoren bedanken, dass sie ihren Beitrag für diesen Band zur Verfügung gestellt haben. Des Weiteren gilt unser Dank Martina Scharrer, die einige Aufsätze gelesen und wertvolle Anregungen gegeben hat. Schließlich danken wir Roland Apsel für die Möglichkeit zur Publikation und die verlegerische Betreuung.

Wir wünschen Ihnen beim Lesen vielfältige Anregungen zum Nachdenken und genauso für den beruflichen Alltag.

Alle Personen sowie deren persönliche Daten und Kontexte in den Falldarstellungen dieses Buchs sind nach nationalen und internationalen Standards und Vereinbarungen für wissenschaftliche Fachpublikationen anonymisiert worden.

Nürnberg und Chemnitz, Herbst 2024

Florian Müller
Hendrik Zill

Literatur

Balint, M. (1968/2019): Therapeutische Aspekte der Regression. Die Theorie der Grundstörung. 6. Druckaufl. 2019. Stuttgart (Klett-Cotta).
Bion, W. (1959/1990): Angriffe auf Verbindungen. In: Bott Spillius (Hg.). Melanie Klein Heute. Bd. 1. München/Wien (Verlag Internationale Psychoanalyse), S. 110–129.
Brisch, K.H. (2011): Bindungsstörungen. Von der Bindungstheorie zur Therapie. Stuttgart (Klett-Cotta).
Bowlby, J. (1969/1975): Bindung. Eine Analyse der Mutter-Kind-Beziehung. München (Kindler).
Burchartz, A. (2019): Traumatisierung bei Kindern und Jugendlichen. Psychodynamisch verstehen und behandeln. Stuttgart (Kohlhammer).
Erikson, E. H. (1959/2020): Identität und Lebenszyklus. 29. Aufl. Frankfurt a. M. (Suhrkamp).
Evertz, K., Janus, L., Linder, R. (2014): Lehrbuch der pränatalen Psychologie. Heidelberg (Mattes).
Fedor-Freybergh, P.G. (2014): Kontinuität und Dialog. S. 34–49. In: Evertz, K., Janus, L., Linder, R. (2014).
Fonagy, P. & Target, M. (2003/2007): Psychoanalyse und die Psychopathologie der Entwicklung. 2. Aufl. Stuttgart (Klett-Cotta).
Freud, A. (1968/1987): Wege und Irrwege in der Kinderentwicklung. Schriften, Band VIII. Frankfurt a. M. (Fischer).

Green, A. (1983/2004): Die tote Mutter. Psychoanalytische Studien zu Lebensnarzissmus und Todesnarzissmus. Gießen (Psychosozial).

Hoffmann, S.O. & Hochapfel, G. (2009): Neurotische Störungen und Psychosomatische Medizin. 8. Aufl. Stuttgart (Schattauer).

Hopf, H. (2022): »Ich halte es für notwendig, Kindern in altersgerechter Weise von den Schrecken der Kriege zu erzählen.« In: Frühe Kindheit, 03/22, S. 50–53.

Günter, M. (2023): Entwicklung als Gefahr und Veränderung als Katastrophe. In: Kinderanalyse. Psychoanalyse im Kindes- und Jugendalter und ihre Anwendungen, 31 (4), S. 312–329.

Janus, L. (2023): Die psychologische Dimension von Schwangerschaft und Geburt. Heidelberg (Mattes).

Kernberg, O. F. (1984/1992): Schwere Persönlichkeitsstörungen. Theorie, Diagnose, Behandlungsstrategien. Stuttgart (Klett-Cotta).

Linderkamp, O. (2014): Gehirnentwicklung und frühe Förderung. S. 19–33. In: Evertz, K., Janus, L., Linder, R. (2014).

Odent, M. (2016): Es ist nicht egal, wie wir geboren werden. Risiko Kaiserschnitt. 3. Aufl. Frankfurt a.M. (Mabuse).

Parens, H. (2017): Krieg ist vermeidbar. Psychoanalytische Überlegungen zu Krieg und Frieden. Gießen (Psychosozial).

Reiche, R. (1991): Haben frühe Störungen zugenommen? Psyche – Z. Psychoanal., 45 (12), S. 1045–1066.

Spitz, R. A. & Cobliner, W.G. (1965/1996): Vom Säugling zum Kleinkind. Naturgeschichte der Mutter-Kind-Beziehungen im ersten Lebensjahr. 11. Aufl. Stuttgart (Klett-Cotta).

Verny, T. R. (2014): The Pre- and Perinatal Origins of Childhood and Adult Diseases and Personality Disorders. S. 50–69. In: Evertz, K., Janus, L., Linder, R. (2014).

v. Klitzing, K. (2022): Vernachlässigung. Betreuung und Therapie von emotional vernachlässigten und misshandelten Kindern. Stuttgart (Klett-Cotta).

Winnicott, D. W. (1960, 1962/1984): Ich-Integration in der Entwicklung des Kindes. In: Reifungsprozesse und fördernde Umwelt. Frankfurt a. M. (Fischer), S. 72–81, S. 182–199.

Jörg Wiesse / Lisa Koch

Die Bedeutung der Frühen Störungen in der Psychoanalyse

In der Geschichte der Psychoanalyse legte Sigmund Freud 1895 seiner frühen Neurosentheorie noch eine traumatische Genese zugrunde. In den *Studien zur Hysterie* wurde der Begriff des psychischen Traumas, der frühen Störung also, erstmals von ihm beschrieben als das Trauma der sexuellen Verführung in der Kindheit – ein frühes Trauma also, das die Hysterie bedingt. Nur Jahre später wurde die Bedeutung des Traumas in der Kindheit von Freud relativiert. Er rückte die unbewussten Konflikte in den Mittelpunkt der Neurosenentstehung und dachte, dass die neurotischen Anfänge in der frühen Sexualität in der unzureichenden Bewältigung des Ödipuskomplexes zu sehen seien. Im Fall Dora, der Jugendlichen Ida Bauer, der sich in den *Bruchstücken einer Hysterie-Analyse* von 1905 findet, hat Freud dies eindrücklich beschrieben. Katharina Adler, Urenkelin von Freuds Patientin, hat in ihrem eindrucksvollen Roma *Ida* die Analyse Doras im Licht ihrer familiären Situation und der gesellschaftlichen Umstände und vor allem aus Sicht von Dora selbst beschrieben. Ida, Dora in Freuds berühmter Fallgeschichte, emigrierte als Jüdin 1939 nach New York und starb dort 1945.

Das reale Trauma mit der Folge psychischer Erkrankungen und Störungen gewann in der Freud'schen Theoriebildung unter dem Einfluss des Kriegsgeschehens im Ersten Weltkrieg wieder mehr an Bedeutung. In *Hemmung, Symptom und Angst* von 1926 stellt Freud die völlige Hilflosigkeit des Ichs bei unerträglicher Erregung als das Wesentliche einer traumatisierenden Szenerie dar. Das Ich würde von einem äußeren überwältigenden Ereignis unvorbereitet und plötzlich getroffen und dabei in seiner Funktionsfähigkeit in dem Maß eingeschränkt, wie es von Angst überflutet wird. Vor allem Leon Wurmser (1990) hat diese Gedanken Freuds in seiner Arbeit zu Scham und Depression aufgegriffen und damit dem Trauma in der Konfliktpathologie der Psychoanalyse einen Ort ermöglicht. Freud hat also in *Hemmung, Symptom und Angst* eine Theorie zur Verfügung gestellt, die das Zusammenwirken von individuellem Erleben und einem belastenden äußeren Ereignis beschreibt.

In Freuds Nachfolge wurden die psychoanalytischen Gedanken zur Traumatheorie durch ich-psychologische und objektbeziehungstheoretische Aspekte erweitert. Auch heute berücksichtigt die Traumatologie der Psychoanalyse den Zusammenhang zwischen dem äußeren Geschehen und der inneren individuellen Verarbeitung, zu der – meist im Dienste der Abwehr des Ichs zu verstehen – auch das Narrativ oder die Phantasiebildung gehört.

Vieles hat in den vergangenen Jahrzehnten dazu beigetragen, dass das Trauma in Psychoanalyse und Psychotherapie immer weiter und mehr diskutiert wird. Die extrem traumatischen Erfahrungen im Holocaust und die Behandlung von Überlebenden und deren Kindern führten zu der Erkenntnis, dass traumatisierende Erfahrungen dieses Ausmaßes tief und anhaltend in das Erleben von Erwachsenen und Kindern mit der Folge schwerer psychischer Störungen eindringen können. Hans Keilson (1979) hat in seiner Arbeit über die sequentielle Traumatisierung von jüdischen Kindern in den Niederlanden während der Zeit der Besetzung durch Nazideutschland geschrieben und die Schwere der Traumafolgen Jahre nach dem Trauma mit dem Alter der Kinder zur Zeit der Traumatisierung verknüpft, wobei das Trauma vor allem im Verlust der Eltern durch ihre Verschleppung in Konzentrationslager bestand. Judith Kestenberg (1991) hat eindrücklich die Folgen traumatisierter Kinder und Eltern aus jüdischen Familien im besetzten Polen während des Zweiten Weltkriegs beschrieben, und Boris Cyrulnik (2010), französischer Analytiker und Neurobiologe, veröffentlichte in den vergangenen Jahren Arbeiten über das traumatische Gedächtnis und das lebendige Gedächtnis in der Trauerarbeit von traumatisierten jüdischen Kindern während der Besetzung Frankreichs durch Deutschland und ihren Verlust der Eltern.
    Ich möchte hier nur diese drei Analytiker von vielen nennen, die sich mit dem man-made-disaster und seinen vielfältigen, auch transgenerationalen Folgen für Kinder, Erwachsene, für Familien und Gesellschaft beschäftigt haben.

Die gesellschaftskritischen Auseinandersetzungen mit den Herrschaftsstrukturen in unserer Gesellschaft und der damit verbundenen Gewalt gegen Frauen und dem sexuellen Mißbrauch von Kindern ließen schließlich die Verführungstheorie Freuds beinahe als reales Abbild der wirklichen Verhältnisse verstehen. Fortschritte in den Kognitionswissenschaften ermöglichten schließlich neue Erkenntnisse über die Speicherung traumatischer Erfahrungen.

Entwicklungen innerhalb der Neurobiologie und die Rezeption neuerer entwicklungspsychologischer Forschungsergebnisse, besonders aus dem Bereich der Säuglings- und Kleinkindforschung, führten schließlich zur Wiederbelebung der Debatte um historische Realität und subjektive psychische Realität, um Narrativ und Phantasie und Wirklichkeit im Erinnerungsprozess.

Die grundlegende Erkenntnis der Ergebnisse im Gebiet der Säuglings- und Kleinkindforschung ist die Entdeckung des aktiven Säuglings, der von Beginn seines Lebens an seine Welt mitgestaltet, von Dornes (1993) in seinem Buch über den kompetenten Säugling so eingehend geschildert. Dafür ist er mit früher Wahrnehmungsfähigkeit und komplexen Verarbeitungsmöglichkeiten ausgestattet und zugleich angewiesen auf adäquate Interaktionsangebote seiner primären Bezugspersonen.

Die Interaktion mit dem Objekt ist für die Aufrechterhaltung des Lebens des Kleinkindes sowie den Aufbau seiner psychischen Strukturen unerlässlich. Die Suche nach dem Objekt gilt dabei nicht nur der Befriedigung elementarer Bedürfnisse, sondern ist schließlich immer schon eine aktive Einflussnahme vielfältiger Art auf die Umwelt, was oft belegt erscheint. Die sich in vielen Situationen wiederholenden Interaktionen schaffen die Erwartungshaltung des Säuglings an seine Beziehungsperson und bilden den affektiven kindlichen Erfahrungshintergrund. Die Psyche ist hier als ein Ort der Interaktion des Ichs mit seinen Objekten zu verstehen, was Eingang in die Objektbeziehungstheorien der Psychoanalyse fand.

Das Spektrum an Traumatisierungen dieses Interaktionsprozesses im Kindesalter wie auch die daraus resultierenden, manches Mal schwerwiegenden Folgen ist groß. Neben der Belastung durch Krieg, Verfolgung und Flucht begegnen uns auch Traumatisierungen der Kinder in Form von Vernachlässigung, Zurückweisung und Ablehnung. Kinder werden Opfer von körperlicher Gewalt und sexuellem Missbrauch oder erleiden Traumata durch schwere körperliche Erkrankungen oder den Tod oder die Krankheit naher Bezugspersonen. Intrapsychisch können kindliche Traumatisierungen zu nachhaltigen Beschädigungen der Repräsentanz der Objekte führen, die sich auf vielfältige Weise in Somatisierungen, Albträumen, unsicheren Bindungsmustern und schließlich schwerwiegenden psychischen Störungen zeigen.

Für die Psychoanalyse und ihrem historischen Wissen um die frühe Entwicklung ergeben sich noch weitergehende Fragen: Gibt es im Erleben des Säuglings, des Kleinkindes neben seinen Erfahrungen aus der Interaktion mit dem Objekt noch etwas Eigenes und Individuelles? Wurde das gefundene Objekt vielleicht schon vorher in der kindlichen Phantasie erschaffen? Besteht für den Säugling vor der Wahrnehmung und Erfahrung mit der Mutter oder dem Vater eine Vorstellung und somit auch eine Erwartung an sie? In der Notwendigkeit, über den rein deskriptiven Ansatz der Kleinkindforschung hinauszugehen, sollten auch die Phantasien der Eltern über sich und ihr Kind zum Untersuchungsgegenstand gemacht werden. Damit können Interaktionsabläufe nicht nur beschrieben, sondern vielleicht auch besser verstanden und erklärt werden, vor allem dann, wenn es um das Nicht-Zusammenpassen im interaktionellen Beziehungsgeschehen zwischen Mutter und Kind geht. Eine Bereicherung für das Verständnis von Beziehungserfahrungen und frühem affektivem kindlichen Erleben sind die Befunde der Bindungsforschung, die neue Impulse zur psychotherapeutischen Behandlung von Eltern-Kind-Beziehungen ergeben haben.

An dieser Stelle möchte ich noch an Laplanche (1988) und die französische Psychoanalyse und ihre Erweiterung der Libidotheorie erinnern, die sich mit der Erregung auseinandersetzt, die von erwachsenen libidinösen Reizen, also den Eltern, ausgehen und beim Kind unverarbeitet bleiben müssen und schließlich das »Urverdrängte« bilden. Laplanche schildert diesen Prozess in seiner Allgemeinen Verführungstheorie, die postuliert, dass die Sexualität des Kindes primär von der sexuellen Erregung der Eltern ausgeht, eine Theorie, die als neue Grundlage der Psychoanalyse vom Berliner Analytiker Udo Hock (2011) verstanden wird.

Schließlich möchte ich hier nicht unerwähnt lassen, dass es bei einer Spannung zwischen psychoanalytischer Theorie und empirischer Kleinkindforschung geblieben ist, die mit der Frage einhergeht, ob sich hermeneutisch bzw. subjektiv gewonnene Evidenzen mit objektiven, das beobachtbare Verhalten betreffenden Daten in Beziehung setzen lassen und ob sich überhaupt der dialektische Gegensatz von hermeneutisch-induktiver und logisch-deduktiver Methode erkenntniserweiternd fruchtbar machen lässt.

Bertrand Cramer (2009), Schweizer Psychoanalytiker und Entwicklungspsychologe, schreibt: »Das nur gedeutete, das nur rekonstruierte Kind in einer Erwachsenen-, Jugendlichen- oder Kinderanalyse wäre ein mythisches Kind, das wir in jeder Sitzung unbekümmert um die lebensgeschichtliche Spur, die es geprägt hat, erschaffen – als eine Illusion eines Kindes, das je nachdem, wie der Wind des Zufalls in der psychoanalytischen Kur weht, durch eine andere Illusion ersetzt werden kann.« (Cramer, 2009, S. 18) So viel zum beobachteten und rekonstruierten Kleinkind und Säugling.

Generalisierende Aussagen über das Ausmaß und die Folgen von Kindheitstraumata zu machen erscheint schwer, da die individuelle kindliche Entwicklung als ein Prozessgeschehen zu verstehen ist, das sich im Wesentlichen durch regressive und progressive Bewegungen auszeichnet, wo neben konstitutioneller Ausstattung auch individuelle Schutz- und Risikofaktoren entscheidenden Einfluss auf die kindliche Entwicklung nehmen. So hat Boris Cyrulnik (2013) die Folgen traumatischer Erfahrungen bei Kindern mit normaler Sprachentwicklung und Kindern mit verzögerter Sprachentwicklung untersucht und dabei festgestellt, dass die Folgen von Traumen für Kinder mit verzögerter Sprachentwicklung deutlich schwerer seien, da ihnen die Sprache als Narrativ für ihre Phantasiewelt nicht zur Verfügung stehe. Auf welche Weise und wann ein belastendes Ereignis zum Trauma wird, hängt vom Ausmaß und der Schwere des Ereignisses, aber eben auch vom Zeitpunkt seines Auftretens sowie den dem Kind zur Verfügung stehenden erwähnten Schutzfaktoren ab. Nur beim Kind selbst kann nachvollzogen werden, wie traumatische Ereignisse die weitere kindliche Entwicklung und Lebensgeschichte beeinflusst haben. Unter welchen Umständen werden wichtige Entwicklungsschritte gehemmt und wann kommt es zu Störungen im Erleben und Verhalten oder zu psychischen Erkrankungen oder gar Borderline-Störungen, die oft im Zusammenhang mit traumatischen Erfahrungen gesehen werden?

Schon in den 1980er-Jahren hat Josef Sandler (1997) in einer Arbeitsgruppe am Sigmund-Freud-Institut in Frankfurt gezeigt, dass verschiedene Dimensionen des Traumas und deren Wechselspiel oft nur ungenau unterschieden werden und deshalb zwischen dem Prozess der Traumatisierung, dem traumatischen Zustand des Individuums, also auch des Kindes, und bleibenden pathologischen psychischen Veränderungen unterschieden werden muss. Unmittelbare Folgen des Erlebens traumatisierender Situationen können also pathologisch oder pathogen sein, müssen es aber nicht.

Traumatisierungen im Kindesalter, so eine wesentliche Erkenntnis psychoanalytischer Theoriebildung, können zu psychischen Störungen führen, die nicht selten erst längere Zeit nach der Traumatisierung in Erscheinung treten. So konzentriert sich auch psychotherapeutische Forschung verstärkt darauf, Wege zu finden, Folgen kindlicher Traumatisierungen mit ihren frühen Störungen vorzubeugen oder sie effektiver zu behandeln, wie in den Beiträgen des Bandes gezeigt wird.

Die Diskussion um Trauma und Konflikt in der psychoanalytischen Theorie der psychischen Erkrankungen und Störungen, die Diskussion und Konfrontation mit dem Trauma oder seine Integration in den therapeutischen Prozess beschäftigt uns, und sie hat einiges verändert in unserem Verstehen und therapeutischen Tun bei Kindern mit traumatischen Erfahrungen und ihren frühen Störungen und ihren Eltern, die als Kinder oder in ihrem Erwachsenenleben auch Traumata ausgesetzt waren und werden.

Nun mag es Vertreter der Psychoanalyse geben, die der Meinung sind, dass sich die Psychoanalyse einzig mit dem rekonstruierten, dem gedeuteten Kind beschäftigen solle und die Konfrontation mit der Wirklichkeit des Kindes, also mit der historischen Wahrheit, entbehrlich sei. Deutung und Rekonstruktion stellten eine Verbindung von Assoziationen und Symptomen mit Erlebnissen und Ereignissen der Vergangenheit, also der Kindheit her, die subjektiv sinnvoll sei, ohne Anspruch auf einen kausal wirksamen historischen Zusammenhang zwischen beiden. Die Validierung geschehe also allein im therapeutischen Erfolg, und sie schaffe so eine neue Realität. Aber dies würde bedeuten, dass die Psychoanalyse auf eine wechselseitige Validierung von Befinden und Verhaltensdaten verzichten müsste, die auch die Ergebnisse aus Ätiologie und Ethnologie, empirischer Sozialforschung, Wissenschaftstheorie, Kultur- und Gesellschaftstheorie beträfe. Der Gedanke, die Validierung der Psychoanalyse geschehe allein durch ihren Erfolg, würde die Psychoanalyse in das wissenschaftliche Abseits und das Verharren beim mythischen Kind führen. Es könnte sein, dass es sich bei den Narrativen zu der Kindheit in den Psychoanalysen um kreative Mythen über die Ursprünge des menschlichen Lebens handelt, die auch den Mythos Wahrheit in sich bergen, aber das Verständnis der Kindheit und eine Theorie der kindlichen Entwicklung und ihrer Störungen sollte nicht nur auf Mythen aufgebaut sein.

In *Die Frage der Laienanalyse* schreibt Freud: »Wenn man, was heute noch phantastisch klingen mag, eine psychoanalytische Hochschule zu gründen hätte, so müsste an dieser vieles gelehrt werden (…): Neben der Tiefenpsychologie, die immer das Hauptstück bleiben würde, eine Einführung in die Biologie, in möglichst großem Umfang die Kunde vom Sexualleben, (…) Kulturgeschichte, Mythologie, Religionspsychologie und Literaturwissenschaften. Ohne eine gute Orientierung auf diesen Gebieten steht der Analytiker einem Großteil seines Materials, verständnislos gegenüber.« (Freud, 1926b, S. 281) Säuglings- und Kleinkindforschung, psychische Störungen in Kindheit und Jugend sollten an dieser Hochschule nicht fehlen.

Literatur

Adler, K. (2019): Ida. Reinbeck (Rowohlt).
Cramer, B. (2009): Psychotherapie mit Müttern und Babys. Gießen (Psychosozial).
Cyrulnik, B. (2010): Je me souviens. Paris (Odile Jacob).
Cyrulnik, B. (2023): Rette dich, das Leben ruft. Berlin (Ullstein).
Dornes, M. (1993): Der kompetente Säugling. Frankfurt (Fischer).
Freud, S. (1895): Studien über Hysterie. GW I.
Freud, S. (1905): Der Fall Dora. Bruchstücke einer Hysterieanalyse. GW V.
Freud, S. (1926a): Hemmung, Symptom und Angst. GW XIV.
Freud, S. (1926b): Die Frage der Laienanalyse. GW XIV.
Hock, U. (2011): Neue Grundlagen für die Psychoanalyse. Gießen (Psychosozial).
Keilson, H. (1979): Sequentielle Traumatisierung bei Kindern. Stuttgart (Enke).
Kestenberg, J. (1991): Kinder unter dem Joch des Nationalsozialismus. In: Jahrbuch der Psychoanalyse, 28.
Laplanche, J. (1988): Die allgemeine Verführungstheorie. Frankfurt a. M. (Brnades & Apsel).
Sandler, J. (1997): Freud's models of the mind. London (Routledge).
Wurmser, L. (1990): Die Maske der Scham. Berlin (Springer).

Hendrik Zill

Innenwelten »frühgestörter« Kinder – Defizitäre Internalisierungsprozesse und Strukturentwicklung in präödipaler Zeit

Mit zwei kurzen Fallvignetten von »frühgestörten« Kindern, deren beider späteres Schicksal im Jugendalter in schweren Persönlichkeitsstörungen gepaart mit dissozialem Verhalten mündete, möchte ich einführend beginnen. Alle beteiligten Bezugspersonen und Helfersysteme standen immer wieder vor der Frage, was im Inneren dieser Kinder zu einem derart destruktiven Agieren führte und wie man dies verstehen könne. Welche affektiven Prozesse und welche inneren Repräsentanzen bestimmen ihr Erleben von sich und der Welt und wie beeinflusst das ihre Ich- und Über-Ich-Entwicklung?

Im Anschluss an drei stationäre Kinderpsychiatrieaufenthalte beginnend im Vorschulalter wurde mir der fast 8-jährige Ben von seiner Mutter in Begleitung eines Familienhelfers vorgestellt, weil der Junge täglich trotz Medikation Wutanfälle habe und dabei andere Kinder, Erzieher und auch die Mutter schlage, trete, beiße, aufs Übelste beleidige, Gegenstände zerstöre, keinerlei Grenzen akzeptiere, die Schuld immer auf andere schiebe und aufgrund dessen keine Freunde habe. In der Schule wurde er zuletzt als unbeschulbar beurlaubt, da er trotz Anwesenheit seiner Einzelfallhelferin, diese und Lehrerinnen wüst beschimpfte, trat, kratzte und biss, weil er beim Austeilen von Bastelmaterial seiner Meinung nach benachteiligt wurde. Als die Situation eskalierte, musste er von drei Erwachsenen aus dem Klassenraum hinausgetragen werden, wobei er fortan im Vorbereitungsraum mit Stühlen warf. Es sei schon alles probiert worden und alle seien »hilflos«.

Auch der damals 11½-jährige Maximilian wurde auf Anraten der betreuenden Wochengruppe von seiner Mutter zur Therapie angemeldet. Es wurde von verweigerndem, frustrationsintolerantem und forderndem Verhalten, weiterhin von Schulunlust, innerer Unruhe, Nägelkauen, übermäßigem Essen, Einzelgängertum und gelegentlichen aggressiven Impulsdurchbrüchen berichtet. Bereits im siebenten Lebensjahr kam es zur ersten stationären kinderpsychiatrischen Behandlung und Medikation. Aufgrund mangelnder Führbarkeit im häuslichen Rahmen, dem Urinieren ins Zimmer, Kotschmieren, tätlicher Angriffe gegenüber der Mutter und Ignorieren von Autoritätspersonen wurde der Patient im Anschluss an eine zweite stationäre kinderpsychiatrische Behandlung im 10. Lebensjahr in einer Wochengruppe fremduntergebracht und in der dritten Klasse in eine Schule für Erziehungshilfe umgeschult. Im Jugendalter entwickelte er eine schwere Persönlichkeitsstörung und zeigte delinquentes und perverses Verhalten.

Aggressive Kinder und Jugendliche wie in diesen beiden Fallbeispielen leben nicht »einfach ›triebhaft‹ und lustvoll aggressive Impulse« (Rauchfleisch, 2003, S. 7) aus, sondern bei ihnen kommt es aufgrund frühkindlicher Mangel- und Verlusterfahrungen zu schwerwiegenden Ich-strukturellen Störungen sowie solchen der Selbst-Objektwahrnehmung und narzisstischen Regulation. Nur ein Verstehen dieser malignen Entwicklungen und ihr Zusammenwirken begründet die Chance darauf, hilfreiche therapeutische Interventionen daraus abzuleiten, wenn auch die Prognosen oft düster erscheinen. Den eingangs erwähnten Fragen nach der präödipalen Entwicklung und Beschaffenheit der inneren Welt und defizitären Strukturen von Kindern mit »Frühstörungen« möchte ich in meinem Beitrag nachgehen und verschiedenste psychoanalytische sowie entwicklungs- und neuropsychologische Konzepte zur Klärung heranziehen. Die teilweise getrennte Darstellung einzelner Entwicklungsstränge ist dem Versuch geschuldet, eine gewisse Übersichtlichkeit zu bewahren, wenngleich sich die meisten beschriebenen Entwicklungen gegenseitig beeinflussen oder aufeinander aufbauen. Einschränkend muss natürlich erwähnt werden, dass die verwendete Literatur eine persönliche Auswahl darstellt und in keinster Weise die zahlreichen, sich zum Teil widersprechenden, psychoanalytischen Schriften zu diesem Thema abdecken kann, was den Umfang eines Beitrages in einem Sammelband einerseits deutlich überschreiten und zum anderen auch die Fähigkeiten des Autors übersteigen würde. So verstehe ich meine Ausführungen lediglich als diskussionswürdige Annäherung an dieses komplexe Thema und hoffe auf Nachsicht der Leserinnen und Leser.

Begriffsbestimmung

Es erscheint mir unvermeidlich, zunächst die im Fortgang wiederkehrenden Begrifflichkeiten der benannten Strukturen und Internalisierungsprozesse enger zu umreißen, da diese in der psychoanalytischen Literatur einer enormen Mehrdeutigkeit unterliegen und die »Sprachverwirrung« dazu leider erheblich ist (vgl. Hoffmann, 1984, S. 68).

Der Mensch ist, verglichen mit den Tieren, das genetisch am wenigsten festgelegte Wesen; er kann sich nicht vollends auf Instinkte verlassen, sondern ist zum Überleben zwingend auf erfahrungs- und erinnerungsbasierte Anpassungen seiner präformierten Strukturen angewiesen, was gerade die langjährige Reifung der Großhirnrinde bis ins dritte Lebensjahrzehnt und die neuronale Plastizität des menschlichen Gehirns unterstreicht.

Natürlich fangen wir nicht bei null an, denn »fest verdrahtete Triebe und Instinkte und Reflexe des oberen Hirnstamms und des limbischen Systems sind angeboren« – ein konstitutionell gegebenes *Es* (Rapaport, 1951) – und diese »regulieren die mannigfaltigen biologischen Bedürfnisse des menschlichen Organismus«, welche wiederum »mit einem je spezifischen Gefühl« (Solms, 2021, S. 207) einhergehen. Um eine größtmögliche Anpassung zu gewährleisten, weisen diese instinktuellen Systeme »Leerstellen« auf, die durch Erfahrungen veränder- und »füllbar« sind. Es braucht demnach eine Struktur, die in Erfahrung bringt, wie die Es-Bedürfnisse – die Selbst- und Arterhaltung – am besten realisiert werden können (vgl. Solms, 2007, 2021).

Damit stoßen wir unweigerlich auf das von Sigmund Freud beschriebene *Ich*, welches neben der Steuerung der Motorik und Triebhemmung u. a. die wesentliche »Aufgabe der Selbstbehauptung« hat, welche es erfüllt, »indem es nach außen die Reize kennenlernt [und] Erfahrungen über sie aufspeichert (im Gedächtnis), überstarke Reize vermeidet (durch Flucht), mäßigen Reizen begegnet (durch Anpassung) und endlich lernt, die Außenwelt in zweckmäßiger Weise zu seinem Vorteil zu verändern (Aktivität)« (Freud, 1940, S. 42). Damit das Ich all diese Aufgaben übernehmen kann, müssen alle Lebenserfahrungen, die ihre Spuren in den *Erinnerungssystemen* hinterlassen, »von allem Anfang an den psychischen Apparat« modifizieren (vgl. Müller-Pozzi, 2008). Demgemäß versteht Mark Solms (2007) das Ich, einschließlich des Über-Ichs als »ein Set von Gedächtnissystemen (…) – also als ein Set von strukturierten Internalisierungen«. Die *Internalisierung* ist »der basale psychische Prozess, der die Entwicklung vorantreibt« (Fonagy & Target, 2007, S. 94). Um die inneren, zunächst unbewussten Vorstellungsbilder vom Subjekt und seinen umgebenden Objekten von der äußeren Realität zu unterscheiden, führte Edith Jacobson (1964) die Begriffe der *Selbstrepräsentanz* und der *Objektrepräsentanz* ein, die fortwährend überarbeitet werden. Gemäß Otto Kernberg (1976/1981) sind die Selbst- und Objektrepräsentanzen durch Affektzustände miteinander verbunden und diese »Selbst-Objekt-Affekt-Triaden« »bilden die Grundeinheiten der psychischen Struktur« (Fonagy & Target, 2007, S. 254).

Wenn man das Ich nicht »auf eine funktionale Instanz« reduziert, können das »Ich und das Selbst [als] zwei unterschiedliche Aspekte ein und derselben psychischen Bildung« angesehen werden (Müller-Pozzi, 2008, S. 88). Dieser Annahme folgend erscheint es konsequent, dass das *Selbst* als »eine intrapsychische Struktur, die sich aus mannigfachen Selbstrepräsentanzen mitsamt den damit verbundenen Affektdispositionen konstituiert« (Kernberg 1975/1978, S. 358), »im System Ich« (Jacobson, 1964) als Substruktur verortet ist, wohlwissend, dass es dazu diskrepante Auffassungen gibt.

Bekanntermaßen entwickelt sich nach Freud (1940) »als Niederschlag der langen Kindheitsperiode« im Ich »eine besondere Instanz«, das *Über-Ich*, welches einerseits die elterlichen Verbote und andererseits auch Vorbilder – das *Ich-Ideal* – beherbergt. Für mich erscheint es logisch, auch die Wahrnehmungen der Objekte und die daraus resultierenden Objektrepräsentanzen ebenso im Ich als auch im Über-Ich und dessen Substruktur dem Ich-Ideal zu lokalisieren. Das Ich ist »das Theater, dessen Bühne von den Repräsentanzen, den Darstellern, bevölkert wird« (Fonagy & Target, 2007, S. 142).

Die Erfahrungen des Selbst mit seinen Objekten führen »über verschiedene Internalisierungsschritte[1] in die Bildung der inneren Welt von Repräsentanzen des Selbst, der Objekte, der inneren wie äußeren Beziehungen und der Affekte« (Loch, 1999, S. 228), als deren Endergebnis die psychischen Substrukturen, insbesondere die des Ichs und die des Über-Ichs und ein Identitätserleben hervorgehen (vgl. Hoffmann & Hochapfel, 2009, S. 18).

»In der psychoanalytischen Tradition der Konzeptualisierung von Internalisierung werden im Wesentlichen drei Modalitäten unterschieden: Inkorporation, Introjektion, Identifikation« (Seidler, 2002, S. 351). Zu Beginn des Lebens und im ersten Lebensjahr dürften frühe *Verinnerlichungs*prozesse[2] im Rahmen von Spiegelungs- und Bindungserfahrungen dominieren, die zunächst dem Aufbau von Selbst- und Objekt- sowie Affektrepräsentanzen dienen. Der Vorgang der *Introjektion* setzt gemäß Hoffmann (1984) »eine fortgeschrittenere Ich-Reife voraus« (ebd., S68f) und dürfte v. a. bei der Errichtung von Repräsentanzen im Über-Ich und Ich-Ideal hauptsächlich ab dem zweiten Lebensjahr eine

---

1 Im Sinne von Müller-Pozzi (2008) verwende ich *Internalisierung* als einen »deskriptiven Oberbegriff«, der alle psychischen Vorgänge zusammenfasst, »die aus *intersubjektiven* Beziehungen, aus Interaktion verinnerlichte Objektbeziehungen, aus intersubjektiver Erfahrung subjektive Struktur hervorgehen lassen« (Müller-Pozzi, S. 98).

2 Ob der Begriff der Inkorporation dafür der passende ist, erscheint mir fraglich. Für eine differenzierte Darstellung und auch kontroverse Diskussion der Begrifflichkeiten sei auf Hoffmann (1979/1984), Loch (1999) sowie Müller-Pozzi (2008) verwiesen.

starke Rolle spielen. Die »reifste« Internalisierungsform stellt schließlich die (»sekundäre«)³ *Identifizierung* dar (vgl. Hoffmann, 1984, S. 69), die im Gegensatz zu beiden Ersteren v. a. einen »intrapsychischen Vorgang zwischen einer Objekt- und Selbstrepräsentanz« (Müller-Pozzi, 2008, S. 101) beschreibt.

All die genannten Strukturen und Sub-Strukturen durchlaufen einen Entwicklungsprozess mit zunehmender Differenzierung und Integration, entsprechend ist die Qualität der inneren Repräsentanzen »stark von konstitutionellen und entwicklungsmäßigen Faktoren abhängig« (Ermann, 2020, S. 43). Zusammenfassend kann man festhalten, dass »Selbst- und Objektrepräsentanzen als Grundlage für den Aufbau und das Funktionieren von Ich und Überich« (Tyson & Tyson, 2001, S. 100) von wesentlicher Bedeutung sind und somit als »Bausteine« des Ichs und Über-Ichs definiert werden können.

Vorangestellt möchte ich betonen, dass die auf den folgenden Seiten ausgeführten Entwicklungsverwerfungen keineswegs bei allen frühgestörten Kindern gleichermaßen anzutreffen sind. Zu einer gewissen Beruhigung kann erwähnt werden, dass spätere ausgleichende Erfahrungen, frühere Erinnerungsspuren korrigierend überschreiben können, wobei jedoch etwas Repariertes in der Regel immer vulnerabler erscheint als etwas grundlegend Solides. Gleichwohl sind bei vielen der sogenannten »frühgestörten« Kinder zumeist mehrere Strukturen und Repräsentanzen von Störungen betroffen, da viele spätere Errungenschaften i. d. R. von der vorangegangenen Entwicklung abhängig sind.

Pränatal entgleiste Hirnreifung und unlustvolle *Proto-Selbst-Repräsentanzen*

Karl Heinz Brisch (2011) betont, dass frühe Störungen in der Schwangerschaft und im Säuglingsalter beginnen würden, was es notwendig mache, bei der Suche nach Antworten bereits pränatal, sozusagen »ganz früh« zu beginnen.

Bereits im dritten Schwangerschaftsmonat ist der größte Teil des fötalen Körpers berührungsempfindlich, im zweiten Schwangerschaftstrimester bilden sich synaptische Verbindungen in hoher Geschwindigkeit aus und im letzten Drittel wächst die Großhirnrinde und koordinierte neuronale Netzwerke entstehen.

---

3 In Abgrenzung zum streitbaren Begriff der *primären Identifizierung*.

Zwischen der 23. und 30. Woche entwickelt sich Schmerzempfindlichkeit, ab der 28. Woche reagieren Föten auf Geräusche, ab der 30. Woche zeigen sich verschiedene Reaktionen auf bekannte und neue Audioimpulse und mit 36 Wochen können Föten Klänge, Rhythmen unterschiedlicher Stimmen und Töne unterscheiden. Beginnend um die 31. Woche herum können Ungeborene möglicherweise schon schwache Umrisse von Formen erkennen, reagieren auf helles Licht, ab der 34. Woche können sie Bewegungen wahrnehmen und zum ersten Mal die Farbe Rot sehen. Außerdem entwickeln sie Geschmacks- und Geruchsvorlieben. All dies deutet auf eine hohe Empfänglichkeit für sensorische Außenreize, von innen herstammende Lust- und Unlustempfindungen sowie auf früheste pränatale Erinnerungsspuren hin (vgl. Berk, 2020).

Da der Fötus zunehmend auf Außenreize wie die Stimmen der Eltern oder auch Berührungen des Bauches reagiert und vorzugsweise über Bewegung mit der Mutter kommuniziert, kann auf ein bereits pränatales (Bindungs-)Bedürfnis nach sensorischer und affektiver Rückmeldung von der Mutter – einer Art stressmildernder Außenregulierung – vielleicht gerade in Unlust- und Aufregungssituationen spekuliert werden. Über Reaktionen der Mutter werden die physiologischen Reaktionen des Fötus reguliert und er spürt, ob er geliebt wird oder nicht (vgl. www.prenatalscencespartnership.org).

Früheste Lebenserfahrungen werden im pränatalen Gehirn gespeichert, um die Befriedigung der (Es-)Bedürfnisse bestmöglich zu sichern und um auf mögliche Unwegsamkeiten vorbereitet zu sein. So bemerkt auch Gerald Hüther (2004), dass die »Erinnerungsbilder« des ungeborenen Kindes von diesem später benutzt werden, um sich in der Welt zurechtzufinden. Damit erscheint es plausibel, dass sich bereits pränatal rudimentäre *Ich-Kerne* (Glover, 1932) bilden, welche im Zusammenspiel mit den biologischen (Es-)Bedürfnissen vielleicht das bilden, was Hartmann, Kris & Loewenstein (1946) als *undifferenzierte Es-Ich-Matrix* bezeichnet haben.

Doch woraus bestehen diese pränatalen »Ich-Kerne«? Ich meine, dass man diese in Anlehnung an Damasios (2009) Konzept eines *Proto-Selbst* als noch unintegrierte *sensomotorisch-affektive Proto-Selbst-Repräsentationen* sehen kann, die dem Fötus in ihrer Wiederkehr indirekt und atmosphärisch Kunde von den vorherrschenden Umweltbedingungen geben, auf die sich der Organismus einzurichten hat. Das pränatale Objekt kann man sich wie eine Art Ozean vorstellen, von dem wir vielleicht partielle, noch unintegrierte Eindrücke wie Temperaturschwankungen, den Geschmack des Wassers oder vielleicht auch Lichtreflexionen wahrnehmen, welche wiederum, je nachdem, ob diese im Einklang mit unseren körperlichen Bedürfnissen stehen, entsprechende gefühlsmäßige Empfindungen wie Entspannung und Wohlbehagen oder aber Unlust und Schmerz auslösen.

Entsprechend spielen die pränatalen Erfahrungen über die Ausgestaltung dieser frühesten Erinnerungsspuren über uns selbst eine bedeutende Rolle für die neurophysiologische Ausgestaltung und die weitere (Ich-)Entwicklung, was bereits Freud (1937) mit der Betonung der »Existenz und Bedeutung ursprünglicher, mit-geborener Ichverschiedenheiten« andeutete.

Eine Reihe von Untersuchungen belegt, dass bei übermäßigem mütterlichem Stress in der Schwangerschaft die mütterlichen Stresshormone Adrenalin und Cortisol via Nabelschnur auf das Kind übergehen, was zu einer Störung der neuronalen Migration, sozusagen einer »Falschverdrahtung« im Gehirn des Fötus führen kann (vgl. Linderkamp, 2014; Verny, 2014). Die damit verbundene fötale Fehlprogrammierung der Stressachse (HPA-Achse), des limbischen Systems und des präfrontalen Kortex (Van den Bergh et al., 2014) bietet eine plausible Erklärung für eine spätere abnorme Stressregulation, Verhaltensstörungen, ADHS und Autismus (vgl. Verny, 2014).

Gerade bei »frühgestörten« Patienten finden sich immer wieder stark stressbelastete Mütter, wobei zusätzlich häufig auch noch weitere toxische Belastungen wie mütterlicher Nikotin- und Alkoholkonsum die intrauterine Umgebung – im oben beschrieben Vergleich, den Ozean – vergiften, was »einen entscheidenden Einfluss auf die Entwicklung des Fötus einschließlich des Temperaments« (Verny, 2014) hat. Ludwig Janus (2023) benennt die Nabelschnur »als Urbild der Schlange« und somit kann auch ihr »Saft« metaphorisch in angemessener Dosis als heilsam-nährend für die körperlichen Bedürfnisse des Fötus oder aber im negativen Fall als vergiftend-schädigend verstanden werden.

So beschrieb auch die Mutter des o.g. Patienten Ben eine »sehr stressige« Schwangerschaft, welche durch Konflikte mit ihrer Mutter und dem Kindsvater, welcher die Schwangerschaft ablehnte, belastet war. Zudem rauchte sie auch in der Schwangerschaft täglich weiter. Der Junge musste nach der Geburt zunächst einige Tage – getrennt von mütterlicher Nähe – im Brutkasten verbringen. Alsbald seien bei ihm im Säuglingsalter Unruhe und Einschlafstörungen aufgefallen.

Auch Maximilian war das Resultat einer ungewünschten, von starker Übelkeit und Erbrechen begleiteten Schwangerschaft, in welcher die im Vorfeld durch depressive Episoden und Suizidversuche vorbelastete Mutter täglich Nikotin konsumierte und es ständig Konflikte in der Paarbeziehung mit dem Kindsvater gab.

Unter derartigen Bedingungen kann zwischen der stressbelasteten Mutter, dem im Mutterleib gestressten Kind und einem zudem ablehnenden Vater kein »primäres Zusammengehörigkeitsgefühl« (Fedor-Freyberg & Vogel, 2014) entstehen und die Mutter kann sich nicht spürend und fühlend zum Kind in Beziehung setzen (vgl. Janus, 2023) und seine pränatalen Bindungs- und Regulationsbedürfnisse nicht stillen. Vielmehr ist in solchen Situationen des Ungewolltseins, der Ambivalenz, der existenziellen Bedrohung und des Überlebenskampfes davon auszugehen, dass sich unlustvolle viszerale und sensomotorische Informationen als biochemische *Erinnerungsspur* im impliziten Gedächtnis eines *primären SELF* (Panksepp, 1998) des ungeborenen Kindes ein-*prägen*. Ich nehme an, dass bei »frühgestörten« Patienten die sensomotorisch-affektiven Proto-Selbst-Repräsentationen mit rudimentären affektiven Zuständen des Unbehagens und der Unlust verbunden sind, die dann als vorsprachliche Hintergrundmelodie – ähnlich dem Schmerzgedächtnis – das weitere Leben mitbestimmen und immer dann aufgrund ihrer ähnlichen Körperempfindung wegen mitaktiviert werden, wenn spätere Frustrations- und Unlustsituationen, wenn auch in ganz anderen Konstellationen, eintreten. Diese Körpererinnerungen treten später »als Enactment in Handlungen und Stimmungen in Erscheinung (Embodiment) und vermitteln sich über die Gegenübertragung« (Ermann, 2020, S. 54).

Dem folgend können übermäßige pränatale Unlusterfahrungen – eine Art pränataler Endorphinmangel – auch als biologische Grundlage einer zu schwachen libidinösen Besetzung primärer Proto-Selbst-Repräsentanzen, sprich einer »Entleerung des primären Narzissmus« (Parens, 2017), verstanden werden, was vielleicht in einem »schwierigen Temperament« (Thomas & Chess, 1977) nach der Geburt sichtbar wird. Der Fötus bleibt übermäßig gestresst und unbefriedigt, so dass unlustbezogene *basisemotionale Steuerungssysteme* (Panksepp, 1998) zu häufig aktiviert werden. Entsprechend wird sich das Kind in sich zurückziehen (siehe den Beitrag von E. Lang-Langer in diesem Band) und von unterschwelligen Empfindungen des Abgelehntseins und des Unbehagens geplagt sein, die sich in der Amygdala ein-*prägen* und die Entwicklung des Hippocampus beeinträchtigen (vgl. Parens, 2017). Weiterhin wird sich eine hohe Stressempfindlichkeit zeigen (vgl. Janus, 2023) sowie eine erhöhte Wahrscheinlichkeit zu gewalttätigem Verhalten[4] entwickeln (vgl. Verny, 2014). Bei dissozialen Kindern, Jugendlichen und Erwachsenen wurden, eine Reihe von »strukturellen

---

4 Kinder, deren Mütter in der Schwangerschaft an Depressionen litten, waren im Alter von 16 Jahren viermal häufiger gewalttätig als Kinder einer Kontrollgruppe (Hay et al. 2010).

und funktionellen Auffälligkeiten im Bereich des präfrontalen Kortex, des anterioren Gyrus cinguli sowie der Basalganglien und ihrer Verbindungen« und weiterhin in einer »Reduktion der grauen Hirnsubstanz«, reduzierten »Volumina des orbifrontalen Kortex, der Temporallappen, der Amygdala und des Hippocampus« gefunden (Remschmidt & Walter, 2009, S. 39). Viele dieser Hirnareale wurden immer wieder mit Ich- und Über-Ich-Funktionen in Zusammenhang gebracht.

Zusammenfassend kann späteres aggressiv-dissoziales Verhalten bereits auf epigenetisch entgleiste pränatale Hirnreifungsprozesse zurückzuführen sein, die den gesamten psychischen Apparat betreffen und ein von unlustvollen *Proto-Selbst-Repräsentanzen* erfülltes Körpergedächtnis als brüchigen Boden für die weitere Entwicklung verhaltensregulierender Ich-Funktionen bereiten.

Das gegenseitige Verfehlen, der Blick in den »toten« Spiegel und das Versagen der Konstituierung des libidinösen Objekts

Der Mensch kommt als *physiologische Frühgeburt* (Portmann, 1969) in äußerster Hilflosigkeit und totaler Abhängigkeit von versorgenden Anderen zur Welt und weiß nicht, wie er seine Bedürfnisse befriedigen kann, und selbst wenn er es wüsste, besäße er noch keine Fähigkeiten dafür. Ebenso ist er nicht in der Lage, die aufkommenden Affekte ohne Hilfe zu regulieren und »zu verdauen«. Entsprechend bedarf er zur Verarbeitung des *Traumas der Geburt* (Rank, 1924; vgl. ausführlich in diesem Band bei Janus) sowie zum weiteren Überleben und Gedeihen eben eines Anderen, was ihn auch nach der Geburt weiter sehr empfindlich für die Art und die Qualität der Betreuung macht (vgl. Parens, 2017). Post partum ist das Kind ohne die direkte organische Verbindung via Nabelschnur noch vielmehr der Fürsorgebereitschaft und -fähigkeit der primären Bezugspersonen unterworfen und ausgeliefert. Winnicott (1965) beschreibt die Notwendigkeit einer *hinreichend guten Bemutterung*, welche nach heutiger Sicht auch die Bevaterung einschließt, in deren Rahmen die vitalen Bedürfnisse des Säuglings prompt befriedigt, sein Befinden und seine Affekte *markiert gespiegelt* (vgl. Gergely & Watson, 1996) werden und er bei Unlust und Anspannung ein adäquates *Containing* (vgl. Bion, 1959) seitens des elterlichen Hilfs-Ichs erfährt.

Wenn die Objektaktivitäten die Signale des Neugeborenen verfehlen

Der Säugling ist John Bowlby (1969) zufolge naturgemäß mit einem (triebhaften) *Bindungsinstinkt* ausgestattet, der ihn menschliche Gesichter und Stimmen gegenüber anderen Objekten bevorzugen lässt, was – wie bereits angedeutet – vermutlich bereits pränatal seine Vorläufer hat. Das Neugeborene kommt mit einem *intentionalen Interesse* nach Nähe zu einem bedürfnisbefriedigenden und beruhigenden Gegenüber, welches noch nicht personifiziert ist, auf die Welt (vgl. Rudolf, 2000). Zu Beginn besteht also noch keine spezifische Bindung, jedoch dürften bei der Wahl des Bindungsobjekts die vorgeburtlichen Erfahrungen, die der Fötus bereits beim Schmecken der Muttermilch oder dem Hören der mütterlichen Stimme gemacht hat, die leibliche Mutter zum bevorzugten Bindungsobjekt prädisponieren. Auch erkennen Säuglinge »ihre Mutter untrüglich an ihrem Körpergeruch wieder« (Largo, 2011, S. 81). Natürlich kommen weitere Bezugspersonen als zusätzliche potenzielle Bindungsobjekte im ersten Lebensjahr hinzu.

Trotz des intentionalen Interesses ist die Wahrnehmung des Säuglings in den ersten zwei bis drei Lebensmonaten noch wenig entwickelt (»visuelle Blase«); er ist noch relativ uninteressiert an der Umgebung und sehr damit beschäftigt, sich im extrauterinen Leben zunächst vor allem körperlich einzurichten (Atmung, Nahrung, Tag-Nacht-Rhythmus etc.) und eine primäre Repräsentation des Körperschemas zu konstruieren (vgl. Streeck-Fischer, 2018). Das Neugeborene erlebt noch stark auf sich bezogen die frühen Vorformen von Selbst und Objekt ähnlich wie im Mutterleib nicht objekthaft, sondern atmosphärisch als Medium (vgl. Rudolf, 2000). In den ersten Lebenswochen führen Sinneseindrücke und Empfindungen, die den physischen Zustand des Körpers abbilden, zu einem im vagen Objektnebel *auftauchenden Selbst* (Stern, 1992) oder einem *Proto-Selbst* (Damasio, 2009) (vgl. Fonagy & Target, 2007, S. 349), welches hauptsächlich aus primären *Partial-Körper-Selbstrepräsentanzen*[5] bestehen dürfte (vgl. Watson, 1994). Entsprechend könnte man auch ein *Proto-Objekt* bestehend aus sensorischen Wahrnehmungsbildern von Partialobjekten postulieren. Diese Partialobjekte sind verinnerlichte, nicht integrierte Einzelinformationen über die Bezugspersonen (z. B. Augenpartie, Geruch, Tastempfindungen etc.), die noch nicht in einen komplexeren Zusammenhang gebracht werden.

---

5 Entsprechend kreisen frühe, archaische Ängste um Verlust des Miteinanderseins, Verlust des Selbstseins sowie vor Fragmentierung und Zerfall.

Die oben erwähnte *hinreichend gute Bemutterung* müssen »frühgestörte« Kinder leider zu oft vermissen, da ihre Bezugspersonen aufgrund situativer oder eigener struktureller Belastungen (»Ich konnte das Kind nicht annehmen.«) häufig nur begrenzt in der Lage sind, *feinfühlig* die körperlichen Bedürfnisse passgenau handelnd zu beantworten und die begleitenden emotionalen Zustände des Kindes *markiert* zu spiegeln und zu regulieren, oder neigen dazu, sogar misshandelnd zu agieren (vgl. Rudolf, 2006), so dass das *Unlustprinzip* als erstes »Regulationsprinzip des psychischen Geschehens« versagt (vgl. Müller-Pozzi, 2008). Unter diesen Voraussetzungen scheitert das Finden einer passenden *Verzahnung* (Sander, 2008) zwischen Mutter und Kind als basale Erfahrung des Miteinander- und Willkommenseins in der Welt und ein postnataler Dialog kommt nicht in Gang. Wie auch schon pränatal führt die damit einhergehende »Dauerstimulierung der sympathikonen Erregung und der Kortisolausschüttung« zu einer »Schädigung des Hippocampus« und zu einer »anhaltenden Stimulierung der Amygdala« (Rudolf, 2006, S. 20). Die Proto-Selbst-Repräsentanzen dürften dann zu häufig mit unlustvoll-erregten, existenzbedrohlichen Körperempfindungen verknüpft sein und die Proto-Objekte als unzuverlässig und inadäquat auftauchende Reize imponieren, die nur schwerlich mit Vorerfahrungen abgeglichen und zu komplexeren Verschaltungsmustern stabilisiert werden können (Hüther, 2004, S. 23f.), was sich symptomatisch bereits im ersten Lebensjahr reaktiv in Schrei-, Fütter- und Schlafstörungen sowie auch in Form eines übermäßig stillen und genügsamen Verhaltens zeigen kann (vgl. Rudolf, 2006). Metaphorisch könnte man sagen, dass diese Kinder eben nicht in einer wohlig-warmen Wattewolke landen, sondern sich in einer Gewitterwolke wiederfinden, wo sie frieren und dauernd von Hagelkörnern getroffen werden, so dass sie zwischen unverbundenen, bedrohlichen Selbstzuständen hin und her geworfen werden und Andere in Form von »nicht-integrierten Teilobjektbeziehungen« (vgl. Ermann, 2020, S. 111) erleben, was ihre Erwartung von der Welt – ihre *zentrale Beziehungserfahrung* – zeitlebens prägen wird und sie für schwerste Störungen ihrer Persönlichkeitsentwicklung prädisponiert.

Wenn sich das erste Lächeln in einem toten Spiegel verliert

Durch die fortwährenden Interaktionserfahrungen werden normalerweise die Proto-Selbst- und Proto-Objektrepräsentanzen immer wieder verändert und ab dem zweiten Lebensmonat im impliziten Gedächtnis[6] des Säuglings zu *neuronalen Karten zweiter Ordnung* (Damasio, 2009) oder gemäß Daniel Stern (1992) zu einem *Kernselbst* und objektseitig zu *Kern-Anderen* integriert. Auf dieser Basis etwa zur selben Zeit zeigt der Säugling eine gesteigerte Aufmerksamkeit für die Objektwelt, was besonders im zunächst noch unspezifischen *sozialen Lächeln* sichtbar wird. Dieses stellt nach Spitz (1972) eine erste sichtbare Veränderung der psychischen Organisation dar und zeigt eine deutliche Bereitschaft in Interaktion zu treten an, was die Bezugspersonen wiederum zur Stimulierung anregt (vgl. Tyson & Tyson, 2001) und in *vergnüglichen Situationen* (Sander, 2008) eines reziproken Austauschs mündet. Der Säugling kann zwar nun bereits die Wahrnehmungen seines eigenen Körpers von denen anderer unterscheiden, jedoch dürfte er noch kein Gewahrsein dafür besitzen, dass sein inneres Empfinden an seiner Körpergrenze endet. Das kindliche homöosthatische Befinden ist zu dieser Zeit und weit in die frühe Kindheit hinein noch enorm offen für die Reaktionen der Mutter, was man trotz aller Kritik an der Mahler'schen Konzeption einer *symbiotischen Phase* (vgl. M. Mahler et al., 1975) durchaus als ein symbiotisches Zusammenwirken zwischen Mutter und Kind »auf der Ebene der mentalen Repräsentationen mentaler Zustände« (Fonagy & Target, 2007, S. 138) auffassen kann.

Selbst wenn die rein körperliche Versorgung bei strukturell gestörten Kindern noch weitgehend gewährleistet ist, was oft auch keine Selbstverständlichkeit darstellt, erleben die meisten Betroffenen so gut wie immer ein *emotionales Verhungern* (Spitz & Cobliner, 1965), da ihre Bedürfnisse nach wechselseitigem affektivem Austausch ins Leere laufen. Babys, bei denen später Autismus diagnostiziert worden war, zeigten ein tendenziell weniger häufiges und weniger intensives soziales Lächeln (Ozonoff et al., 2010), was darauf hindeutet, dass bereits pränatale Entwicklungen die Bereitschaft mit der Objektwelt in Interaktion zu treten beeinträchtigen können (s.o.). Doch was passiert, wenn das Kind noch ein durchschnittliches soziales Lächeln zeigt, aber die Bezugsperson aufgrund eigener Belastungen wie Depressionen oder Persönlichkeitsstörungen nicht darauf eingeht? Dann verhallt das Lächeln dieser Kinder im »toten« Gesicht der Mutter wie in einem leeren Spiegel (vgl. André Greens Konzept der »toten Mutter«, 1983/2004) oder sie erblicken v.a. bei ängstlich-wütend-überforderten Eltern im Spiegel eine furchterregende Fratze und werden so zusätzlich mit bedrohlichen Affekten der

---

6 In der Pränatalzeit und im ersten Lebensjahr ist der vorsprachliche (implizit-prozedurale) Modus der Informationsverarbeitung mit seinen affektiven und sensorisch-somatischen Erinnerungsspuren bestimmend.

Bezugsperson überschwemmt (vgl. Rudolph, 2006). Die wiederkehrende Erfahrung, dass es Bezugspersonen gibt, die in der Lage sind, die heftigen Affekte des Kindes aufzunehmen und in verträgliche Affekte zu transformieren, ist die Grundlage zur Verinnerlichung der sog. *Alpha-Funktion* (Bion, 1962), sprich, der Fähigkeit zur Affektregulierung. Wenn dies ausbleibt, werden die Kinder ihren unlustvollen Affekten und inneren Spannungszuständen wehrlos ausgeliefert, wodurch die kindliche Fähigkeit zur Emotions- und Arousalregulierung nachhaltig beeinträchtigt wird (Tronick, 1989). In den *Still-face-Experimenten* (Tronick & Cohn, 1989) mit ein bis vier Monate alten Säuglingen wurde deutlich, wie die Kinder zunächst aktiv versuchen, die mütterliche Aufmerksamkeit zu wecken, sich jedoch bei ausbleibendem Erfolg resignativ körperlich und emotional zurückzuziehen, um den aversiven Dysregulationszustand zu vermeiden (Tronick & Gianino, 1986). In Studien zu den Auswirkungen mütterlicher Depressionen wurde neben einem häufiger anzutreffenden schwierigen Temperament im Säuglingsalter langfristig ein erhöhtes Risiko v.a. für Verhaltensauffälligkeiten nachgewiesen (Downey & Coyne, 1990; Fendrich, Warner & Weissman, 1990). Besonders die bei »frühgestörten« Kindern häufig diagnostizierten Störungen des Sozialverhaltens sind substanziell durch Umwelteinwirkungen beeinflusst (Thapar & McGuffin, 1996; Goldsmith, Buss & Lemery, 1997). Diesen emotional vernachlässigten Kindern bleibt es zu oft verwehrt, nach und nach einen »markierten Affektausdruck im Gesicht der Mutter mit seinen Affekten assoziieren oder identifizieren« (Müller-Pozzi, 2008, S. 94) zu können, so dass kein funktionierendes *repräsentationales affektives Selbst* (Gergely & Unoka, 2011, S. 878) entsteht. Die Affekte können unter diesen Voraussetzungen später nicht mental repräsentiert und so keine bewusste Vorstellung des affektiven Zustandes – eine *Affektrepräsentanz* – erlebt werden.

Demzufolge bleiben diese Kinder dazu verdammt, affektive Zustände weiterhin nur diffus wahrzunehmen, zunächst somatisch abzureagieren und mit beginnender motorischer Entwicklung vermehrt wild auszuagieren, da sie keine *guten, beruhigenden Objekte* verinnerlichen konnten. Auch fällt es ihnen später aufgrund der mangelnden mentalen Repräsentation der Affekte schwer, emotionale und körperliche Erregung auseinanderzuhalten und sprachlich differenziert zu benennen (vgl. Rudolf, 2006). Eine interessierte Ausrichtung auf die versagende Objektwelt wird sinnlos und die aus der Abhängigkeit heraus resultierende notwendige Nähe zu den Objekten zugleich bedrohlich. Die Objektvorstellungen sind dann vorwiegend beunruhigend oder vernachlässigend und die Selbstvorstellungen von Hilflosigkeit und Ausgeliefertsein geprägt.

Die Mutter von Ben hat nicht gestillt, da sie doch »kein Tier« sei, und beschrieb den Jungen als »nicht liebebedürftig«, da er Körperkontakt abgelehnt habe. Aufgrund der eigenen Belastung war es der Mutter schwer möglich, die Signale des Kindes und die affektive Kommunikation feinfühlig zu beantworten, so dass Ben auch im ersten Lebensjahr seinen Gefühlen und Spannungszuständen schutzlos ausgeliefert war. Passenderweise zeichnete Ben in dem projektiven Testverfahren »Verzauberte Familie« seine Mutter als »Kaninchen« ohne Gesicht und Ohren, was ihre Unsicherheit und mangelnde Erreichbarkeit unterstreicht. Bereits im ersten Lebensjahr wurden bei Ben übermäßige Unruhe und Einschlafstörungen beschrieben. Da die Mutter schnell überfordert war, gab sie den Jungen mit einem halben Jahr in eine Krippenbetreuung. Auch sein am Familienleben eher unbeteiligter und bald ganz aus der Familie verschwindender Vater konnte keinen Ausgleich bieten.

Das Versagen der Konstituierung des libidinösen Objekts und der Bindung

Durch die zunehmend intensivere, experimentierende Beschäftigung des Kindes mit der Objektwelt (*Sekundäre Kreisreaktion*: Piaget, 1963) und der wiederkehrenden Erfahrung der An- und Abwesenheit des Objekts ist das ca. halbjährige Kind in der Regel gut in der Lage, die taktilen, visuellen und akustischen Partial-Selbst-Objekt-Repräsentanzen nach Ich und Nicht-Ich zu *differenzieren* (Mahler et al., 1975) und schließlich zu ganzen, jedoch noch abhängig vom emotionalen Erleben zu ausschließlich »guten« oder »bösen« Selbst- und Objekt-Repräsentanzen zu verdichten, was mit dem Erleben eines *subjektiven Selbst* und *interaktiver Bezogenheit* (Stern, 1992) verbunden ist. Wichtig ist dabei zu betonen, dass das Kind im ersten Lebensjahr noch präsymbolisch oder sensomotorisch denkt, d.h. seine Selbst- und Objektrepräsentanzen bestehen aus der »Summe der Empfindungen«, an die sich das Kind beim Wiedererscheinen erinnern kann (vgl. Dornes, 2013, S. 48). Etwa mit zehn bis zwölf Monaten ist der Säugling in der Lage, sich die abwesende Mutter rudimentär in der Phantasie vorzustellen, wenn er kurz zuvor oder gleichzeitig ein oder mehrere Hinweisreize, die mit der Mutter perzeptuell verknüpft sind, tatsächlich wahrnimmt – *bedingte Evokation* –, was ihn zugleich noch sehr abhängig von ihrer physischen Nähe macht (vgl. Dornes, 2013, S. 91f).

Strukturell gestörten Personen fehlt die kontinuierliche Spiegelungserfahrung des »das bist du, das bin ich« (vgl. Rudolf, 2006) und die Integration von Partial-Selbst- und Partial-Objekt-Repräsentanzen misslingt ihnen. So fällt es ihnen später schwer, sich und andere abgegrenzt voneinander wahrzunehmen.

Im günstigsten Fall erfährt das Kind im ersten halben Lebensjahr eine konstante, adäquate Versorgung und Zuwendung von spezifischen Bezugspersonen und entwickelt darüber ein Gefühl von *Urvertrauen* (Erikson, 1959), so dass die Partial-Objekt-Repräsentanzen der Bezugspersonen in den ersten Lebensmonaten überwiegend mit Gefühlen der Zuneigung und des Wohlwollens affektiv besetzt werden und so etwa um den achten Lebensmonat herum zu *konstanten libidinösen Objekten* (Spitz & Cobliner, 1965) oder Bindungsfiguren (Bowlby, 1973) geworden sind, die über die momentane Befriedigung hinaus geliebt werden (vgl. Müller-Pozzi, 2008). Entsprechend zeigt das Kind nun spezifische Lächelreaktionen und beim Weggang der Bindungsperson Trennungs- und Objektverlustängste sowie Protestreaktionen.

Bei Kindern, deren Bezugspersonen entweder inkonstant anwesend sind oder vernachlässigend agieren, können die libidinösen Affekte, die als »Nebenprodukte« der Befriedigung der organischen Bedürfnisse auftreten, so nicht konstant an die Bezugspersonen gebunden werden. Die *Konstituierung des libidinösen Objekts* versagt, die ungebundenen libidinösen Gefühle bleiben auf der Stufe des *Autoerotismus* stehen (vgl. Müller-Pozzi, 2008, S. 30ff.) und es resultieren unsichere bis desorganisierte Bindungsmuster, welche mit Störungen der Affektregulation (Über- und Unterregulierung) vergesellschaftet sind.[7] Dass »ein krasser Mangel an Objektbeziehungen die Entwicklung in allen Bereichen der Persönlichkeit zum Stillstand bringt« und im impliziten Gedächtnis als »lebenslange Narbe« tief verankert wird, wurde in den von Spitz und Cobliner (1965) beschriebenen Syndromen der *anaklitischen Depression* und des *Hospitalismus* eindrücklich beschrieben (Spitz & Cobliner, 1965, dt. 1967, 1996, S. 296).

Die Hauptbezugspersonen, von denen diese Kinder abhängig und denen sie hilflos ausgeliefert sind, entwickeln sich eher zu Hassobjekten, deren Objektimagines aggressiv mit Wut und Ablehnung besetzt sind, was von einem Gefühl des Mangels und *Urmisstrauens* (Erikson, 1959) begleitet wird. Weder erleben die Kinder mit diesen Eltern eine *geteilte Aufmerksamkeit*, noch taugen diese zum *Social Referencing* (Emde, 1980) oder zum *emotionalen Auftanken* (Mahler et al., 1975), da die mütterliche *Heimatbasis* einem verlassenen oder bedrohlichen Ort gleicht. Um diesem unaushaltbaren Zustand zu entrinnen, sind die Kinder gezwungen, spontan demjenigen Zuneigung zu zeigen, der momentan gerade

---

7 In diesem Rahmen sollte m.E. auch die zunehmend politisch und gesellschaftlich forcierte Frühbetreuung von Kindern in aktuell zumeist inadäquaten Kinderkrippen und deren mögliche Auswirkungen auf die Entwicklung der Ich-Struktur diskutiert werden (vgl. Israel & Geist: Aufruf zur Wende in der Frühbetreuung, 2020).

als potenziell befriedigend erscheint, wobei dies ganz nach dem Motto »Aus den Augen, aus dem Sinn« im nächsten Moment wieder ein ganz anderer sein kann. Dies zeigt sich auch später im Funktionalisieren von Menschen für die eigenen Ansprüche. Um Momente der Verunsicherung und des Getrenntseins zu bewältigen, stellen *Übergangsobjekte* (Winnicott, 1969) bei diesen Kindern oft nicht nur einen vorübergehenden, sondern oft einen lebenslang andauernden Ersatz für menschliche Bindungsobjekte dar, was häufig in einem zwanghaften Horten von materiellen Gegenständen und späterer Fixierung auf Geld und Besitz symptomatisch zum Ausdruck kommen kann.

Bereits zur dritten Sitzung umarmt mich Ben zur Begrüßung und ein anderes Mal nennt er mich zur Verabschiedung »Papa«, was sein ungesättigtes Bedürfnis nach emotionaler Zuwendung verdeutlicht. Zugleich beschimpfte er mich, wenn ich seinen Wünschen nicht sofort entsprach (»Hau ab, du Blödmann.«). Sich selbst zeichnete Ben in der »Verzauberten Familie« an letzter Position als »kaputte Uhr« (defizitäres Selbstbild), obwohl er »lieber ein Panzer« wäre, da er dann »alle aballern« könnte. Um sich vor tiefen Selbstzweifeln zu schützen und erneuten Objektenttäuschungen zuvorzukommen, war Ben gezwungen, sich selbst zu lieben (keine ausreichende Besetzung der Objekte mit Libido), sich von der versagenden Mutter unabhängig zu machen (»kaum liebebedürftig«) und sich in kompensatorischen Pseudoerregungen (Unruhe) selbst zu vergewissern sowie sich materielle, stets verfügbare Ausgleichsobjekte zuzulegen (Horten).

Auch die Mutter von Maximilian hatte nur wenige Tage gestillt, weil der Junge sie »gebissen« habe. Die leicht kränkbare und psychisch instabile Mutter hatte den Patienten im Säuglingsalter oft angeschrien und gelegentlich auch geschlagen, und da ihr die Kinderbetreuung oft zu viel war, ließ sie ihn alsbald hauptsächlich von der eher bedrängenden Großmutter betreuen. Insgesamt ließ sich annehmen, dass keine der Bezugspersonen im notwendigen Maße echte Zuwendung und emotionale Nähe bieten konnte und bei dem Patienten von einer Frustration oraler Triebbedürfnisse und einem Mangel an emotionaler Wärme, unzureichendem mütterlichen Gehalten- und Geborgensein ausgegangen werden konnte, was eine orale Fixierung begünstigt haben dürfte. Der Patient konnte somit kein inneres gutes Objekt introjizieren und blieb im Bindungssystem frustriert (depressiver Objekthunger) (Rudolf, 2000). Dies zeigte sich später in oral-regressiven Kompensationen über Nahrung, (oraler) Gier, Rivalitäten, innerer Unruhe, Onychophagie zur Selbstberuhigung und Selbstbestrafung (Autoaggression) sowie kompensatorischen Wünschen nach materiellem Überfluss.

Henri Parens (2017) beschreibt dies zusammenfassend als *libidinöses Mangelsyndrom* und betont, dass unzureichende emotionale und körperliche Bedürfnisbefriedigung als unerträglicher psychischer Schmerz oder als »narzisstische

Wunde« empfunden werden, welche reflexhaft das der Selbsterhaltung dienende *Wut-System* (Panksepp, 1998) aktiviert. Daraus resultiert ein obsessives Bedürfnis nach Macht, um sich aus diesem Zustand der bedrohlichen Abhängigkeit vom Objekt zu befreien und eine unersättliche, parasitäre Gier aufgrund von chronischem Neid und des Gefühls des Ewig-zu-kurz-gekommen-Seins. Daran knüpft sich später ein Bedürfnis, Anderen die Schuld an allem zuzuschieben und ein unerbittliches Bedürfnis nach Rache an den versagenden und »bösen« Objekten an, was sich bis zum destruktiven Hass steigern kann, der an jemandem abreagiert werden muss, um das innere narzisstische Gleichgewicht wiederherzustellen. Diesen fatalen Entwicklungen im weiteren Entwicklungsverlauf des zweiten und dritten Lebensjahres möchte ich nun weiter nachgehen.

Der entartete Bemächtigungstrieb und Symbolisierungsstörungen

Ohne »Auftanken« in die Autonomie

Zu Beginn des zweiten Lebensjahres ist das Kind aufgrund der motorischen Reifung in der Lage, die Loslösung von der Mutter unmittelbar zu *üben* (Mahler) und die *Welt zu erobern* (vgl. Figdor, 2004, S. 80). Das Kind ist »gewissermaßen verliebt in die Welt und in seine eigene Größe und Allmacht« (Mahler et al., 1975, dt. 1980, 1990, S. 94). Jedoch bedarf es in Momenten der Verunsicherung noch der sicheren Bindungsperson, um bei ihr *emotional aufzutanken*, um dann kurz darauf die Welt weiter zu entdecken. Wenn jedoch keine Möglichkeit zum »Auftanken« besteht, fühlt sich das Kind in Gegenwart der Mutter verlassen und wird möglicherweise ob seiner neuen motorischen Fähigkeiten forciert, ohne *Übung* (vgl. Mahler et al., 1975) in das kalte Wasser der Autonomie flüchten. Diese Kinder neigen »in auffallender Weise dazu, sich zu verletzen«, und versuchen teilweise verzweifelt mittels Sich-fallen-lassen oder Wutanfällen, »die Aufmerksamkeit, wenn nicht die Anteilnahme der Mutter zu erlangen« (Mahler et al., 1975, S. 92f.), so dass die Eroberung und Beherrschung der (Objekt-)Welt zum Zwang werden. Henri Parens (2017) betont, dass das Bedürfnis nach Macht in Zuständen von Urmisstrauen und grundlegender Unsicherheit »umso ›zwingender‹, ja geradezu obsessiv wird« (Parens, 2017, S. 151). Dieses *Bedürfnis nach Macht*, welches jeder Mensch mitbringt, um seine frühkindliche

Hilflosigkeit zu überwinden (ebd., S. 152), erinnert an Freuds (1905) *Bemächtigungstrieb*, welcher in der analen Phase durch die gereifte Körpermuskulatur in *aktiver* Eroberung der Welt zum Ausdruck kommt. Demnach könnte man auch sagen, dass der ursprüngliche *Bemächtigungstrieb,*[8] der eigentlich dazu dient, sich der Umwelt zu bemeistern, sich aus der natürlichen Abhängigkeit zu befreien, den eigenen Körper, sich selbst und seine Beziehungen in den Griff zu bekommen, sekundär zu einer sadistischen Herrschsucht entartet und feindselig-destruktive Aggression als letzter (illusorischer) Befreiungsversuch aus der Abhängigkeit (Pseudoautonomie) und den damit einhergehenden aversiven Anspannungen verstanden werden kann.

Wenn Phantasie und Worte fehlen –
Empathie-, Gedächtnis-, Spiel- und Sprachstörungen

Neben der Motorik entwickelt sich nun im zweiten Lebensjahr auch das *explizit-deklarative, episodische Gedächtnis*, das Verbindungen zu Bildvorstellungen und alsbald zu sprachlichen Begriffen ermöglicht, welche beschreibbare Repräsentanzen im expliziten Gedächtnis bilden, die als explizites Wissen abrufbar sind und berichtet (»deklariert«) werden können« (Ermann, 2020, S. 43, 54), womit die »entscheidenden Phasen der Ichentwicklung«, ausgenommen der des *Über-Ich*s, im Alter von »eineinhalb bis zwei Jahren« als »abgeschlossen« betrachtet werden können (vgl. Ermann, 2020, S. 59f.).

Der Zeitpunkt der frühesten (bewussten) Erinnerungen deckt sich ungefähr mit der *Selbsterkenntnis im Spiegel,*[9] welche beginnend mit etwa 18 Monaten auf ein explizites Ich-Bewusstsein verweist. Genau diese »Identifikation mit dem eigenen (Spiegel-)Bild« kann man als sog. *primäre Identifizierung* ansehen (vgl. Müller-Pozzi, 2008, S. 93). Dabei könnte die mimische, affektive und verbale Bestätigung der Selbsterkenntnis im Spiegelbild seitens des Anderen (»Das bist du.«) von besonderer Bedeutung sein (vgl. Müller-Pozzi, 2008, S. 93).

Im Unterschied zum präsymbolischen sensomotorischen Spiel des ersten Lebensjahres reift im zweiten Lebensjahr die kognitive Fähigkeit zur Symbolisierungsfähigkeit heran, wodurch das Kind sich unabhängig von der aktuellen Wahrnehmung – in der Phantasie – z. B. seine abwesende Mutter vorstellen

---

8 Siehe S. Freud (1905): *Drei Abhandlungen zur Sexualtheorie*, sowie Ives Hendrick (1943): *The Discussion oft the ›instinct to master‹*.
9 *rouge-mirror-Experiment;* Amsterdam, 1972; Bard et al., 2006; Lewis & Brooks-Gunn, 1979.

kann (vgl. Dornes, 2013, S. 91f). Bei der Symbolisierung handelt es sich um »die Repräsentation von Affekten, Empfindungen, Triebimpulsen und anderen körperlichen Vorgängen in bewussten und unbewussten Bildern und Phantasien, also in sprachlichen und nichtsprachlichen Symbolen« (Scheidt, 2015, S. 559). Ungefähr mit 1½ Jahren sind Kinder zum *Als-ob-Spiel* in der Lage und verleihen Gegenständen die Bedeutung eines Anderen oder eines Nicht-Vorhandenen (vgl. Largo, 2011, S. 329ff.), was sie in die Lage versetzt, symbolisch ihre innere Situation, Erinnerungen und Wünsche auszudrücken« (vgl. Streeck-Fischer, 2018, S. 132). Martina Scharrer (auch in diesem Band) betont mit Verweis auf De Masi (2022), dass »das zukünftige Vermögen, eigene emotionale Zustände und soziale Erwartungen zu symbolisieren, abhängig von den frühesten Interaktionen zwischen Säugling und Bezugsperson« sei, weshalb die Symbolisierungsfähigkeit und auch die Antizipationsfähigkeit »bei frühen Störungen oftmals massiv eingeschränkt ist« (Scharrer, 2024, S. 163f.). Als Ursachen für eine defizitäre Symbolisierungsfähigkeit zählt Carl Eduard Scheidt (2015) u. a. einen Mangel an Containment (Bion) und Spiegelung (Kohut, Winnicott), eine »unzureichende Metabolisierung und Verarbeitung von affektiven Signalen des Kindes« sowie kindliche, aber auch spätere Traumatisierungen auf (vgl. Scheidt, 2015, S. 559).

Wenn die Bezugspersonen dem Kind die wiederholte Erfahrung des affektregulierenden Spiegelns nicht bieten können sowie Elternteil und Kind gemeinsam vom negativen Affekt überschwemmt werden, kann das Kind weder eine Affektrepräsentanz (z. B. seiner Angst) noch den *Als-ob-Modus* entwickeln, welcher eine alternative Möglichkeit zu der inneren Realität des Kindes aufzeigt. Diese Kinder bleiben »in einer erhöhten Dauererregung arretiert« (Jungclaussen, 2023, S. 370). Sie erleben ihre innere und äußere Welt weiter nach dem Modus der *psychischen Äquivalenz*, was »zu ungemein schmerzhaften Erfahrungen Anlass geben« kann, »weil projizierte Phantasien große Angst auslösen können« (Fonagy & Target, 2007, S. 369f.), so dass sie sich ständig bedroht fühlen und sich mittels einer dauerhaften Kampfbereitschaft gegen vermeintliche Angriffe wappnen. Entsprechend werden sie die Integration zum *Reflexionsmodus* als den letzten Schritt in der Mentalisierungsentwicklung, der Kindern normalerweise mit drei bis vier Jahren möglich ist, nicht vollziehen und Zusammenhänge und Unterschiede zwischen innerer und äußerer Realität nicht ausreichend wahrnehmen können (Fonagy u. Target, 2007, S. 370). Dies geht mit den häufig zu beobachtenden Einschränkungen der Empathiefähigkeit einher. Denn die *Selbsterkenntnis*, deren Entwicklung von der *geteilten Aufmerk-*

samkeit mit Bezugspersonen abhängt, ist genauso wie der *Als-ob-Modus* eine wesentliche Grundlage, um sich in die Perspektive eines Anderen hineinversetzen zu können. Bei Kindern, die gereizte, strenge Eltern und unsichere Bindungen zu diesen haben, wird das eigene Leiden eher durch Notlagen Anderer verstärkt, so dass sie sich genau wie ihre unsensiblen Eltern eher zurückziehen oder mit verbalen oder körperlichen Attacken reagieren, anstatt empathische Betroffenheit zu entwickeln (vgl. Berk, 2020, S. 386f.).

Wenn es an einem »von haltenden Objekten beseelten Innenraum« fehlt, resultiert meistens auch eine »Unfähigkeit zu spielen« (Dammasch, 2004, S. 159). Aufgrund des fehlenden Als-ob-Charakters ist das Spiel von Kindern mit Symbolisierungsstörungen konkretistisch »und kann wie viele reale Kränkungen und Bedrohungen schwere Wutanfälle nach sich ziehen« (Hopf, 2014, S. 292). Paulina Kernberg (2006) beschreibt eindrücklich bei verhaltensgestörten, narzisstischen und Borderline-Kindern differenzierte Spielstörungen, wie u. a. einen »fehlenden Phantasieraum«, das Verwischen von Realität und Phantasie, das chaotische Einbrechen heftiger Impulse bis hin zum vollständigen Fehlen symbolischer Handlungen.

> In freien Spielsequenzen inszenierte Ben häufig Spiele mit Playmobilfiguren, in denen ein Sohn mit seinem Vater einen Ausflug macht (Wunsch), sich jedoch zugleich väterliches Desinteresse und Verantwortungslosigkeit im Spiel manifestierten (Frustration), so dass die Spiele zum Ende hin oft in chaotischen Destruktionsszenen eskalierten und ich begrenzend intervenieren musste.

Etwa zeitgleich beginnend um den 15. Lebensmonat entwickelt sich das *verbale Selbst* (Stern, 1985/1992). Das bedeutet, dass das Kind jetzt sich selbst und andere vorstellen und mit Zeichen, Symbolen und Worten verknüpfen und über sich und andere nachdenken und sprachliche Erinnerungen bilden kann (vgl. Ermann, 2020, S. 68; Streeck-Fischer, 2018, S. 132). Frank Dammasch (2004) betont, dass ein vollständiges Bewusstsein erst »durch die Verknüpfung sinnlich-symbolischer bildhafter Vorstellungen mit einem Sprachzeichen entsteht« (Dammasch, 2004, S. 149), was Freud (1915)[10] mit der Verbindung von *Sachvorstel-*

---

10 »Was wir die bewußte Objektvorstellung heißen durften, zerlegt sich uns jetzt in die *Wortvorstellung* und in die *Sachvorstellung*, die in der Besetzung, wenn nicht der direkten Sacherinnerungsbilder, doch entfernterer und von ihnen abgeleiteter Erinnerungsspuren besteht. Mit einem Male glauben wir nun zu wissen, wodurch sich eine bewußte Vorstellung von einer unbewußten unterscheidet. Die beiden sind nicht, wie wir gemeint haben, verschiedene Niederschriften desselben Inhaltes an verschiedenen psychischen Orten, auch nicht verschiedene

lungen und dazugehörigen *Wortvorstellungen* beschrieb. Zwischen dem 18. und 27. Lebensmonat sprechen Kinder von sich unter Verwendung ihres Vornamens und beginnen ab ca. 24 Monaten, Personalpronomina (*ich, mich, mein*) zu verwenden (vgl. Largo, S. 396; Berk, 2020, S. 302). Als Teilaspekt des verbalen Selbst entwickeln Kinder zwischen dem 18. und 30. Lebensmonat ein *kategoriales Selbst* (Stipek, Gralinski & Kopp, 1990), »indem sie sich selbst und andere kategorisieren und zwar nach Alter (»Baby«, »Junge« oder »Mann«), Geschlecht (»Junge« oder »Mädchen«),[11] körperlichen Eigenschaften (»groß«, »stark«) und sogar nach Eigenschaften wie ›gut‹ oder ›böse‹ (…) und Kompetenzen (»geschafft« oder »kann nicht«) (…).« (Berk, 2020, S. 304). Dies verweist auf eine »Integration unterschiedlicher Selbst-Imagines« (Tyson & Tyson, 2001, S. 134), welche einen höheren (Selbst-)Bewusstseinsgrad ermöglichen.

Wenn der »frühe sprachlich-affektive Austausch« mit den primären Objekten eingeschränkt war (Ahlheim, 2004, S. 202), die affektiven Befindlichkeiten des Kindes keine Worte fanden oder auch »der Erwerb des gesprochenen Nein« aufgrund eines verunsichernden Umfeldes nicht »ohne Risiko des totalen Liebesverlusts« erprobt werden konnte (vgl. Mertens, 2004, S. 180, 183), steht diesen Kindern die Sprache als wesentliches »Medium zur Interpretation der eigenen und fremden Subjektivität« und symbolischen Verständigung (vgl. Hüther, 2004, S. 12) nur eingeschränkt zur Verfügung. Diesen Kindern »fehlen die Worte« für Gefühle, was konkretes Agieren unumgänglich zur Affektregulation macht.

Unter diesen defizitären Entwicklungsbedingungen fehlen ebenso die Grundvoraussetzungen zum Denken und Lernen (vgl. Hüther, 2004, S. 29; Raue, 2004, S. 274f). Eine übermäßige Aktivierung emotionaler Zentren geht mit einem hohen Glukokortikoidspiegel einher, welcher eine neuronale Schädigung v. a. des noch unreifen Hippocampus[12] bewirkt, so dass die Speicherung im Langzeitgedächtnis beeinträchtigt wird (Solms & Turnbull, 2007, S. 182), was möglicherweise mit der Beobachtung bei vielen frühgestörten Kindern, dass sie »nichts aus ihren Fehlern lernen«, in Zusammenhang gebracht werden kann. Diese Kinder erleben das In-Frage-Stellen gewonnener Einsichten in neuen

---

funktionelle Besetzungszustände an demselben Orte, sondern die bewußte Vorstellung umfaßt die Sachvorstellung plus der zugehörigen Wortvorstellung, die unbewußte ist die Sachvorstellung allein.« (Freud, 1915)

11 Man denke auch an Stollers (1968) *Kerngeschlechtsidentität*.

12 Der Hippocampus ist »eine Art Organisator der Herstellung und Wiederherstellung bestimmter räumlich verteilter limbischer und neocorticaler Aktivitätsmuster, welche jeweils Wahrnehmungsinhalte oder Erinnerungen repräsentieren.« (Huber, 2004, S. 34f)

(Lern-)Situationen »als unkontrollierbare Belastungssituation« und »Reaktivierung frühen Ohnmachterlebens«, was einerseits »das erfolgreiche Stabilisieren des bereits Gelernten erschwert« und die Kinder andererseits dazu drängt, diesen unkontrollierbaren und kränkenden Belastungssituationen aus dem Weg zu gehen (vgl. Katzenbach, 2004, S. 100f.). Zudem scheitern »lern- und arbeitsgestörte Patienten an den Vollkommenheitsansprüchen ihres Ich-Ideals« (Burkhardt-Mußmann, 2004, S. 129), weshalb auch Paulina Kernberg (2015) »das Vorliegen einer schweren Lernstörung« zu einem »charakteristischen Symptom« von narzisstisch gestörten Kindern zählt (P. Kernberg, 2015, S. 575). Kai v. Klitzing (2022) fasst zusammen, dass die mit Vernachlässigungserfahrungen oft einhergehenden unzureichenden kognitiven Stimulierungen, mangelhaften sensorischen, sprachlichen, motorischen und sozialen Lernerfahrungen, »langanhaltende Defizite in vielen kognitiven und emotionalen Funktionen« hinterlassen (v. Klitzing, 2022, S. 80).

Projektion sadistischer Über-Ich-Kerne und Verharren in der »Objekt-Compliance«

Dem Rausch der *Übungsphase* (Mahler et al., 1975), der mit dem Entwicklungsfortschritt des Gehenlernens verbunden ist, werden schon bald durch das »Nein« der Bezugspersonen Grenzen gesetzt, was Auswirkungen auf die Über-Ich-Bildung hat. Eigensinn und Negation treffen nun auf Eltern, deren Verhalten nicht mehr nur durch Fürsorge, sondern auch durch disziplinierende Maßnahmen bestimmt wird (Maccoby & Martin, 1983), was gegebenenfalls in Machtkämpfen mit den Eltern mündet. Bereits mit »etwa neun Monaten ist die Fähigkeit, Ge- und Verbote zu verstehen, ausgebildet und »man kann beobachten, wie sich das Kind entweder vor oder nach einer verbotenen Handlung auf die emotionale Äußerung der Eltern bezieht« (Tyson & Tyson, 2001, S. 214). Zur selben Zeit taucht bei Kindern erstmals *feindselige Destruktivität* als Reaktion auf übermäßige Unlust auf (Parens, 1996).

In der zweiten Hälfte des zweiten Lebensjahres, in der sog. *Wiederannäherungskrise* (Mahler et al., 1975), tritt die »Furcht vor dem Verlust der Liebe des Objekts« nun deutlicher vor der Furcht vor Objektverlust hervor (Mahler et al., 1975, dt. 1980, 1990, S. 103, S. 103). Das Kind ist nun mit dem unvereinbaren

Widerspruch konfrontiert, seinen Willen entgegen den elterlichen Forderungen nach Impulskontrolle durchzusetzen und zugleich die Liebe des idealisierten Objekts zu gewinnen und zu bewahren (»anale Ambivalenz«), wobei letzteres zunehmend in den Vordergrund tritt (vgl. Tyson & Tyson, 2001, S. 215). Demzufolge fügt sich das Kind zu allererst aufgrund seiner Liebe zu seinen Eltern und seiner Schwierigkeit, schmerzliche Ambivalenzgefühle zu ertragen (*Objekt-Compliance*), den elterlichen Ansprüchen (Tyson & Tyson, 2001, S. 217), die via Introjektion »zum Anspruch des Überichs« werden (Müller-Pozzi, 2008, S. 99), was Ferenczi (1925) als »eine Art physiologische Vorstufe des […] Über-Ichs« gemäß der analen Phase als sogenannte *Sphinktermoral* (Ferenczi, 1925, S. 255) bezeichnete. Die Introjekte als Ergebnis dieser Introjektionen wirken im Inneren weiter wie äußere Objekte, wobei in diesem Alter noch nicht von einer »Identifizierung mit dem Introjekt« ausgegangen werden kann (Tyson & Tyson, 2001, S. 217), da hierfür die »Assimilationsfähigkeit des introjizierenden Subjekts« noch nicht ausreicht und die sich gerade erst formenden Selbstrepräsentanzen noch nicht stabil genug dafür sind (vgl. Krause, 1998, S. 118). Das Kind bedarf noch äußerer Verstärkung durch seine Eltern, die ihm sagen, wie es sich verhalten soll, wann das Kind stolz, verlegen oder schuldbewusst sein sollte (vgl. Berk, 2020, S. 274f.). Entsprechend können im zweiten Lebensjahr *selbstreferentielle Emotionen erster Ordnung* (Lewis, M. 2014) wie Reue, Verlegenheit und Beschämung bei äußerer Kritik als affektive Indikatoren dieser Entwicklung beobachtet werden.

Idealerweise vermitteln die Eltern ihre Forderungen in einer einfühlsamen, den Unmut des Kindes anerkennenden und liebevoll-tröstenden Weise, was zugleich nicht bedeutet, den kindlichen Ansprüchen einfach nachzugeben. Unter diesen Bedingungen hat das Kind »die Möglichkeit, stolz auf seine Anpassungsleistung zu sein«, was eine »wesentliche frühe Quelle für das kindliche Selbstwertempfinden« darstellt (Tyson & Tyson, 2001, S. 215f.). So muss das Kind »die erfolgreich vorgenommene Einschränkung seiner Wünsche und Impulse nicht als Frustration und Demütigung oder als Verlust seiner Allmacht und Kontrolle empfinden« und kann sich zunehmend mit der »nicht-strafenden Kontrolle« seiner Eltern identifizieren, Frustrationstoleranz und intrapsychische Selbstkontrolle aufbauen (ebd.). Erikson (1959) empfiehlt: »Sei gegenüber dem Kinde in diesem Stadium zugleich fest und tolerant, und es wird auch gegen sich selbst fest und tolerant werden« (ebd., S. 82).

Jedoch werden Kinder heutzutage nach wie vor häufig von ihren Eltern geschlagen, misshandelt und vernachlässigt, was im erst 2023 veröffentlichten

Bericht des statistischen Bundesamtes über einen neuen Höchststand an Kindeswohlgefährdungen in Deutschland (Deutsches Ärzteblatt, PP, Heft 9, Sept. 2023, S. 388) verdeutlicht wird. Dabei hebt Kai von Klitzing (2022) in seiner Studie hervor, »dass die emotionale Misshandlung ein Kernrisikofaktor für ein breites Spektrum von psychischen Störungen darstellt, ganz unabhängig von den oftmals gleichzeitig auftretenden körperlichen Misshandlungen und den Vernachlässigungen« (vgl. v. Klitzing, 2022, S. 73). Sind Eltern derart unberechenbare und lieblose Autoritätsfiguren, die willkürlich unmögliche, unangemessene Forderungen setzen und rigoros strafend reagieren, wird das Kind seine Anpassungsbemühungen nicht mit Stolz, sondern wohl eher mit Ängsten vor Macht- und Kontrollverlust erleben und sich seiner Selbstwirksamkeit beraubt fühlen (Tyson & Tyson, 2001, S. 218f.). Unter diesen Bedingungen wird ein zumeist schon in früheren Phasen frustriertes Kind kaum eine Motivation entwickeln, »sich nach den Wünschen des Objekts zu richten« (Tyson & Tyson, 2001, S. 218) und sich den elterlichen Normen und Regeln widerwillig und aus Angst nur für den Moment, aber nicht langfristig unterwerfen oder in einer *Wendung von Passiv in Aktiv* den Spieß umdrehen und an einem Bedürfnis nach Allmacht festhalten.

Verkomplizierend kommt hinzu, dass die Introjekte durch Projektionen der kindlichen reaktiven Wut zusätzlich übertrieben und verzerrt werden können (Jones, 1947), was bei Kindern, die in ihren Beziehungserfahrungen besonders frustriert wurden, zur Entwicklung besonders harter, sadistischer und grausamer Introjekte im Über-Ich führt (vgl. Tyson & Tyson, 2001, S. 214). Zudem sind die idealen Selbst- und Objektrepräsentanzen, die zu einer gesunden Selbstwertregulierung und Selbstkritik notwendig sind, häufig bei frühgestörten Kindern von einem *pathologischen Größenselbst* (siehe unten) absorbiert, so dass nur die bedrohlichen Aspekte im Über-Ich verbleiben (vgl. O. F. Kernberg, 2015, S. 267) und sie keine konstruktiven selbstkritischen Über-Ich-Funktionen entwickeln.

Diese sadistisch-verfolgenden *Über-Ich-Kerne* (Glover, 1954) müssen aufgrund ihres massiv selbstentwertenden Potenzials dissoziiert und auf Über-Ich-Träger projiziert werden, woraus paranoide Ängste vor *verfolgenden* äußeren Objekten (O. F. Kernberg, 2015, S. 267) resultieren, weshalb sich die Betroffenen ständig angegriffen fühlen. Zugleich bringt ein aus den deprivierenden Sozialisationserfahrungen herrührendes, von Feindseligkeit und Hass getragenes, »unerbittliches Bedürfnis nach Rache« das Kind in ein Dilemma, da es ja weiterhin von diesen versagenden Bezugspersonen abhängig ist. Mittels Verschiebung und Projektion werden dann Andere anstatt der Eltern zu Feinden erklärt, so dass diese Anderen stellvertretend aufgrund projektiv zugeschriebener böser Absichten wegen attackiert werden (Angriff ist die beste Verteidigung) und sich das Kind somit durch »süße Rache« von den narzisstischen Wunden zu heilen versucht (Parens, 2017, S. 167f., 176f., 183), was dann oft von Außenstehenden als grundloses aggressives Verhalten beschrieben wird.

Unter diesen Bedingungen kommen die Kinder kaum über das Stadium der Objekt-Compliance hinaus, bleiben zur Regulierung ihre Interaktionen und ihres Verhaltens »vollständig auf unmittelbare äußere Zeichen angewiesen« (O. F. Kernberg, 2015, S. 269), so dass sie sich nur unter äußerer Kontrolle aus Angst vor Strafe an Regeln halten und ansonsten antisozial ihre Bedürfnisse ausleben, was für den *malignen Narzissmus* und die *antisoziale Persönlichkeitsstörung* (O. F. Kernberg, 2012, S. 65) typisch ist.[13]

Ebenso verwehren eine übermäßige elterliche Verwöhnung, eine inkonsistente Erziehung oder die Vermeidung jeglicher Grenzsetzungen dem Kind, adäquate »Frustrationen zu erleben und damit fertig zu werden, Toleranz zu üben und sich realer Grenzen bewusst zu werden« (O. F. Kernberg, 2015, S. 583). Mit dem Ausbleiben der Erfahrung, optimale Hindernisse zu überwinden oder auch ein »Nein« der Eltern und die damit einhergehenden negativen Emotionen vorübergehend zu ertragen, fehlt diesen Kindern somit eine wesentliche Grundlage der inneren Strukturbildung (vgl. Hopf, 2017, S. 104). Das Kind kann dann keine »*inneren Kontrollmöglichkeiten*«, handlungsleitenden Introjekte für ein autonomeres Funktionieren aufbauen und verharrt stattdessen in einer »*unrealistischen Erwartungs- und Anspruchshaltung gegenüber überidealisierten Elternrepräsentanzen*« (vgl. Tyson & Tyson, 2001, S. 217) und richtet sich nur nach seinen »eigenen Wünschen, Vorstellungen und Bedürfnissen« (G. Hüther, 2004, S. 29f). Hans Hopf (2017) beschreibt bei Eltern eine seit den 1970er-Jahren zunehmende und tiefsitzende »Angst autoritär zu sein« und Unvermögen, im entscheidenden Moment auch einmal »Nein« zu sagen, und bringt dies mit einer »Zunahme aller möglichen Formen von narzisstischen Störungen mit Problemen der Affektregulation«, hedonistischen Haltungen, Maßlosigkeit und ungehindertem Ausleben von Triebwünschen in Verbindung (Hopf, 2017, S. 104). Auch Winnicott (1969) verwies bereits darauf, dass das

---

13 Die unzureichend internalisierten Über-Ich-Normen, die mangelnde emotionale Bindung an Andere und damit einhergehende geringe Motivation, sich deren Regeln zu unterwerfen, was zugleich als Demütigung und Kontrollverlust erlebt wird, sind vermutlich Gründe für das häufige Scheitern von Token-Systemen bei strukturell gestörten Kindern.

Kind zu einer gesunden Entwicklung der Affekt- und Verhaltenssteuerung eine angemessene Portion elterlichen *Hasses* benötigt, um sich an der authentischen Empörung der Eltern bei Regel- und Normverstößen spürend orientieren zu können.

Untersuchungen zeigen, dass der *autoritäre Erziehungsstil* auf der einen Seite und der *permissive Erziehungsstil (Laissez-faire)* auf der anderen Seite in erhöhtem Maße u.a. mit feindseligem, aggressivem Verhalten und schlechten Schulleistungen korrelieren (Berk, 2020, S. 414ff.). Die autoritär Unterdrückten scheinen sich vermutlich in einer Wendung von Passiv in Aktiv aus ihrer Unterdrückungssituation zu befreien und an Ersatzobjekten zu rächen, und die Unbegrenzten wollen sich aus Gewohnheit nicht fügen.

> Im weiteren Entwicklungsverlauf in der analen Phase traf der bindungsunsichere Maximilian auf wenig haltgebende, z.T. auch aggressiv-impulsive Eltern und eine verwöhnende Großmutter, so dass »das Thema der aggressiven Auseinandersetzung um Autonomie neurotisch fixiert« (Rudolf, 2000, S. 211) wurde. Dies kam in einer besonders argen Trotzhaltung, Hyperaktivität sowie Einnässen, Einkoten und Kotschmieren bis ins Grundschulalter symptomatisch zum Ausdruck.

> Der vierjährige Pascal blieb bei seiner Laissez-faire-alleinerziehenden, konfliktvermeidenden Mutter und aufgrund des Fehlens einer triangulierenden Vaterfigur von erforderlichen Grenzsetzungen verschont und konnte relativ ungehindert seinen Willen aggressiv-impulsiv durchsetzen, was zur Wucherung infantiler Omnipotenzphantasien beitrug und einer opponierend-querulatorischen Persönlichkeitsakzentuierung Vorschub leistete sowie eine Adultmorphisierung förderte (»wie ein kleiner Erwachsener«).

Spaltung von »gut« und »böse« – ein Rettungsversuch

Mit dem Erwerb der freien Fortbewegung, den sprachlich-kognitiven Fortschritten und damit einhergehender größerer Bewusstheit eines von den Objekten losgelösten, autonomen *Selbst* wird sich das Kind jedoch auch seiner faktischen Abhängigkeit begleitet von Trennungsängsten bewusster und beginnt die Nähe der Objekte vermehrt wieder zu suchen, was es in der Mitte des zweiten Lebensjahres in die sogenannte *Wiederannäherungskrise* manövriert (Mahler et al., 1975, dt. 1980, 1990, S. 101), die weiterhin eine intensive Zuwendung und dyadischen Austausch mit erwachsenen Vertrauenspersonen notwendig macht.

Das Kind weiß zwar nun, »dass es nur *eine* Mutter gibt, aber es scheinen in der Mutter *zwei konträre Wesenheiten* [gute/gewährende vs. böse/versagende Mutter] zu existieren« (Figdor, 2004, S. 90).

Frühgestörten Kindern gelingt es aufgrund ihrer aggressiv aufgeladenen »bösen« Selbst- und Objektrepräsentanzen nicht, »gute und schlechte Repräsentanzen« zu integrieren. Demzufolge müssen »die Restbestände an guten Selbst- und Objektrepräsentanzen vor der Übermacht der bösen« mittels des Abwehrmechanismus der *Spaltung* geschützt werden, wodurch die »bis zum Alter von zwölf bis 18 Monaten« noch normale Unintegriertheit »über den altersangemessenen Zeitraum hinaus aufrechterhalten« wird, was späterhin oft mit dem *Schwarzweiß-Denken* bei Borderlinestrukturen in Zusammenhang gebracht (vgl. Dornes, 2013, S. 170f.) und als »typisch für das Syndrom der Identitätsdiffusion und für schwere Persönlichkeitsstörungen« (O. F. Kernberg, 2012, S. 50) angesehen wird. Entsprechend können sie sich auch selbst und andere wenig differenziert beschreiben, so dass man oft kein lebendiges Bild von den Kindern und ihren Bezugspersonen erhält.

Schon im Kleinkindalter zeigen diese Kinder ein auffälliges Pendeln zwischen überdurchschnittlicher Trennungsangst einerseits, die sich oft in *beschattendem* Anklammern und erheblichen Schlafstörungen zeigt, und negativistischem und übertriebenem *Weglauf*-Verhalten andererseits, was dazu dient, sich von der Mutter abzugrenzen und zugleich wiedergefunden zu werden (Mahler et al., 1975, dt. 1980,1990, S. 117).

> Ben war bereits bei seiner Mutter und auch später in Wohngemeinschaften der Jugendhilfe immer wieder weggelaufen und wurde letzten Endes von Vater Staat in Form der Polizei wieder zurückgebracht, was einerseits als Flucht vor frustrierenden Situationen und zugleich als Suche nach Halt und Bindung zu verstehen war.

Diese Kinder haben die *Ambitendenz* nicht ausreichend verinnerlichen können, so dass sie die Spaltungsabwehr nicht durch Verdrängung ersetzen können (vgl. Streeck-Fischer, 2018, S. 58), was oft auch psychosomatisch in hyperaktivem Verhalten mündet. Dies gilt vor allem dann, wenn ein ausgleichender Vater in der Familie fehlt[14] oder symbolische Verarbeitungswege, wie oben beschrieben, nur eingeschränkt zur Verfügung stehen. In Trennungs- und Frustrationssituationen können sich die Kinder, welche die beruhigende Mutterimago entbehren müssen, nicht an die liebevolle und tröstende Mutter erinnern (vgl. Tyson &

---
14 Zur Bedeutung des Vaters sei auf den Beitrag von Josef Aigner in diesem Band verwiesen.

Tyson, 2001, S. 95, 114). So wenden sie sich bei Frustration ihrer Bedürfnisse radikal vom Anderen ab oder tauschen ihn gegen den Nächstbesseren aus, da sie andere Objekte weiterhin als narzisstische Selbstobjekte in ihrer Verfügungsgewalt benötigen. Entsprechend bleiben sie weiterhin Ich-zentriert, anspruchlich und können aufgrund eines Mangels an echter Selbstliebe auf Interessen und Gefühle Anderer keine Rücksicht nehmen.

Die Flucht in den Größenwahn – das pathologische Größenselbst

Neben der Bildung von Introjekten entwickeln sich Ideale, die in der Substruktur des *Ich-Ideals* (Freud, 1914) verortet und »als Kompositum idealer Objekt-, Kind- und Selbstrepräsentanzen« (Tyson & Tyson, 2001, S. 208) betrachtet werden können. Hierbei wird deutlich, dass es Überschneidungen zwischen den Strukturen des *Selbst* und des *Ich-Ideals* geben muss. Lustvolle Interaktionen mit den Eltern im ersten Lebensjahr, in denen sich das Kind »gelobt, ermuntert, belohnt und geliebt fühlt« (Tyson & Tyson, 2001, S. 214) bilden die Basis für die Entwicklung von Idealen, denen das »Empfinden eigener Großartigkeit und Omnipotenz während der Übungsphase« (ebd.) hinzugefügt wird. Aus Sicht des kleinen Kindes erscheinen die Eltern als vollkommen und omnipotent und die daraus resultierenden *idealen Objektrepräsentanzen* werden zu Vorbildern, an denen sich das Kind selbst oder andere Menschen messen wird (vgl. Tyson & Tyson, 2001, S. 208). Zugleich entwickeln Kinder sehr bald eine Idee davon, welche Art von Kind sich die Eltern idealerweise wünschen, und die daraus entstehenden *idealen Kindrepräsentanzen* werden zu erstrebenswerten Normen, an deren Erfüllung oder Nichterfüllung das reale Kind seine Liebenswürdigkeit ablesen kann (vgl. Tyson & Tyson, 2001, S. 208). Letztendlich entsteht eine differenzierte psychische Konfiguration, das *Ideal-Selbst*, welches sich aus bewunderten oder auch mächtigen Elternrepräsentanzen, den Vorstellungen über das »ideale Kind« der Eltern »sowie phantasierten [z. B. omnipotenten] oder tatsächlich erfahrenen Selbstzuständen« (Tyson & Tyson, 2001, S. 209) und aus der realistischen Einschätzung der eigenen Möglichkeiten und Grenzen zusammensetzt.

Aufgrund des fehlenden »Glanz[es] im Auge der Mutter« (Kohut, 1973, S. 141) oder auch des Vaters kann sich ein Kind selbst nicht als ausreichend liebenswürdig erleben, sodass auch keine ausreichende libidinöse Besetzung des

Selbst erfolgt. Um die Abhängigkeit von diesen »liebes-blinden« Bezugspersonen zu verleugnen, sind die betroffenen Kinder gezwungen, »die libidinöse Besetzung von der Objektrepräsentation« abzuziehen »und auf die Selbstrepräsentation« hinzulenken, was Freuds Konzept des *sekundären Narzissmus* entspricht (vgl. Fonagy & Target, 2007, S. 142).

Das Kind kann dann in der *Wiederannäherungskrise* nicht auf die »illusorischen Beimengungen« seines idealen Selbst verzichten (Streeck-Fischer, 2018, S. 57), da auf dem kränkenden Boden der Tatsachen die Konfrontation mit dem Kleinheitsselbst droht, welches mit Gefühlen der Minderwertigkeit verknüpft ist (vgl. Tyson & Tyson, 2001, S. 219). Über persistierende projektiv-identifikatorische Prozesse entledigen sich frühgestörte Kinder und Jugendliche von ihren minderwertigen, neidischen und bedürftigen Selbstrepräsentanzen sowie den inadäquaten, vernachlässigenden und aggressiven Objektrepräsentanzen (vgl. P. F. Kernberg, 2015, S. 573). Dadurch werden die Anderen jedoch in der verzerrten Wahrnehmung des Kindes zu verachtenswerten Verlierern oder bedrohlichen Verfolgern, vor denen sich das Kind schützen oder die es bekämpfen und entwerten muss (ebd.). Andere werden jedoch nicht nur entwertet, sondern gerade die versagenden Eltern, von denen die Kinder ja real abhängig sind, werden häufig *idealisiert* und so aus den versagenden und bedrohlichen Eltern gute Eltern gemacht, um in deren Beisein zu überleben. Diese Idealisierung dient einerseits »der Abwehr von Angst und Ohnmachtsgefühlen«, hemmt aber auch die eigene Frustrationsaggression gegen die Eltern (Aggressionshemmung), wobei Letzteres jedoch »keine Gewähr für die Vermeidung von Aggression« darstellt, denn Aggression, die nicht »zum eigenen Selbst zugehörig erlebt wird, kann auch nicht kultiviert« und nicht unter die »Herrschaft des Ichs« gebracht werden (Nienstedt & Westermann, 2020, S. 64f.). Für die magere elterliche Anerkennung oder auch absurde Bewunderung (statt Liebe) verleugnen die Kinder ihre wahren inneren Haltungen und flüchten in überzogene *ideale Kindrepräsentanzen*, woraus ein *falsches Selbst* (Winnicott, 1965) resultieren kann.

Zur Abwehr des gespaltenen Selbst (siehe oben) und zum Schutz vor Gefühlen von Hilflosigkeit, Leere und Ohnmacht kann sich andererseits kompensatorisch das sog. pathologische *Größenselbst* (O. F. Kernberg, 1975) entwickeln, als eine Fusion aus dem allmächtigen *Ideal-Selbst* (Größen- und Allmachtsphantasien), dem phantasierten unumschränkt gebenden und liebenden *Ideal-Objekt*[15] sowie

---

15 »(...) im Gegensatz zu den als frustrierend und traumatisierend erlebten tatsächlichen Eltern« (Rauchfleisch, 2015, S. 456).

positiven *Real-Selbst*-Repräsentanzen (besondere Eigenschaften), was »zu Verzerrungen sowohl in der Ich- als auch Über-Ich-Entwicklung führt« (Diamond, 2015, S. 180).

In manischer Weise wehren die nicht ausreichend geliebten Kinder depressive Gefühle des entwerteten Selbst ab und feiern einen *totalen narzisstischen Sieg über das Introjekt* (Fenichel, 1931), der sie zugleich einsam und Objekt-hungrig zurücklässt (vgl. Loch, 1999, S. 252). Das Größenselbst dieser Kinder bleibt auf die ständige Bewunderung und Bestätigung ihrer illusorischen Allmacht durch andere und somit auf die Verleugnung der Realität angewiesen, weshalb es gierig und »permanent auf der Suche nach Glanz, Reichtum, Macht und Schönheit« (Kernberg Bardenstein, 2015, S. 438) ist. Die Beziehungsgestaltung ist beeinträchtigt, da andere nur »als Mittel zum Zweck der Befriedigung eigener Bedürfnisse« gesehen werden, zugleich versuchen diese Kinder ihre Grandiosität durch großartige Lügengeschichten zu schützen (P. F. Kernberg, 2015, S. 576). Der durch die emotionale Deprivation bedingte unstillbare *Hunger nach mehr* lässt sie auf Andere, deren Unabhängigkeit, Kreativität und Freude am Leben mit chronischem Neid herabblicken oder bei entsprechenden Möglichkeiten eine ausbeuterische Haltung an den Tag legen (Parens, 2017, S. 157, 161).

Wenn die extrem überzogenen Idealvorstellungen wie vorprogrammiert an der Realität zerschrammen oder die Objekte die dringend benötigte Bewunderung und Allmachtsansprüche versagen, zerplatzen die Größenphantasien wie Seifenblasen (defizitäre Selbstwertregulation), was abgründige Minderwertigkeitsgefühle hervorruft, die ihrerseits eine massive narzisstische Wut heraufbeschwören, die sich in destruktivem Verhalten gegen Andere oder in Selbsthass entlädt.

Häufig resultieren aus den manipulativen Strategien der Kinder wirkliche aggressive Reaktionen der Umwelt, so dass sich ein *circulus vitiosus* der traumatischen Macht-Ohnmacht-Spiralen etabliert. Die unter diesen Voraussetzungen zusätzlich verschärfte Konfliktspannung zwischen den verschiedenen Idealvorstellungen verunmöglicht eine Verdichtung zu flexiblen und variablen Idealnormen, was einer realistischen Selbsteinschätzung und Objektwahrnehmung entgegensteht (vgl. Tyson & Tyson, 2001, S. 209).

Gefangen in einer archaisch-narzisstischen Weltsicht benötigte Ben Andere fortan als Erweiterung seines eigenen Selbst und wenn sich die Anderen nicht fügten und ihn nicht mehr spiegelten, brach narzisstische Wut durch (Trotzverhalten, aggressive Impulsdurchbrüche). In Situationen, in denen er sich zurückgesetzt, fremdbestimmt, gekränkt fühlte oder auch Langeweile und Unsicherheit erlebte und er Gefahr lief, einen Kontrollverlust zu erleiden, sich klein und abhängig zu fühlen, kämpfte er aggressiv mittels Entwertung oder tätlichem Agieren, um die mächtige Position und Größengefühle zurückzugewinnen. Jedoch in Situationen, die er nicht beeinflussen oder sich fremdbestimmt überlassen musste, brachen Ängste manifest durch (z. B. Ängste vor Dunkelheit, Geräuschen und Fahrstühlen).

»Instrumentale« Identifikation mit antisozialen Introjekten zur Stabilisierung einer fragilen »libidinösen Selbst- und Objektkonstanz«

Das Denken und das Phantasieleben werden im dritten Lebensjahr inhalts- und detailreicher (vgl. Tyson & Tyson, 2001, S. 219). Kinder sind nun in der Lage, sich »nicht nur einzelne Handlungen, sondern ganze Handlungsabläufe«, wie zum Beispiel ganze Familienszenen, vorzustellen und im Symbolspiel zu inszenieren (vgl. Largo, 2011). Ab drei Jahren entwickeln sie mit ihrem auf einige 1.000 Wörter gestiegenen Wortschatz die »Fähigkeit, von sich selbst und dem Erlebten zu erzählen«, was Stern (2010) als *narratives Selbst* beschreibt und die »autobiografisch subjektive Wahrheit« des Kindes darstellt (Stern, 2010, in: Streeck-Fischer, 2018, S. 134).

Im Verlauf des dritten Lebensjahres erkennt das normal entwickelte Kind, dass es von seiner manchmal verbietenden und strafenden – »*bösen*« – Mutter nicht verschluckt, vernichtet oder verlassen wird, sondern dass sie sogar in diesen unangenehmen Momenten seine Mutter bleibt, die zumeist zärtlich, freundlich und tröstend ist und wieder zurückkommt, auch wenn sie vielleicht gerade nicht anwesend ist. Diese innere Sicherheit nennt Mahler (1975) in Anlehnung an Hartmann (1952) *affektive (emotionale) Objektkonstanz*,[16] die verdeutlicht, dass die bedürfnisbefriedigenden – »nährenden, beruhigenden und liebevollen« (Mahler, 1968, S. 222) – »Funktionen der Mutter mittels Verinnerlichung auf ihre intrapsychische Repräsentanz übertragen« (Tyson & Tyson, 2001, S. 95) und somit die vorhergehend gespaltenen »guten« und »bösen« Mutterrepräsentanzen zu einer überwiegend positiven Mutter-Gesamtrepräsentanz vereinigt wurden. Damit kann das Kind seine Mutter, Vater oder auch andere Bezugspersonen lieben und manchmal auch hassen (*ambivalente Objektbeziehung*), »ohne dass es angesichts von Frustrationen oder eigener Wut gleich Angst haben muss, die Beziehung zu verlieren (oder schon verloren zu haben)« (Figdor,

---

16 Oder auch *libidinöse Objektkonstanz* (Mahler, 1968: »libidinal object constancy«).

2004, S. 82). Die Integration der Objektrepräsentanzen geht mit der Entwicklung *libidinöser Selbstkonstanz* einher (vgl. Tyson & Tyson, 2001, S. 115f.), was es einem Kind im Gegensatz zu solchen mit weiterhin gespaltenen Selbst- und Objektrepräsentanzen ermöglicht, eine überwiegend positive »einheitliche Selbstrepräsentanz« aufzubauen und diese auch bei Kritik und Misserfolg aufrechtzuerhalten.

Mit diesen Entwicklungen findet zudem eine weitere Über-Ich-Strukturierung statt. Das Kind kann nun besser die Konsequenzen seines Verhaltens antizipieren und, um die Ängste vor Liebes- und Objektverlust oder vor Bestrafung zu vermeiden, um die liebevolle innere Mutterimago und das eigene »liebenswerte« Selbstbild zu konsolidieren, beginnt es nun immer öfter »selbst in Abwesenheit der Mutter, den internalisierten Ge- und Verboten nachzukommen – die Introjekte gewinnen mehr und mehr Einfluss« –, so dass man »auf eine *Compliance mit dem Introjekt* schließen« (Tyson & Tyson, 2001, S. 219) kann. Dadurch »wird die Objektbeziehung mental aufrechterhalten, aber das reale Objekt ist nicht mehr notwendig« (Krause, 1998, S. 123).

Diese Introjekt-Compliance konnte in ersten Ansätzen bei Dreijährigen beobachtet werden (vgl. Tyson & Tyson 2001, S. 219). Die zunehmende Verinnerlichung sozialer Normen, Regeln und Werte werden durch das Auftauchen von *selbstbewussten/selbstevaluativen Emotionen zweiter Ordnung* wie Stolz, Scham und Schuld in diesem Alter unterstrichen (Schamhaftes und schuldbewusstes »So mag ich mich nicht« anstatt reuevolles und verlegenes »Ja Mama, Hauen ist böse.«), welche durch den Abwehrmechanismus der Reaktionsbildung – als früher Form der (inneren) Selbstkritik – ausgelöst werden (vgl. Tyson & Tyson, 2001, S. 219f.). Dabei kann Scham als negatives Signal der Substruktur des Ich-Ideals und Schuld dem Über-Ich im eigentlichen Sinne zugeordnet werden (vgl. Krause, 1998, S. 195f.).

Dieser Erweiterung und Differenzierung des Affektlebens im dritten Lebensjahr geht mit der allmählichen Ausbildung der *Signalfunktion* von Affekten einher. Diese erfordert die kognitive Fähigkeit, den Affekt (z. B. Wut) zu identifizieren, »bevor er überwältigende Ausmaße annimmt«, sowie die Folgen, die das Ausleben des Affektes und daran geknüpfter Wünsche hätte, antizipieren zu können (vgl. Tyson & Tyson, 2001, S. 151ff.). Beispielsweise nimmt das Kind in einer Frustrationssituation ein entstehendes Wutgefühl und Rachegelüste wahr, welche das Über-Ich zur Entwicklung von Signalangst, begleitet von antizipierten möglichen Folgen wie Strafe oder Liebesverlust, veranlasst, die das Ich wiederum zu Abwehrmaßnahmen und Kompromissbildungen drängt. Ein Kind mit gestörter Ich-Entwicklung und fehlerhafter Signalfunktion wird vom Affekt überwältigt und erleidet einen Wutausbruch.

Jedoch darf das Auftauchen von selbstreferentiellen Scham- und Schuldaffekten, nicht darüber hinwegtäuschen, dass auch normal entwickelte Zweieinhalb- bis Dreijährige immer noch Schwierigkeiten damit haben, den Forderungen des Introjekts Folge zu leisten, denn der durchgreifende »Gebrauch des Schuldgefühls als Signalaffekt« ist erst mit Integration des Über-Ichs als »innere Kontroll- und Urteilsinstanz« in der Latenz nach erfolgreicher Bewältigung des ödipalen Konfliktgeschehens und intrasystemischen Überarbeitungen zu erwarten (Tyson & Tyson, 2001, S. 220, 315).

Das Einhalten der Forderungen des Introjekts auch in Abwesenheit des Objekts ist das Eine, aber eine Identifikation – sprich diese Forderung zu einer eigenen Idealnorm zu erheben – noch ein weiterer Schritt. Ich kann mich auch in Abwesenheit der Polizei zur Konfliktvermeidung an Gesetze halten (Introjekt-Compliance), aber erst wenn ich diese Gesetze zu meinem inneren moralischen Kompass gemacht habe, hat eine Identifikation mit dem Gesetz stattgefunden.

Wenn das Kind zum Beginn der infantil-genitalen Phase nun eine Reihe vielleicht auch konfligierender Ideale und Introjekte verinnerlicht hat, sich selbst und andere als ausreichend getrennt, stabil und in ihren zwischenmenschlichen (triadischen) Beziehungen wahrnehmen kann, ist es in der Lage, »sich an ein Introjekt nach dem Vorgang der sekundären Identifikation zu assimilieren« (Krause, 1998, S. 123). Es beginnt sich mit idealisierten Vorbildern zu *identifizieren*,[17] d. h. einzelne Selbstrepräsentanzen »nach der Vorlage eines gegenwärtigen und/oder aufgegebenen vergangenen Objektes« (Krause, 1998, S. 118) in Teilen oder im Ganzen umzuwandeln, um die »Ambivalenz gegenüber dem idealisierten Objekt« zu vermeiden, was »in der Bildung des Überichs« (Tyson & Tyson, 2001, S. 221) eine zentrale Rolle spielt. Eine freundliche Umwelt mit einer Auswahl an Identifizierungsangeboten ermöglicht dem Kind flexible Identifizierungen, was die Entwicklung von »Ich-Stärke« fördert (vgl. Hoffmann & Hochapfel, 2009, S. 19). In diesem frühen Alter dominieren vor allem imitatorische Muster, während bei einer gesunden Entwicklung mit zunehmendem Alter »langfristige Selbstveränderungsprozesse« verstärkt eine Rolle spielen (vgl. Krause, 1998, S. 120).

Viele Kinder, die an psychischen Störungen leiden, müssen eine derartig freundliche Umwelt mit reichlich benignen Identifizierungsangeboten vermissen.

---

17 Freud (1923) unterschied *primäre* und *sekundäre Identifizierungen*. Hier sind *sekundäre* Identifizierungen, welche Assimilationen eines getrennten Selbst an das Bild eines Objektes beinhaltet, gemeint. Im Gegensatz dazu können als *primäre* Identifizierungen frühe affektive Konditionierungen, das *social referencing* und die Selbsterkenntnis im Spiegel verstanden werden (vgl. Krause, S. 119f.; Müller-Pozzi, 2008, S. 93).

Stattdessen leben sie in einem sozialen Umfeld, welches durch streng-autoritäre Erziehungshaltungen geprägt ist und aggressive Strafen und Liebesentzug als Erziehungsmittel vorherrschen oder die familiäre Atmosphäre von elterlicher Delinquenz oder eigenen psychischen Problemen der Eltern überfrachtet ist. Unter diesen Umständen ist ein Kind genötigt, mittels rigider Identifizierungen »ein starres Abbild seiner Umwelt in sich aufzurichten« und nur zu oft werden so elterliche Konflikte in der nächsten Generation tradiert (vgl. Hoffmann & Hochapfel, 2009, S. 19).

Diese Art von Identifikationen können nach Wolfgang Loch (1968, S. 79ff.) als *instrumentale* Identifikationen bezeichnet werden, die v. a. einen Abwehrcharakter an sich tragen und häufig bei sogenannten *Als-ob-Persönlichkeiten* zu finden sind (vgl. Seidler, 2002, S. 326). Helene Deutsch (1934) sieht darin den »Inbegriff der Charakterlosigkeit« und die Moral, die Ideale und Überzeugungen dieser Menschen seien »immer nur Schattenerscheinungen eines Vorbildes« (Deutsch, 1934, S. 325). So werden beispielsweise »täglich gepredigte Motivkomplexe einer depressiven Mutter« oder »unbefriedigte Geltungswünsche eines Vaters, der es nicht so weit brachte, wie er wollte«, identifikatorisch übernommen (vgl. Elhardt, 2016, S. 51).

Einen bekannten Spezialfall derartiger *instrumentaler* Identifikationsprozesse »im Umgang mit den angsterregenden Objekten der Außenwelt« beschrieb Anna Freud als *Identifizierung mit dem Angreifer* (A. Freud 1936, S. 109), welcher eine »Zwischenstufe der Über-Ich-Bildung« darstellt, auf der »manche Individuen (…) stehenbleiben« (ebd., S. 118).

Kinder, die ständig von Liebesentzug oder drakonischen Strafen bedroht sind, identifizieren sich imitierend mit dem aggressiven Verhalten der Erwachsenen (sich selbst, z.B. wie der aggressive Vater verhalten) und verwandeln sich somit vom »Bedrohten in den Bedroher« (S. 112), indem sie nun ihrerseits aktiv aggressiv gegen die Verursacher oder auch Stellvertreter handeln. Das »Wüten gegen den Schuldigen in der Außenwelt« erspart den Kindern »die Unlust der Selbstkritik« und dient damit als vorläufiger Ersatz des Schuldgefühls« (S. 117). Bei Arretierung einer solchen Hemmung der Über-Ich-Entwicklung resultiert oft ein verkümmerter »Ansatz zur Ausbildung melancholischer Zustände« (A. Freud, 1936, S. 118), was u. a. auch bei (nicht ganz so) frühgestörten, »einfachen« narzisstischen Kindern daran deutlich wird, dass sie kaum in der Lage sind, »normale Trauer zu zeigen oder auf Fehlverhalten und Kritik mit differenzierter Selbstkritik anstatt schweren Stimmungsschwankungen zu reagieren« (O. F. Kernberg, 2015, S. 280). Diese Kinder sind vor allem darum bemüht, die für sie schwer kränkenden Neidgefühle zu vermeiden, und neigen zu Ich-syntonem, rationalisiertem antisozialem Verhalten, wobei sie angemessene Scham und Schuld zumeist vermissen lassen (O. F. Kernberg, 2012, S. 65; 2015, S. 271). Eine andere Variante ist es, wenn sich das betroffene Kind mit dem furchterregenden aggressiven oder auch depressiven Elternintrojekt identifiziert und sich für die aggressiven oder vernachlässigenden Handlungen der Eltern als solche verantwortlich macht (vgl. Laplanche & Pontalis, 1975, S. 224), ganz nach dem Motto: »Ich bin so schlecht, wie sie mich sehen und diese Erziehung habe ich verdient.« Dies hat zwar den Vorteil, dass es die schwierige Lebenssituation als selbst gewählt erscheinen lässt und damit erträglicher und scheinbar kontrollierbar macht (»Ich muss mich nur anstrengen.«). Zugleich resultieren dann aber schwere Schuld- und Minderwertigkeitsgefühle, da sie nie diesem brutal-fordernden Elternintrojekt gerecht werden können. In manchen Fällen kommt es auch zu einer Kombination der verschiedenen Varianten, so z. B. wenn sich das Kind zu Hause unterwirft, aber im Kindergarten die anderen attackiert.

Gerade in vielen patriarchalisch-autoritären Familien wird Gewalt als ein akzeptables Mittel zur Konfliktlösung angesehen (»Mein Vater haut zu, wenn er wütend ist.«; »Du darfst dir von anderen in der Schule nichts gefallen lassen, da musst du zurückschlagen.«) und auch delinquente Eltern sind keine Seltenheit, sodass Kinder in diesen Familien ein Über-Ich mit verzerrten Vorstellungen von »richtig« und »falsch« entwickeln. Untersuchungen zeigen, dass Kinder aus Milieus mit »harschen Drohungen, wütendem Ausüben von körperlicher Kontrolle und körperlichen Strafen« gravierende Probleme wie »mangelhafte Verinnerlichung moralischer Regeln; Depressionen, Aggressionen, antisoziales Verhalten und schlechte schulische Leistungen in der Kindheit und Adoleszenz sowie Depressionen, Alkoholmissbrauch, Straftaten, physische Gesundheitsprobleme und familiäre Gewalt im Erwachsenenalter zeigen« (vgl. Berk, 2020, S. 395). Mahrokh Charlier (2008) beschreibt undifferenzierte Identifizierungen mit dem Aggressor in traditionellen, patriarchalischen islamischen Familien, die mit einer Unterwerfung unter die väterliche Autorität und einer inhaltsleeren Idealisierung einhergehen und zur Abwehr von »Todesangst vor und Todeswünschen gegenüber dem Vater« (Charlier, 2008, S. 170) dienen, was in dem später oft realisierten Wunsch danach, es dem Vater gleichzutun, mündet. Im Rahmen konflikthafter Elterntrennungen berichtet Helmuth Figdor (2004) von Kindern, die »geradezu an den Aggressionen des Vaters gegen die Mutter« partizipieren, sich mittels dieser Aggression gegen Wiederschmelzungsängste wehren und nach der Trennung via Identifikation »die (aggressive) Stelle des Vaters« in der Familie weiter vertreten und »auf diese Weise ein Stück Trennung wieder« aufheben,

»zum Teil auch, um sich für den Verlust an der Mutter zu rächen« (Figdor, 2004, S. 103f.).

Bens häusliche Situation wurde durch das inkonsequente und emotional-vernachlässigende Erziehungsverhalten der Mutter und das Hinzukommen des neuen, leicht kränkbaren und gegenüber der Mutter aggressiven Lebenspartners im dritten Lebensjahr verkompliziert. Der leibliche Vater von Ben war längere Zeit wegen Diebstählen inhaftiert gewesen.

Zu Beginn der phallischen Phase *identifizierte* sich Pascal vaterhungrig mit dem neuen Lebenspartner der Mutter, was seinem Dominanzstreben einen phallischen Anstrich verlieh und eine Möglichkeit bot, seine erwachende Männlichkeit zu behaupten. Zugleich rivalisierte er eifersüchtig mit dem Lebenspartner um den Besitz der Mutter und wurde durch das öfter gewalttätige Gebaren des Lebenspartners mit seiner Kleinheit und Ohnmacht konfrontiert. Kompensatorisch warf sich der Junge via *Identifikation mit dem Aggressor* und seine Ängste *verleugnend* in omnipotenter Selbstüberschätzung schützend vor die schwache Mutter, wobei die Angstaffekte in der häuslichen Bedrohungssituation mit dem Lebenspartner so massiv wurden, dass er sie des nachts nur als Affektmotilität abführen konnte (Pavor nocturnus). Mit der Trennung der Mutter vom Lebenspartner verlor Pascal sein männliches Identifikationsobjekt, was sich in einem Anstieg der Unruhe und aggressivem Dominanzstreben symptomatisch äußerte. Identifiziert mit der destruktiven Männlichkeit des Ex-Partners der Mutter blieb dieser nun durch Pascals Verhalten Teil der Familie, was zu vermehrten Machtkämpfen, Verweigerungen und verbalen Beschmutzungen (»beschimpft«) der Mutter führte, wenn diese sich nicht seinem Willen fügte. Auch im Kindergarten wollte er nun eigensinnig über andere Kinder und Erzieher bestimmen, machte sich groß (Omnipotenz), stänkerte verächtlich-provokant, verweigerte trotzig Aufforderungen (Retentionslust) und versuchte seinen Willen auch gewaltsam durchzusetzen, um die Realität verleugnend in der Position des Kontrollierenden und Überlegenen zu sein.

In derartigen Familienkonstellationen werden die aggressiven Impulse und Verhaltensweisen von den Kindern nicht als unangemessen oder moralisch verwerflich, sondern als Über-Ich-synton wahrgenommen. Damit sind die dissozial-aggressiven Handlungen dieser Kinder oft *compliant* mit antisozialen Introjekten, die zunehmend zum Selbstverständnis des Kindes und zu seiner Identität werden, was sich nur zu oft transgenerational in Kreisläufen von Gewalt und Delinquenz über Generationen fortpflanzt (»Mir hat es auch nicht geschadet.«, »Ich bin auch groß geworden.«).

Konflikte mit der sozialen Umwelt ergeben sich erst dann, wenn diese Kinder in anderen sozialen Kontexten wie Kindergarten oder Schule auf divergente Normen treffen, die Gewalt und delinquentes Verhalten verurteilen, wobei allein das Umfeld oft nicht mehr genügend korrigierend wirkt, da der psychische

Apparat dieser Kinder oft für neue Identifikationen und Introjektionen abgeriegelt ist und sie im *Wiederholungszwang* gefangen bleiben (vgl. Loch, 1999, S. 58), was in der Folge dann oft langjährige Therapien und anderweitige Hilfen notwendig macht.

Zusammenfassung

Bereits pränatale Belastungen (u. a. übermäßiger mütterlicher Stress) führen zu einer Störung der neuronalen Migration, Fehlprogrammierungen der Stressachse im limbischen System und hinterlassen im impliziten Gedächtnis des Fötus unlustvolle *Proto-Selbst-Objekt-Repräsentanzen*, welche die Hintergrundmusik für seine weitere Ich- und Selbstentwicklung darstellen und für spätere Verhaltensauffälligkeiten vulnerabel machen. Auch nach der Geburt fehlt es »frühgestörten« Kindern oft an einer *hinreichend guten Bemutterung*, der affektive Austausch läuft ins Leere und sie können keine Bindungspersonen libidinös besetzen. In der Folge sind sie ihren *affektiven Spannungszuständen ausgeliefert*, die *Bindungen unsicher* und von Hassobjekten abhängig, so dass sie mit einem *Urmisstrauen* ins Leben starten.

Vor diesem Hintergrund sind Kinder mit beginnender motorischer Entwicklung im zweiten Lebensjahr gezwungen sich forciert in die Autonomie zu flüchten und von einer *obsessiven Herrschsucht* getrieben, um sich von den aversivgeprägten Abhängigkeiten zu befreien. Ebenso verläuft die Entwicklung der *Symbolisierungsfähigkeit* defizitär, was an einem Fortbestehen des Erlebens *psychischer Äquivalenz*, mangelnder Empathie, Spiel-, Sprach- und Lernstörungen deutlich wird. Die Anpassung an rigoros strafende Eltern kommt einem Macht- und Kontrollverlust gleich und führt zu *sadistischen Über-Ich-Kernen*, von welchen sich das Kind via Projektion auf Über-Ich-Träger entledigen muss, dafür jedoch als Preis ein Weiterleben in einer Welt von Verfolgern bezahlt. So sind sie in ständiger Angriffsbereitschaft, fügen sich nur aus Angst bei Anwesenheit der Autoritäten und leben sonst antisozial ihre Bedürfnisse aus. Frühgestörte Kinder versuchen zudem die Restbestände an guten Selbst- und Objektrepräsentanzen durch *Spaltung* in nur »gut« und nur »böse« zu schützen oder wehren depressive Gefühle der Kleinheit und Minderwertigkeit mittels der Errichtung eines *pathologischen Größenselbst* ab, wobei sie jedoch immer von der

Bewunderung beneideter Anderer abhängig bleiben und ihr Selbstwertgefühl schnell zusammenbricht, was sich in narzisstischer Wut entlädt.

Dementsprechend gelingt es diesen Kindern nicht, im dritten Lebensjahr eine libidinöse *Selbst- und Objektkonstanz* zu entwickeln, so dass sie in ihrem Beziehungs- und Selbsterleben fragil bleiben. Zur Stabilisierung greifen sie möglicherweise auf *instrumentale Identifikationen* mit den bedrohlichen, antisozialen und psychisch belasteten Bezugspersonen zurück, indem sie sich entweder vom Opfer zum Täter machen oder sich die Verantwortung für ihr missliches Dasein selbst zuschreiben, was die anstehende Bewältigung der ödipalen Konfliktsituation verschärft oder gar verunmöglicht und später allzu oft in depressiven Verhaltens- und Persönlichkeitsstörungen mündet.

> In meiner Gegenübertragung in Bens Therapie empfand ich trotz aller Rückschläge und Anstrengungen eine große Sympathie für den zuwendungshungrigen Jungen, Mitleid für seine Suche nach Bindung und nach einem Zuhause und zugleich Sorge, dass er sich und seiner Umwelt mit seinem destruktiven Agieren schwer schadet und teilweise auch Ärger und Hilflosigkeit, wenn er sich trotz aller Bemühungen wie gefangen im Wiederholungszwang in die immer gleichen Probleme manövrierte.

Literatur

Ahlheim, R. (2004): Zur Psychodynamik der Lese-Rechtschreib-Störungen. Zwei Fallgeschichten. In: Dammasch, F. & Katzenbach, D. (2004).

Amsterdam, B. (1972): Mirror self-image reactions before age two. Developmental Psychobiology Volume 5, Issue 4, S. 297–305.

Bard, K. A., Todd, B.K., Bernier, C., Love, J. & Leavens, D.A. (2006): Self-awareness in human and chimpanzee infants: What is measured and what is meant by the mark and mirror test? Infancy, 9, 191 – 219.

Berk, L. E. (2020): Entwicklungspsychologie. 7. Aufl. Hallbergmoos (Pearson).

Bion, W. (1959/1990): Angriffe auf Verbindungen. In: Bott Spillius (Hg.). Melanie Klein Heute. Bd. 1. München/Wien (Verlag Internationale Psychoanalyse), S. 110–129.

Bion, W. (1962/1990): Eine Theorie des Denkens. In: Bott Spillius (Hg.). Melanie Klein Heute. Bd. 1. München/Wien (Verlag Internationale Psychoanalyse), S. 225–235.

Bowlby, J. (1969/1975): Bindung. Eine Analyse der Mutter-Kind-Beziehung. München (Kindler).

Bowlby, J. (1973/1976): Trennung. Psychische Schäden als Folge der Trennung von Mutter und Kind. München (Kindler).

Brisch, K. H. (2011): Bindungsstörungen. Von der Bindungstheorie zur Therapie. Stuttgart (Klett-Cotta).

Burchartz, A. (2019): Traumatisierung bei Kindern und Jugendlichen. Psychodynamisch verstehen und behandeln. Stuttgart (Kohlhammer).

Burkhardt-Mußmann, C. (2004): »Such mir einen Zauberstab« – Lernstörungen im psychoanalytischen Prozess. Überlegungen zur Psychogenese und Behandlung. In: Dammasch, F. & Katzenbach, D. (2004).

Charlier, M. (2008): Macht und Ohnmacht. Religiöse Tradition und die Sozialisation des muslimischen Mannes. S. 161–176. In: Dammasch, F. (2008): Jungen in der Krise. Das schwache Geschlecht? Frankfurt a.M. (Brandes & Apsel).

Dammasch, F. (2004): »Worte sind wie Pupse.« Über Kinder, die sich entschlossen haben, in der Schule sprachlos zu bleiben. In: Dammasch, F. & Katzenbach, D. (2004).

Dammasch, F. & Katzenbach, D. (2004): Lernen und Lernstörungen bei Kindern und Jugendlichen. Zum besseren Verstehen von Schülern, Lehrern, Eltern und Schule. Frankfurt a. M. (Brandes & Apsel).

Damasio, A.R. (2009): Ich fühle, also bin ich. Die Entschlüsselung des Bewusstseins. 8. Aufl. Berlin (List).

Deutsch, H. (1934): Über einen Typus der Pseudoaffektivität. In: Internationale Zeitschrift für Psychoanalyse. XX. Band, 1934, Heft 3, Wien (Internationaler Psychoanalytischer Verlag).

Deutsches Ärzteblatt, PP, Heft 9, Sept. 2023

Diamond, D. (2015): Narzissmus als klinisches und gesellschaftliches Phänomen. In: Kernberg, O. F. & Hartmann, H.-P. (2015).

Dornes, M. (2013): Die frühe Kindheit. Entwicklungspsychologie der ersten Lebensjahre. 10. Aufl. Frankfurt a. M. (Fischer).

Dornes, M. (2015): Der kompetente Säugling. Die präverbale Entwicklung des Menschen. 14. Aufl. Frankfurt a. M. (Fischer).

Downey, G., und Coyne, J.C. (1990): Children of depressed parents: an integrative review. Psychological Bulletin 108: 50–76.

Elhardt, S. (2016): Tiefenpsychologie. Eine Einführung. 18. Aufl. Stuttgart (Kohlhammer).

Emde, R. N. (1980): Toward a psychoanalytic theory of affect. Part II: Emerging models of emotional development in infancy. In: S.I. Greenspan und G.H. Pollock (Hg.). The Course of Life: Infancy and Early Childhood. Washington, DC (DHSS), S. 85–112.

Erikson, E. H. (1959/2020): Identität und Lebenszyklus. 29. Aufl. Frankfurt a.M. (Suhrkamp).

Ermann, M. (2020): Psychotherapie und Psychosomatik. Ein Lehrbuch auf psychoanalytischer Grundlage. 7. Aufl. Stuttgart (Kohlhammer).

Evertz, K., Janus, L., Linder, R. (2014): Lehrbuch der pränatalen Psychologie. Heidelberg (Mattes).

Fedor-Freybergh, P. G. (2014): Kontinuität und Dialog. S. 34–49. In: Evertz, K., Janus, L., Linder, R. (2014).

Fendrich, M., Warner, V. und Weissman, M.M. (1990): Familiy risk factors, parental depression, and psychopathology in offspring. Developmental Psychology 26: 40–50.

Fenichel, O. (1931): Perversionen, Psychosen und Charakterstörungen. IPV, Wien. Nachdruck Wiss. Buchg. Darmstadt, 1967.

Ferenczi, S. (1925): Zur Psychoanalyse von Sexualgewohnheiten. In: Bausteine zur Psychoanalyse. Band III. Bern (Huber) 1964.

Figdor, H. (2004): Kinder aus geschiedenen Ehen: Zwischen Trauma und Hoffnung. Wie Kinder und Eltern die Trennung erleben. Gießen (Psychosozial).

Fonagy, P. & Target, M. (2003/2007): Psychoanalyse und die Psychopathologie der Entwicklung. 2. Aufl. Stuttgart (Klett-Cotta).
Freud, A. (1936/2003): Das Ich und die Abwehrmechanismen. Frankfurt a.M. (Fischer).
Freud, A. (1968/2016): Wege und Irrwege in der Kinderentwicklung. 9. Aufl. Stuttgart (Klett-Cotta).
Freud, S. (1905/2007): Drei Abhandlungen zur Sexualtheorie. 9. Aufl. Frankfurt a. M. (Fischer).
Freud, S. (1914/2007): Zur Einführung des Narzissmus. 12. Aufl. Frankfurt a. M. (Fischer).
Freud, S. (1915/2007): Das Unbewusste. 12. Aufl. Frankfurt a. M. (Fischer).
Freud, S. (1923/2007): Das Ich und das Es. 12. Aufl. Frankfurt a. M. (Fischer).
Freud, S. (1937/2010): Die endliche und die unendliche Analyse. GW XVI. Frankfurt a. M. (Fischer).
Freud, S. (1940/2001): Abriss der Psychoanalyse. 8. Aufl. Frankfurt a.M. (Fischer).
Gergely, G. & Watson, J. (1996/2004): Die Theorie des sozialen Feedbacks durch mütterliche Affektspiegelung. Selbstpsychologie 17/18: 143–194.
Gergely, G. & Unoka, Z. (2011): Bindung und Mentalisierung beim Menschen. Psyche – Zeitschrift für Psychoanalyse und ihre Anwendungen, 65 (9–10), 862–899.
Glover, E. (1932): A psychoanalytical approach to the classification of mental disorders. In: On the early development of mind. Int. univ. Press, New York.
Glover, E. (1954): Recent advances in the psychoanalytical study of delinquency. In: Selected Papers, Vol. II. The Roots of Crime. Imago, London, 1960. S. 292–310.
Goldsmith, H.H., Buss, K.A. und Lemery, K.S. (1997): Toddler and childhood temperament: expanded content, stronger genetic evidence, new evidence fort he important of environment. Developmental Psychopathology 33: 891–905.
Green, A. (1983/2004): Die tote Mutter. Psychoanalytische Studien zu Lebensnarzissmus und Todesnarzissmus. Gießen (Psychosozial).
Hartmann, H., Kris, E., Loewenstein, R. (1946): Comments on the formation of psychic structure. The Psychoanalytic Study of the Child 2: 11–38.
Hartmann, H. (1952): Die gegenseitige Beeinflussung von Ich und Es in ihrer Entwicklung. In: Ich-Psychologie. Studien zur psychoanalytischen Theorie. Stuttgart (Klett) 1972.
Hay, D.F., Pawlby, S., Waters, C.S., Perra, O. & Sharp, D. (2010): Mother's anternal depression and their children's antisocial outcomes. Child Development, 81, 149–165.
Hoffmann, S.O. (1984): Charakter und Neurose. Ansätze zu einer psychoanalytischen Charakterologie. Frankfurt a.M. (Suhrkamp).
Hoffmann, S.O. & Hochapfel, G. (2009): Neurotische Störungen und Psychosomatische Medizin. 8. Aufl. Stuttgart (Schattauer).
Hopf, H. (2014): Die Psychoanalyse des Jungen. Stuttgart (Klett-Cotta).
Hopf, H. (2017): Aggression. In psychodynamischen Therapien mit Kindern und Jugendlichen. 2. Aufl., Frankfurt a.M. (Mabuse).
Huber, M. (2004): Erinnerung als dynamischer Prozess. Einige neurobiologische Überlegungen zu den Funktionsweisen des Gedächtnisses und der Bedeutung des Unbewussten für die Erinnerung. In: Dammasch, F. & Katzenbach, D. (2004).
Hüther, G. (2004): Woher kommt die Lust am Lernen? Neurobiologische Grundlagen intrinsisch und extrinsisch motivierter Lernprozesse. S. 17–32. In: Dammasch, F. & Katzenbach, D. (2004).
Jacobson, E. (1964/ dt. 1973): Das Selbst und die Welt der Objekte. Frankfurt a.M. (Suhrkamp).

Janus, L. (2023): Die psychologische Dimension von Schwangerschaft und Geburt. Heidelberg (Mattes).
Jones, E. (1947): The genesis of the superego. In: Papers on psychoanalysis. Boston: Beacon Press, 1961.
Jungclaussen, I. (2023): Handbuch Psychotherapie-Antrag. 2. Aufl., 4. Nachdruck. Stuttgart (Schattauer).
Katzenbach, D. (2004): Wenn das Lernen zu riskant wird. Anmerkungen zu den emotionalen Grundlagen des Lernens. In: Dammasch, F. & Katzenbach, D. (2004).
Kernberg, O.F. (1975/1978): Borderlinestörungen und pathologischer Narzissmus. Frankfurt a.M. (Suhrkamp).
Kernberg, O.F. (1976/1981): Objektbeziehungen und Praxis der Psychoanalyse. Stuttgart (Klett-Cotta)
Kernberg, O.F. (2012): Hass, Wut, Gewalt und Narzissmus. Stuttgart (Kohlhammer).
Kernberg, O.F. & Hartmann, H.-P. (2015): Narzissmus. Grundlagen – Störungsbilder – Therapie. 3. Nachdruck. Stuttgart (Schattauer).
Kernberg, O.F. (2015): Die narzisstische Persönlichkeit und ihre Beziehung zu antisozialem Verhalten und Perversionen – pathologischer Narzissmus und narzisstische Persönlichkeit. In: Kernberg, O.F. & Hartmann, H.-P. (2015).
Kernberg, P.F. (2006): Formen des Spiels. In: Kinderanalyse. Psychoanalyse im Kindes- und Jugendalter und ihre Anwendungen, 14 (4).
Kernberg, P.F. (2015): Narzisstische Persönlichkeitsstörungen in der Kindheit. In: Kernberg, O.F. & Hartmann, H.-P. (2015).
Kernberg Bardenstein, K. (2015): Rorschach-Merkmale der Narzisstischen Persönlichkeitsstörung bei Kindern. In: Kernberg, O.F. & Hartmann, H.-P. (2015).
Kohut, H. (1971/ dt. 1973): Narzissmus. Eine Theorie der psychoanalytischen Behandlung narzisstischer Persönlichkeitsstörungen. Frankfurt a.M. (Suhrkamp).
Krause, R. (1998): Allgemeine Psychoanalytische Krankheitslehre. Band 2: Modelle. Stuttgart (Kohlhammer).
Laplanche, J. & Pontalis, J.-B. (1975): Das Vokabular der Psychoanalyse. 1. Band. 2. Aufl. Frankfurt a. M. (Suhrkamp).
Largo, R.H. (2011): Baby Jahre. Entwicklung und Erziehung in den ersten vier Jahren. 5. Aufl. München (Piper).
Lewis, M. (2014): The rise of consciousness and the development of emotional life. New York: Guilford.
Lewis, M. & Brooks-Gunn, J. (1979): Social Cognition and the Acquisition of Self. New York (Plenum Press).
Lehmhaus, D. & Reiffen-Züger, B. (2018): Spiel und Spielen in der psychodynamischen Kinder- und Jugendlichenpsychotherapie. Stuttgart (Kohlhammer).
Linderkamp, O. (2014): Gehirnentwicklung und frühe Förderung. S. 19–33. In: Evertz, K., Janus, L., Linder, R. (2014).
Loch, W. (1999): Die Krankheitslehre der Psychoanalyse. Allgemeine und spezielle psychoanalytische Theorie der Neurosen, Psychosen und psychosomatischen Erkrankungen bei Erwachsenen, Kindern und Jugendlichen. 6. Aufl. Stuttgart (Hirzel).
Maccoby, E. E. & Martin, J. (1983): Socialisation in the context of the family. Parent-child interaction. In: P. H. Mussen und E. M. Hetherington (Hg.): Handbook of child psychology, socialization, personality and social development. Vol. 4. New York: Wiley, 4. Aufl.

Mahler, M.S. & Gosliner, B.J. (1955): On symbiotic child psychosis. Genetic, dynamic, and restitutive aspects. Psychoanal Study Child, 10: 195–212.

Mahler, M.S., Pine, F., Bergman, A. (1975/1990): Die psychische Geburt des Menschen. Symbiose und Individuation. Die Entwicklung des Kindes aus neuer Sicht. Frankfurt a. M. (Fischer).

Mertens, E. (2004): Tatort: Sprache. Zur Psychodynamik der Lese-Rechtschreibschwäche. In: Dammasch, F. & Katzenbach, D. (2004).

Mertens, W. (1997): Entwicklung der Psychosexualität und der Geschlechtsidentität. Band 1: Geburt bis 4. Lebensjahr. 3. Aufl. Stuttgart (Kohlhammer).

Mertens, W. & Waldvogel, B. (2002): Handbuch psychoanalytischer Grundbegriffe. 2. Aufl. Stuttgart (Kohlhammer).

Müller-Pozzi, H. (2008): Eine Triebtheorie für unsere Zeit. Sexualität und Konflikt in der Psychoanalyse. Bern (Huber).

Nienstedt, M. & Westermann, A. (2020): Pflegekinder und ihre Entwicklungschancen nach frühen traumatischen Erfahrungen. 6. Aufl. Stuttgart (Klett-Cotta).

Ozonoff, S. et al. (2010): A Prospective Study of the Emergence of Early Behavioral Signs of Autism. Journal of the American Academy of Child & Adolescent Psychiatry. Volume 49, Issue 3, March 2010, Pages 256–266.e2

Panksepp, J. (1998): Affective Neuroscience. The Foundations of Human and Animal Emotions. New York: Oxford University Press.

Parens, H. (1996): Zur Epigenese der Aggression in der frühen Kindheit. In: Analytische Kinder- und Jugendlichen-Psychotherapie, 89, S. 17–49.

Parens, H. (2017): Krieg ist vermeidbar. Psychoanalytische Überlegungen zu Krieg und Frieden. Gießen (Psychosozial-Verlag).

Piaget, J. (1963/2003): Das Erwachen der Intelligenz beim Kinde. 5. Edition. Stuttgart (Klett-Cotta).

Portman, A. (1969): Biologische Fragmente zu einer Lehre vom Menschen. Basel (Schwabe).

Rank, O. (1924/1998): Das Trauma der Geburt. Gießen (Psychosozial)

Rapaport, D. (1951): The autonomy of the ego. Bulletin of the Menninger Clinic 15: 113–123.

Rauchfleisch, U. (2003), S. 7. In: Heinemann, E., Rauchfleisch, U., Grüttner, T. (2003).

Rauchfleisch, U. (2015): Narzisstische Persönlichkeitsstörungen bei dissozialen Patienten. In: Kernberg, O. F. & Hartmann, H.-P. (2015).

Raue, J. (2004): Zum Umgang mit Verhaltensauffälligkeiten und Lernstörungen bei Schulkindern. In: Dammasch, F. & Katzenbach, D. (2004).

Remschmidt, H. & Walter, R. (2009): Kinderdelinquenz. Heidelberg (Springer).

Rudolf, G. (2000): Psychotherapeutische Medizin und Psychosomatik. Ein einführendes Lehrbuch auf psychodynamischer Grundlage. 4. Aufl. Stuttgart (Thieme).

Rudolf, G. (2006): Strukturbezogene Psychotherapie. Leitfaden zur psychodynamischen Therapie struktureller Störungen. 2. Aufl. Stuttgart (Schattauer).

Sandler, J., Holder, A. & Meers, D. (1963): The ego ideal and the ideal self. Psychoanal Study Child, 18: 139–158.

Sander, L.W. (2008/ dt. 2009): Die Entwicklung des Säuglings, das Werden der Person und die Entstehung des Bewusstseins. Stuttgart (Klett-Cotta).

Scharrer, M. (2024): Vom Halten und Aushalten. Psychodynamisches Verstehen von Jugendlichen mit Frühstörungen in Psychotherapie, Jugendhilfe und Supervision. Frankfurt a. M. (Brandes & Apsel).

Scheidt, C. E. (2015): Alexithymie und Narzissmus in der Entstehung psychosomatischer Erkrankungen. In: Kernberg, O. F. & Hartmann, H.-P. (2015).
Seidler, G. H. (2002): Internalisierung. S. 351–354. In: Mertens, W. & Waldvogel, B. (2002).
Solms, M. & Turnbull, O. (2004): Das Gehirn und die innere Welt. Neurowissenschaft und Psychoanalyse. Düsseldorf (Patmos).
Solms, M. & Kaplan-Solms, K. (2007): Neuro-Psychoanalyse. Eine Einführung mit Fallstudien. 3. Aufl. Stuttgart (Klett-Cotta).
Solms, M. (2021): Was ist »das Unbewusste« und wo ist es im Gehirn lokalisiert? In: Kinderanalyse. Psychoanalyse im Kindes- und Jugendalter und ihre Anwendungen, 29 (2).
Spitz, R. A. (1957): Nein und Ja. Ursprünge menschlicher Kommunikation. Stuttgart (Klett).
Spitz, R. A. & Cobliner, W.G. (1965/1996): Vom Säugling zum Kleinkind. Naturgeschichte der Mutter-Kind-Beziehungen im ersten Lebensjahr. 11. Aufl. Stuttgart (Klett-Cotta).
Stern, D. N. (1985/1992): Die Lebenserfahrung des Säuglings. Stuttgart (Klett-Cotta).
Stern, D. N. (1990/2007): Tagebuch eines Babys. 17. Aufl. München (Piper).
Stipek, D. J., Gralinski, J.H. & Kopp, C.B. (1990): Self-concept development in the toddler years. Developmental Psychology, 26, 972–977.
Streeck-Fischer, A. (2018): Die frühe Entwicklung. Psychodynamische Entwicklungspsychologien von Freud bis heute. Göttingen (Vandenhoeck & Ruprecht).
Thapar, A., und McGuffin, P. (1996): A twin study of antisocial and neurotic symptoms in childhood. Psychological Medicine 26: 1111–1118.
Thomas, A. & Chess, S. (1977): Temperament and development. New York (Brunner/Mazel).
Tronick, E.Z., und Gianino, A.F. (1986): The Transmission of maternal disturbance to the infant. In: E.Z. Tronick und T. Field (Hg.). Maternal Depression and Infant Disturbance. San Francisco (Jossey Bass), S. 5–11.
Tronick, E.Z. (1989): Emotions and emotional communication in infants. American Psychologist 44: 112 – 119.
Tronick, E. Z., und Cohn, J. F. (1989): Infant-mother face-to face interaction: Age and gender differences in coordination and the occurrence of miscoordination. Child Development 60: 85– 92.
Tyson, P. & Tyson, R.L. (2001): Lehrbuch der psychoanalytischen Entwicklungspsychologie. 2. Aufl. Stuttgart (Kohlhammer).
Van den Bergh, B.R.H. et al. (2014): Antenatal Maternal Anxiety and Stress and the Neurobehavioural Development of the Fetus and Child: Links and Possible Mechanisms. A Review. S. 70–103. In: Evertz, K., Janus, L., Linder, R. (2014).
Verny, T.R. (2014): The Pre- and Perinatal Origins of Childhood and Adult Diseases and Personality Disorders. S. 50–69. In: Evertz, K., Janus, L., Linder, R. (2014).
v. Klitzing, K. (2022): Vernachlässigung. Betreuung und Therapie von emotional vernachlässigten und misshandelten Kindern. Stuttgart (Klett-Cotta).
Watson, J.S. (1994): Detection of self: The perfect algorithm. In: S. Parker, R. Mitchell und M. Boccia (Hg.). Self-Awareness in Animals and Humans: Developmental Perspectives. Cambridge (Cambridge University Press), S. 131–149.
Winnicott, D.W. (1965/1984): Reifungsprozesse und fördernde Umwelt. Frankfurt a.M. (Fischer).
Winnicott, D.W. (1969): Übergangsobjekte und Übergangsphänomene. Eine Studie über den ersten, nicht zum Selbst gehörenden Besitz. Psyche – Z. Psychoanal, 23.
Winnicott, D.W. (1971/2018): Vom Spiel zur Kreativität. 15. Aufl. Stuttgart (Klett-Cotta).

Ludwig Janus

Die Psychodynamik der Folgewirkungen der Unreife bei der Geburt

Einleitung

In der Auseinandersetzung über die psychologische Dimension der Geburt, wie sie Otto Rank in seinem Buch *Das Trauma der Geburt und seine Bedeutung für die Psychoanalyse* (1924) entworfen hatte, kam Sigmund Freud in seiner Arbeit *Hemmung, Symptom und Angst* (1926) zu einer ergänzenden grundsätzlich bedeutsamen Einsicht, die er in folgenden Sätzen formulierte: »Der biologische Faktor ist die lang hingezogene Hilflosigkeit und Abhängigkeit des kleinen Menschenkindes. Die Intrauterinexistenz des Menschen erscheint gegen die der meisten Tiere relativ verkürzt; er wird unfertiger als diese in die Welt geschickt. Dadurch wird der Einfluss der realen Außenwelt verstärkt, die Differenzierung des Ich vom Es frühzeitig gefördert, die Gefahren der Außenwelt in ihrer Bedeutung erhöht und der Wert des Objekts, das allein gegen diese Gefahren schützen und das verlorene Intrauterinleben ersetzen kann, enorm gesteigert. Dies biologische Moment stellt also die erste Gefahrensituation her und schafft das Bedürfnis, geliebt zu werden, das den Menschen nicht mehr verlassen wird« (Freud, 1926, S. 186). An anderer Stelle wird der biopsychologische Zusammenhang noch einmal explizit gemacht: »Das psychische Mutterobjekt ersetzt dem Kinde die Fötalsituation« (Freud, 1926, S. 169). Hier ist die Entdeckung der »physiologischen Frühgeburtlichkeit« (Portmann, 1969) also auf einer psychologischen Ebene über 40 Jahre vorweggenommen. Leider fanden diese wegweisenden Feststellungen Freuds keine Resonanz in der späteren Tradition. Dies wäre aber dringlich nötig gewesen, weil diese psychologischen Implikationen eine weit über die Formulierungen Freuds hinausgehende Bedeutung haben. Eine Folge der Situation der Frühgeburtlichkeit besteht für den Säugling darin, dass er in seiner noch fötalen Mentalität für ein Leben in der realen Außenwelt primär unangepasst ist, was sich unter anderem in einer Konfusion in den Wahrnehmungen mit groben Verkennungen zwischen Innen und Außen äußert, wie sie von Crisan (2013, 2021) ausführlich beschrieben wurden. Diese primäre Unangepasstheit und Konfusion in den Wahrnehmungen ist ein Hintergrund der von Melanie Klein als »schizoide Position« und »projektive Identifikation« beschriebenen Phänomene und ebenso für die von Bion beschriebenen Gamma-Phänomene.

Damit gewinnt die Besonderheit der menschlichen Frühentwicklung eine grundsätzliche Bedeutung für das Verständnis der evolutionsbiologischen Besonderheit des Homo sapiens im Vergleich zu den anderen Primaten. Diese Einsicht wird von dem Primatenforscher und Entwicklungspsychologen Michael Tomasello (2020) auf ganz empirischem Wege bestätigt. Für ihn ist es insbesondere die Fähigkeit zu wechselseitiger Identifikation und der dadurch gegebenen tiefen Verständigungs- und Kooperationsmöglichkeiten, die die Besonderheit des Homo sapiens ausmachen. Zu dieser »wechselseitigen Identifikation« kommt es eben durch die durch die Frühgeburtlichkeit notwendige emotionale Koregulation zwischen Mutter und Kind. Es sind ganz verschiedene Forschungswege, die zu dieser Einsicht konvergieren. Ich will zunächst die Entwicklung im Rahmen der psychoanalytischen Tradition und der Tradition in der Pränatalen Psychologie und der Psychohistorie verfolgen und kehre dann zum Vergleich zwischen psychologischer und anthropologisch-entwicklungspsychologischer Forschung zurück.

Die Sonderstellung der menschlichen Geburt

Die Vorzeitigkeit der menschlichen Geburt hat die Folge, dass die Geburt für den Menschen mehr ein elementares Erlebnis von Wandel und Veränderung ist als ein Ankommen in der realen Welt, wie etwa für den kleinen Elefanten, der mit 21 Monaten zur Welt kommt und sich durch seine Instinkte geleitet, in dieser Welt auch sogleich real bewegen und sozial orientieren kann. Der menschliche Neugeborene hingegen landet in einem magisch-mystischen Übergangsraum des »extrauterinen Frühjahrs«, in dem er sich noch in einem traumartigen pränatalen Bewusstseinszustand befindet, und gleichzeitig in einer äußeren Welt, mit der er sich mit seinem vorzeitig entwickelten Ich zurechtfinden muss. Wie wir heute wissen, kann dies nur mit einer emotionalen Koregulation durch die primären Bezugspersonen gelingen. Wenn diese fehlt, kommt es zu den bekannten mehr oder weniger ausgeprägten Einschränkungen neurotischer, psychosomatischer, dissozialer oder psychotischer Art.

Dies alles hat die Folge, dass der Mensch nicht nur auf einer individuellen Ebene »unfertig« ist, sondern auch auf einer kollektivpsychologischen Ebene. Weil er wegen seiner durch die Frühgeburtlichkeit bedingten Unreife nicht wirklich in die Welt passt und sie damit nicht wie der kleine Elefant als »Heimat« annehmen kann, hat er einen genuinen Impuls, die Welt so zu verändern, dass sie sich ein Stück weit wie eine allbefriedigende Mutterleibswelt nicht nur anfühlt, sondern auch wirklich fötale Wünsche in der realen Welt erfüllt (Janus 2018, 2021a). Dies geschieht auf der Ebene der Steinzeit durch die Erfindung des Feuers, der Bekleidung, der Behausungen, der Werkzeuge und so weiter. Das gibt dem Verstand eine ganz neue Bedeutung, der auf der biologischen Ebene nur die Funktion hatte, die instinktiven Impulse mit der äußeren Wirklichkeit zu vermitteln, während hier der Verstand die Funktion entwickelt, die fötalen Wünsche mit der Wirklichkeit zu vermitteln, was nur durch deren fundamentale Veränderung in eine künstliche Zivilisations- und Kulturwelt möglich ist, wie dies in den antiken Kulturen geschieht, dies aber alles noch im Bann einer projizierten Pränatalwelt der geistlichen und weltlichen Obrigkeiten. Dabei erreicht die menschliche Handlungs- und Organisationsfähigkeit in der Neuzeit eine solche Selbstständigkeit, dass sie im Rahmen der Aufklärung, explizit als Selbstbestimmung und Selbstbewusstsein leitend formuliert werden kann (Janus, 2024a). Die größere Handlungsfähigkeit geht mit einer immer klareren Differenzierung zwischen inneren und äußeren Wahrnehmungen und innerer und äußerer Welt einher, was von dem Schweizer Jungianer und Psychohistoriker Willy Obrist als »Mutation des Bewusstseins« (1988, 2013) erfasst und beschrieben wurde. Hirnphysiologisch entspricht dem ein Wechsel von der Dominanz der rechten Hirnseite zur linken Hirnseite (Stevenson et al., 2008), wie sie sich bereits in der Frühzeit der griechischen Kultur anbahnte (Jaynes, 1993) und heute differenzierter erfasst und beschrieben werden kann (Gilchrist, 2017). Dieser Wechsel hat auf der individuellen Ebene sein Vorbild in dem Wechsel von der Dominanz der rechten Hirnhälfte in der Säuglingszeit zu einer Dominanz der linken Hirnhälfte mit drei Jahren und noch vollständiger mit der Erreichung der »theory of mind« mit fünf Jahren (Ocklenburg, Güntürkin, 2024).

Die Kulturentwicklung ist also eine Fortsetzung der biologischen Evolution auf der Ebene des Erlebens und Verhaltens, wie dies insbesondere im Rahmen der Psychohistorie erforscht worden ist (deMause, 1979, 2000, 2005; Janus, 2006, 2018, 2021a, 2021b, u.a.) und ebenso auf der Ebene der Soziologie (Oesterdieckhoff, 2006, 2013a, 2013b, u. a.).

Die Unreife bei der Geburt ist also sowohl der Hintergrund für die Kreativität in der individuellen Entwicklung wie auch in der kollektiven Entwicklung. Um die dabei entstehenden traumatisch bedingten dysfunktionalen und destruktiven Aspekte besser zu verstehen, ist es notwendig, die diesbezügliche Seite der Geburt darzustellen.

Die traumatische Seite der Geburt

In grober Vereinfachung lässt sich dazu folgendes sagen: Der aufrechte Gang machte die Hände frei und erschloss ganz neue Handlungsmöglichkeiten, die insbesondere auch das vorstellende Denken und das Hirnwachstum förderten. Das war aber mit einem Nachteil in Bezug auf die Geburt verbunden, dessen Dramatik erst im letzten Jahrhundert einigermaßen erforscht wurde: Der aufrechte Gang erforderte einen festen Beckenring und eine S-förmige Wirbelsäule mit Vorwölbung des Promontorium ossis sacri, dem Übergang von den Rückenwirbeln in die Beckenwirbel, in den Geburtskanal, der unter anderem wegen dieser Verengung eine querovale Form bekam. Das hatte wiederum die Folge, dass das Kind auf dem Beckenboden eine Wendung machen musste, um den längsovalen Austritt aus dem Geburtskanal realisieren zu können. Dieser gewundene Weg erforderte eine Verformbarkeit des durch das Hirnwachstum vergrößerten Kopfes, wie sie heute durch das MRI in seiner ganzen Dramatik erfassbar ist (Maran et al., 2019). Deshalb kann die Geburt viel traumatisch belasteter sein, als wir aus unserem früheren Verständnis als einem »natürlichen Ereignis« wussten, wie es der Pathologe Philipp Schwarz (1964) und der Neuropathologe Dagobert Müller (1968, 1973) im Einzelnen erforscht haben. Es ist heute durch die Zusammenführung der verschiedenen Forschungszugänge oder Forschungsebenen möglich, ein vollständiges Bild von der Wirklichkeit der Geburt zu erreichen, wie ich dies in meiner Arbeit »Das bio-psycho-soziale Modell der Geburt und seine Widerspiegelung in den gesellschaftlichen Strukturen« (2024b) im Einzelnen dargestellt habe. Diese dramatischen Aspekte der menschlichen Geburt sind der Hintergrund für die den geschichtlichen Prozess prägenden Gewaltinszenierungen. So heißt es in einer Inschrift in Pompeji zum Tagesprogramm: »Morgens Gladiatorenspiele, mittags Kreuzigungen, nachmittags Tierhetzen« (Bollmann, Schubert, 2024). Ein Drittel der Bevölkerung waren damals Sklaven. Der »Alptraum der

Geschichte« (James Joyce) oder das »Menschenschlachthaus der Geschichte« (Wilhelm Lamszus) wird in der üblichen Sicht auf die Geschichte in einer eigentlich unglaublichen Weise schöngeredet oder verleugnet. Aber nur, wenn wir diese Aspekte wahrnehmen, haben wir auch eine Chance, sie zu verstehen und aus ihm herauszuwachsen (Janus, 2018b), wie dies im Rahmen der psychohistorischen Forschung seit Jahrzehnten thematisiert ist (www.psychohistory.com, www.psychohistorie.de). Diese Dissoziation in der unvollständigen Wahrnehmung der Geschichte ist ein größeres Problem im ganzen Wissenschaftsfeld, das ich am Beispiel der Dissoziation in der Geschichte der Psychoanalyse erläutern möchte.

Das Problem der Dissoziation in der Wissenschaft erläutert am Beispiel der dissoziativen psychoanalytischen Tradition

Viel mehr, als den meisten Wissenschaftlern bewusst ist, wird ihr Wahrnehmungsfeld von ihrem familiären und gruppalen Hintergrund geprägt und eben auch eingeschränkt. Das ermöglicht einerseits Scharfeinstellungen auf einzelne Forschungsfelder und zugehörige Erkenntnisse. Das Problem dabei besteht jedoch, dass diese Erkenntnisse aufgrund der Evidenz aus dem persönlichen Hintergrund absolut genommen und die Begrenzungen nicht gesehen und nicht reflektiert werden. Besonders deutlich sind diese Aspekte in der Tradition der Psychoanalyse aufzeigbar, weil diese sehr im Einzelnen dokumentiert sind. Hatte Freud, der in einem Kaiserreich aufgewachsen war, auf die Vater-Sohn-Problematik und die Autoritätsproblematik fokussiert, so taten dies seine Schüler auf jeweils ihrer persönlichen Perspektive entsprechenden Weise auf verschiedene Aspekte der mütterlichen Lebensdimension: Adler erfasste die traumatischen Aspekte und die damit verbundene Angst in der Primärsozialisation, Jung die vorpersonalen Aspekte in der Mutter-Beziehung, Rank die Geburtsaspekte und mit Ferenczi die frühen Beziehungsaspekte, Fodor (1949) die traumatischen Aspekte in der vorgeburtlichen Zeit, usw. Der Eine formulierte die Schattenaspekte des Anderen, machte diese bewusst und verabsolutierte sie wiederum aus der Evidenz seines persönlichen Hintergrundes. In diesem Sinne habe ich die Geschichte der Psychoanalyse als einen soziodynamischen Gruppenprozess beschrieben (Janus, 2023).

Dieses Problem einer Dissoziation besteht jedoch im gesamten Wissenschaftsfeld, im Großformat zwischen den Geisteswissenschaften und den Naturwissenschaften und im kleinen Format in verschiedenen Wissenschaftsfeldern. So kennt etwa Michael Tomasello, um nur ein prominentes Beispiel zu nennen, der in seinem Buch *Mensch werden: Eine Theorie der Ontogenese* (2020) mit einem die gesamte Anthropologie abdeckenden Wissenschaftsanspruch auftritt, offenbar die basale und für das Verständnis menschlichen Verhaltens erforderliche Erforschung der Dynamik der Triebabläufe im Rahmen der Ethologie nicht, wie sie zum Beispiel von Nikos Tinbergen in seiner »Instinktlehre« (1966) zusammengefasst worden ist. Ebenfalls kennt er offenbar die Forschung zur »physiologischen Frühgeburtlichkeit« (Portmann, 1969; Gould, 1987; Haeusler, 2021, u. a.) nicht. Wenn er sie kennen würde, müsste er deren Nichtberücksichtigung bei seinem Thema der Ontogenese begründen. Und natürlich kennt er die im Rahmen der Psychotherapie gemachten Beobachtungen über das Fortwirken von vorgeburtlichen und nachgeburtlichen Erfahrungen nicht, für die sowohl empirische Belege aus der Stressforschung, Hirnforschung, Epidemiologie, psychologischen Lernforschung, der empirischen Sozialforschung usw. vorliegen (Evertz, Janus, Linder, 2014, 2021). Gleichzeitig ist Tomasello jemand, der ganz umfassend über verschiedene Forschungsbereiche wie insbesondere die Primatologie und die Entwicklungspsychologie und andere orientiert ist und darauf Bezug nimmt. Ich habe ihn nur als Beispiel dafür genommen, dass sogar in diesem Feld der sogenannten »Spitzenforschung« das Problem der Dissoziation besteht, auch wenn gerade Tomasello ein Beispiel dafür ist, diese Dissoziation wenigstens teilweise zu überwinden. In diesem Sinne habe ich an anderer Stelle dafür plädiert, die Psychotherapie als einen neuen Forschungstyp zu charakterisieren, der gleichsinnig innere und äußere Daten verwertet (Janus, 2013a). Den Hiatus zwischen Geisteswissenschaften und Naturwissenschaften kann man als einen unterschiedlichen Bezug zu dem in uns fortlebenden vorgeburtlichen traumartigen Bewusstsein aus der Zeit vor der Geburt in den Geisteswissenschaften und einem Bezug auf die überwältigende sensorische Präsenz der Außenwelt in der nachgeburtlichen Zeit der Naturwissenschaften zurückführen, wie ich das im ›ergänzenden Nachwort zum aktuellen Forschungsstand der Pränatalen Psychologie‹ in meinem Buch *Wie die Seele entsteht. Unser psychisches Leben vor, während und nach der Geburt* (Janus 2024, S. 292ff.) im Einzelnen erläutert habe.

Ein spezielles, für die Psychotherapie sehr bedeutsames Beispiel ist der bis heute ungelöste Konflikt zwischen Freud mit einer Fokussierung bei der Untersuchung psychologisch bedingter Störungen auf die Vaterdimension und die Erlebnisdynamik des dreijährigen Kindes und Rank mit einer Fokussierung bei der Untersuchung psychologisch bedingter Störungen auf die Erlebnisdynamik des vorsprachlichen Kindes mit seiner traumartigen Erlebnisdynamik aus der Zeit vor, während und nach der Geburt bis etwa anderthalb Jahren. Wegen der Unlösbarkeit des Konflikts aufgrund des sehr unterschiedlichen familiären Hintergrundes der beiden Protagonisten und des noch patriarchal geprägten Zeitgeists verlief dann die weitere Entwicklung dissoziativ mit einer freudianischen deutungsbezogenen Mainstreamtradition, was sich mit den Namen von Melanie Klein, Wilfred Bion, Donald Winnicott u. a. verbindet, und einer rankianischen erlebens- und beziehungsbezogenen Tradition im Rahmen der »Humanistischen Psychologie«, was sich mit den Namen von Artur Janov, Stanislav Grof, William Emerson u. a. verbindet. Daneben gab es noch eine psychoanalytische Hintergrundtradition der »Pränatalen Psychologie«, was sich mit den Namen von Gustav Hans Graber, Igor Caruso, Arnaldo Rascovsky, Liethart Peerbolte u. a. verbindet und dazu noch eine psychoanalysenahe Tradition in England, was sich mit den Namen von Francis Mott, Frank Lake, Ronald Laing, Terence Dowling, Simon House u. a. verbindet. Die Dissoziation in dem Forschungsfeld ist so groß, dass die jeweiligen Gruppen oft gar nicht voneinander wissen. Um dem entgegenzuwirken habe ich in Bezug auf diese Forschungslinien ein Buch unter dem Obertitel *Die Psychoanalyse der vorgeburtlichen Lebenszeit und der Geburt* (2000) geschrieben, das nach meinem Eindruck nie irgendwo besprochen oder auch nur diskutiert wurde und wie nicht geschrieben ist. Nie hat mich ein Kollege auf das Buch angesprochen, aber auch nie eine Kollegin, obwohl man den Titel auch *Psychoanalyse der primären weiblich-mütterlichen Dimension in unserem Leben* hätte verstehen können. Dieses dezidierte Desinteresse verstehe ich als einen immer noch wirksamen Nachklang unserer so dominanten patriarchalen Tradition.

Diese vielleicht etwas umfänglich erscheinenden Vorbemerkungen erschienen mir nötig, um zu erklären, warum ein so grundsätzliches Element der Sonderstellung des Homo sapiens wie die Unreife bei der Geburt bisher außerhalb der wissenschaftlichen Wahrnehmung bleiben konnte. Das betrifft besonders die psychologischen Implikationen dieser Situation.

Die psychologischen Implikationen der Unreife bei der Geburt

Insbesondere die Unreife des Hippocampus und präfrontalen Kortex bedingen das Fortleben das vorgeburtlichen traumartigen Bewusstseins (Janus, 2021b) innerhalb des »extrauterinen Frühjahrs« Portmanns, beziehungsweise des »Übergangsraums« Winnicotts, bis dann mit dem Laufen lernen mit zwei bis drei Jahren eine zunehmende räumliche und soziale Orientierung und entsprechendes Verhalten möglich wird. Die vorsprachliche Zeit bildet einen eigenen Erlebenskosmos und eine eigene Weltorientierung, wie sie im magisch-mythischen Erleben der Märchen, der Mythen und vieler religiöser Vorstellungen fortlebt. Es ist also nicht, wie Rank dachte, das Geburtstrauma allein, das diese vorsprachliche Weltsicht verursacht, sondern eben die von Freud ergänzte »Vorzeitigkeit« und »Unreife« bei der Geburt, die diesen traumartigen Weltbezug des Homo sapiens am Anfang seiner individuellen Entwicklung zur Folge hat, aber ebenso am Anfang seiner geschichtlichen Entwicklung. Mit einer genialischen Hellsicht konnte Rank nach zwanzigjähriger engster Zusammenarbeit mit Freud und dem damit verbundenem Training der Wahrnehmung innerer Befindlichkeiten die Persistenz des vorsprachlichen Erlebens in der analytischen Situation und den neurotischen Reproduktionen erkennen, wie ebenso in der Welt der Symbole, der Heldensagen, der religiösen Vorstellungen, der Gestaltung der Kunst, der philosophischen Spekulation in einzelnen Kapiteln exemplarisch aufzeigen (Rank, 1924).

Zur Veranschaulichung zitiere ich seine Ausführungen zur Religion: »Die letzte Tendenz aller Religionsbildung liegt in der Schaffung eines helfenden und schützenden Urwesens, in dessen Schoß man aus allen Nöten und Gefahren flüchten kann und zu dem man schließlich in ein jenseitiges zukünftiges Leben zurückkehrt, welches das getreue, wenn auch stark sublimierte Abbild des einmal verlassen Paradieses ist« (Rank, 1924, S. 113). Zeitbedingt konnte noch nicht erfasst werden, dass natürlich auch die »Hölle« ein verleugneter Aspekt des Paradieses ist.

Ein weiteres Beispiel für die Persistenz frühesten Erlebens in der späteren Zeit ist im künstlerischen Schaffen erfassbar, wie dies Rank im 8. Kapitel von *Kunst und Künstler* (1932) beschreibt: »Das Kunstwerk stellt also, wie wir aus dem Wesen der ästhetischen Lust erahnen, auch in seiner Wirkung und nicht nur in seiner Schöpfung eine Einheit her, die in diesem Falle eine seelische Einheit zwischen dem Künstler und dem Empfänger bedeutet. Diese Einheit ist freilich nur eine temporäre und symbolische, aber die daraus entspringende Befriedigung deutet darauf hin, dass es sich nicht nur um die vorübergehende Identifizierung zweier Individuen handelt, sondern um die potentielle Wiederherstellung einer einmal bestandenen verlorenen Einheit mit dem All. Die individualpsychologischen Wurzeln dieses Einheitsgefühls habe ich seinerzeit im Trauma der Geburt in dem vorgeburtlichen Zustand gefunden, dessen Wiederherstellung das Individuum im Sinne der Unsterblichkeitssehnsucht anstrebt (…). Den individuellen Drang nach Wiederherstellung dieser verlorenen Einheit habe ich seinerzeit als einen wesentlichen Faktor zur Schaffung menschlicher Kulturwerte aufgezeigt« (Rank, 1932, S. 125).

Gerade die in meiner Sicht so erhellenden Einsichten in die Präsenz frühen Erlebens in den kulturellen Gestaltungen kann dabei hilfreich sein, die Präsenz frühesten Erlebens bei Kindern und Erwachsenen wahrzunehmen, wie dies Rank in den Kapiteln *Die infantile Angst*, *Die sexuelle Befriedigung* und *Die neurotische Reproduktion* an vielen Beispielen erläutert, wozu ich einige Beispiele zitiere: »Wie die Analysen kindlicher Phobien unzweifelhaft gezeigt haben, bezieht sich die Größe beziehungsweise Dicke (Leibesumfang) der Angsttiere auf die Gravidität, an die das Kind, wie wir zeigen, mehr als eine dunkle Erinnerung hat, und die Raubtiere liefern dann auch eine für den erwachsenen Psychologen scheinbar noch ausreichende Rationalisierung für den Wunsch – durch Gefressen werden – in den tierischen Leib der Mutter zurück zu gelangen« (Rank, 1924, S. 16). Und noch ein anderes Beispiel: »Ein kleines Mäderl von dreidreiviertel Jahren, dass sich ebenso oder mehr vor kleinen als vor großen Hunden fürchtet, hat auch Angst vor Insekten (Fliegen, Bienen und so weiter). Auf die Frage der Mutter, warum sie sich denn vor diesen kleinen Tieren, die ihr ja nichts tun könnten, fürchte, erwidert die Kleine, ohne Zögern: ›Sie können mich doch schlucken!‹ Dabei macht sie beim Herannahen kleiner Hunde die gleichsam charakteristischen Abwehrbewegungen wie etwa eine Erwachsene gegen eine Maus: sie beugt, indem sie die Beine fest zusammenpresst, die Knie so tief, dass sie ihr Kleidchen bis ganz zum Boden ziehen und sich damit bedecken kann, als wolle sie das Hereinschlüpfen verhindern. Ein Andermal direkt um die Ursache ihrer Bienenangst von der Mutter befragt, erklärt sie widerspruchsvoll, sie wolle in den Bauch der Biene hinein und doch wieder nicht« (Rank, 1924, S. 17).

Die Zusammenhänge bei den sexuellen Störungen von Erwachsenen erläutert Rank so: »Als Kern jeder einer neurotischen Störung, hat die Analyse bekanntlich die Angst erwiesen, und da wir die Herkunft der Urangst aus dem Geburtstrauma durch Freud kennen, müsste sich eigentlich die Beziehung darauf überall leicht nachweisen lassen, ganz ähnlich wie in den Affektreaktionen des Kindes. Es handelt sich aber nicht etwa bloß um die Auffassung, dass der Angstaffekt, der sich dann in verschiedener Form an bestimmte Inhalte heftet, aus jener Urquelle stammt, sondern es lässt sich analytisch am einzelnen Symptom und der ganzen Neurose mit aller Sicherheit zeigen, dass es sich dabei wirklich um reproduzierte Reminiszenzen an die Geburt bzw. ihr lustvolles Vorstadium handelt. (…) In ›statu nascendi‹ können wir dieses Neurotischwerden, sozusagen als Kurzschluss in der echten traumatischen Neurose verfolgen, wie besonders im Kriege zu beobachten war (»Kriegsneurosen«). Dort wird durch den Schock die Urangst selbst unmittelbar mobilisiert, da die äußere Todesgefahr, die sonst unbewusster Weise reproduzierte Geburtssituation affektiv realisiert« (Rank, 1924, S. 47). Auch Verlassenheitsängste sieht er ähnlich: »In der Angst vor dem Alleinsein wird also offenbar der Angstaffekt der ersten Trennung vom Libidoobjekt erinnert, und zwar durch reales Wiedererleben, durch Reproduktion und Abfuhr. (…) Auf der gleichen mütterlichen Urfixierung und der geschilderten infantilen Entwicklung beruhen alle Formen von männlicher Impotenz – der Penis schreckt überhaupt vor dem Eindringen zurück – und weiblicher Anästhesie (Vaginismus).« (Rank, 1924, S. 49). Zu den Symptomen der Hysterie schreibt er: »(…) so zeigen die körperlichen Symptome der Hysterie nicht nur ihrer manifesten Form, sondern auch dem tiefsten unbewussten Inhalt nach vielfach ganz direkter physischer Reproduktion des Geburtsaktes mit der ausgesprochenen Tendenz der Verleugnung, d.h. der Rückkehr in die vorherige Lustsituation des intrauterinen Lebens. Hierher gehören vor allem die Erscheinungen der hysterischen Lähmung, von den denen ja zum Beispiel die Gehhemmung nichts anderes als die körperlich dargestellte Platzangst ist und die Unbeweglichkeit der lustvollen Ursituation zugleich mit dem Schreck der Befreiung daraus zur Darstellung bringt« (Rank, 1924, S. 49).

In gleichem Sinne kann Rank auch Beziehungen zur Kopfschmerzsymptomatik wegen der Belastung des Kopfes bei der Geburt und der Geburtssituation herstellen, ebenso wie bei der Erstickungsangst wegen der gefährdeten Sauerstoffversorgung bei der Geburt bei Asthmasymptomatik. Auch bei psychotischen Symptomen stellt er Verbindungen zur Geburtsangst her: »Im Sinne dieser Rücktendenz zur Mutter, die der Psychotiker auf dem Wege der Projektion anstrebt, ist der psychotische Krankheitsverlauf, wie Freud erkannt hat, tatsächlich als Heilungsversuch aufzufassen, was wir ja im analytischen Heilungsprozess, von dem wir ausgegangen waren, auch deutlich sehen. Nur findet die Psychose aus dem unterirdischen Labyrinth der Mutterleibssituation nicht mehr den Weg zum Tageslicht der Gesundung, während der Neurotiker sich an dem ihm vom Analytiker zugeworfen Ariadnefaden der Erinnerung wieder ins Leben zurückzufinden vermag« (Rank, 1924, S. 71).

Ich habe hier Rank so ausführlich zitiert, weil die Fülle seiner Einsichten umfassend in der Forschung und Behandlungspraxis im Wesentlichen bestätigt wurden (Janov, 1984; Grof, 1985; Hollweg, 1995; Janus, 2013b, 2013c; Schindler, 2010; u.a.). Zudem sind seine Einsichten über die prägenden vorgeburtlichen und geburtlichen Erfahrungen heute auf mehreren methodischen Ebenen der Stressforschung, der Hirnforschung, der Epidemiologie, der Epigenetik und so weiter vielfach validiert. Für Psychoanalytiker und psychodynamisch orientierte Psychotherapeuten könnte die Lektüre seiner Beobachtungen im *Trauma der Geburt* (Rank, 1924, S. 1–13, 175–207) eine große Ressource sein oder werden. Von grundlegender Bedeutung für die Behandlungspraxis ist seine *Technik der Psychoanalyse* (Rank, 1926, 1929, 1931). Im ersten Band *Die analytische Situation – illustriert anhand der Traumdeutungstechnik* erläutert Rank an einem konkreten Behandlungsbeispiel die implizite Präsenz von vorgeburtlichen Beziehungsaspekten und Reproduktionen von Geburtserfahrungen in der »analytischen Situation«, die in diesem Falle in besonderer Weise über die Traumanalyse erfassbar und vermittelbar wurden. Der zweite Band *Die analytische Reaktion in ihren konstruktiven Elementen* erläutert Rank, wie im Einzelnen mit diesen Aspekten therapeutisch wachstumsfördernd umgegangen werden kann, und der dritte Band *Die Analyse des Analytikers und seine Rolle in der Gesamtsituation* erläutert die Art und Weise, wie der Analytiker selbst sich auf diese frühen vorsprachlichen Aspekte sinnvollerweise einstellt und wie seine Rolle im Verarbeitungs- und Entwicklungsprozess des Patienten zu verstehen ist. Man kann nur hoffen, dass hierzu in Bälde eine Diskussion im Rahmen der psychoanalytischen und psychodynamischen Gruppen in Gang kommt. Die Aussichten hierfür sind eigentlich günstig, weil gerade in der zeitgenössischen Psychoanalyse Autoren wie Thomas Ogden, Sebastian Leikert, Jörg Scharff, Reinhard Plassmann, Uta Zeitzschel u.a., ganz in der Nähe der seelischen Dimension von Rank sind, ohne seinen entwicklungspsychologischen Hintergrund von vorgeburtlichen, geburtlichen und nachgeburtlichen Erfahrungen explizit zu machen. In diesem Jahr sind auf meine Anregung die *Grundzüge einer Genetischen Psychologie* (1927/1928) von Otto Rank im Psychosozial Verlag als Reprint erschienen, die in Form einer psychoanalytischen Entwicklungspsychologie unter Einbeziehung des frühesten vorsprachlichen Beginns der Entwicklung einen Überblick über die ganze Thematik geben. Um das Interesse an diesem Buch zu fördern habe ich eine Zusammenfassung mit erläuternden Reflexionen erstellt (Janus, 2024d).

Abschließende Bemerkungen

Die Erlebnisbedeutung von Schwangerschaft und Geburt ist vom sprachlichen Bewusstsein her nicht direkt erfassbar, und zwar weder auf der Ebene der individuellen Erfahrung noch auf der Ebene der kollektivpsychologischen Erfahrung. Dazu kommt aus unserer immer noch wirksamen patriarchal geprägten Geschichte die Verleugnung der Bedeutung der weiblich-mütterlichen Lebenswirklichkeit, sodass diese im kulturell-gesellschaftlichen Bewusstsein nur sehr unvollständig repräsentiert ist (Janus, Kurth, Reiss, Egloff, 2020). Diese Verleugnung war von Freud in einem ersten Schritt aufgehoben worden, indem er die Relevanz von Kindheitserfahrungen für unser späteres Erleben aufzeigte. Ranks zwanzigjährige Zusammenarbeit mit Freud und die Geburt seiner Tochter 1922 ermöglichte ihm, die intuitive Wahrnehmung des Fortlebens auch von frühesten vorsprachlichen Erfahrungen aus der Zeit vor der Geburt und der Geburt selbst. Die vehemente Ablehnung seiner Beobachtungen ermöglichte es ihm, deren Hintergrund im Abwehrmechanismus der »Verleugnung« zu erkennen und zu beschreiben, wie er dies in seinem Buch *Grundzüge einer Genetischen Psychologie* (1927/1928) ausführlich getan hat. In der zweiten Hälfte des letzten Jahrhunderts wurde nun die lebensgeschichtliche Relevanz der vorgeburtlichen und geburtlichen Erfahrungen auf mehreren methodischen Ebenen bewiesen, die wegen der bisherigen Dissoziation in diesem transdisziplinären Forschungsfeld nicht ausreichend aufeinander bezogen werden konnten. Diese Zusammenführung habe ich unter dem Titel »Das bio-psycho-soziale Modell der Geburt und seine Widerspiegelung in den gesellschaftlichen Strukturen« (2024b) in wesentlichen Aspekten durchgeführt. Auch dadurch wird die systematische Bedeutung der »Unreife« bei der Geburt und deren psychologische Implikationen der beiden basalen Erlebnismodi eines rechtshirnisch determinierten magisch-mythischen Erlebens und eines linkshirnisch bestimmten kognitiven Bewusstseins deutlich. Diese Einsichten ermöglichen es, auch das durch die »physiologische Frühgeburtlichkeit« bedingte »extrauterine Frühjahr« mit dem Winnicott'schen »Übergangsraum« in einen Bezug zu setzten. Darüber hinaus ermöglichen sie es auch, die Wirkungsweisen verschiedener psychotherapeutischer Settings miteinander in einen Bezug zu setzen und sie auf die Gegebenheiten des jeweiligen Patienten besser abzustimmen, wie dies die Behandlungsberichte im *Lehrbuch der Pränatalen Psychologie* (Evertz, Janus, Linder, 2014) für die Kinder (Stulz-Koller, 2014) und Erwachsene (Hochauf, 2014) schon paradigmatisch gezeigt haben. Von besonderer Bedeutung sind sicher auch die ganz neuen präventiven Möglichkeiten durch eine Förderung der vorgeburtlichen Mutter-Kind-Beziehung, wie sie durch die ungarischen Psychoanalytiker György Hidas und Jenö Raffai (2006, s. auch Blazy, 2015) initiiert worden sind.

Literatur

Blazy, H. (2015): Jenö Raffai – Gesammelte Aufsätze. Heidelberg (Mattes).
Bollmann, R., Schubert, C. (2024): »In der Pause Kreuzigungen«. FAS vom 2.6.2024.
https://zeitung.faz.net/fas/wirtschaft/2024-06-02/ea8d1be887adf4fa85ae839cf6ee9030?GEPC=s9
Crisan, H. (2013): Die prä- und perinatale Psychologie der Mentalitätsentwicklung. In: Janus, L. (Hg.): Die Psychologie der Mentaliäsentwicklung. Münster (LIT). S. 111–172.
Crisan, H. (2021): The Mental Echo of the Preverbal Existence. In: Evertz, K., Janus, L., Linder, R. (eds.): Handbook of Prenatal Psychology. New York (Springer). S. 753–782.
DeMause, L. (1979): Hört ihr die Kinder weinen? Frankfurt (Suhrkamp).
De Mause, L. (2000): Was ist Psychohistorie? Heidelberg (Mattes).
DeMause, L. (2005): Das emotionale Leben der Nationen. Klagenfurt (Drava).
Evertz, K., Janus, L., Linder, R. (2014) (Hg.): Lehrbuch der Pränatalen Psychologie. Heidelberg (Mattes).
Evertz, K., Janus, L., Linder, R. (2021): Handbook of Prenatal Psychology. New York (Springer).
Fodor, N. (1949): The search for the beloved. A clinical investigation of the trauma of birth and the prenatal condition. New York (University Books).
Freud, S. (1926): Hemmung, Symptom und Angst. In: Gesammelte Werke Band 14.
Gilchrist, I. (2017): The Master and his Emissary. New Haven, London (Yale University Press).
Gould, S. (1992): Human Babies as Embryos. In: Gould, S. »Ever since Darwin«. New York (Norton). S. 70–77.
Grof, S. (1985): Geburt, Transzendenz, Tod. München (Kösel).
Haeusler, M., Grunstra, N., Martin, R., Krenn, K., Fornai, C. (2021): The obstetrical dilemma hypothesis: there's life in the old dog yet. Biol. Rev.: 1–27.
Hochauf, R. (2014): Der Zugang analytischer Psychotherapie zu frühen Traumatisierungen. In: Evertz, K., Janus, L., Linder, R. (Hg.) (2014): Lehrbuch der Pränatalen Psychologie. Heidelberg (Mattes). S. 383–424.
Hollweg, W. H. (1995): Von der Wahrheit, die frei macht. Heidelberg (Mattes).
Janov, A. (1984): Frühe Prägungen. Frankfurt (Fischer).

Janus, L. (2008): Menschheitsgeschichte als psychologischer Entwicklungsprozess. Heidelberg (Mattes).

Janus, L. (2013a): Überlegungen zum wissenschaftlichen Status der Psychodynamischen Psychologie. Psychodynamische Psychotherapie 12: 61–69.

Janus, L. (2013b): Die pränatale Dimension in der Psychotherapie. Heidelberg (Mattes).

Janus, L. (Hg.) (2013c): Die pränatale Dimension in der Psychosomatischen Medizin. Gießen (Psychosozial).

Janus, L. (2018a): Homo foetalis – das Zusammenspiel des fötalen Erblebens, der Primateninstinkte und des Verstands als Wesenskern des Menschen. Heidelberg (Mattes).

Janus L (2018b) Psychohistorische Überlegungen zur Herausentwicklung aus dem »Schlachthaus der Geschichte«. In: Knoch H. Kurth, W., Reiß, H. (Hg.) Gewalt und Trauma. Heidelberg (Mattes). S. 253–280.

Janus, L. (2021a): Mundus foetalis – Die Widerspiegelung der Struktur der fötalen Lebenswelt in der gesellschaftlichen und kulturellen Lebenswelt. Heidelberg (Mattes).

Janus, L: (2021b): Die Entdeckung des traumartigen Bewusstseins im Rahmen der Bindungsanalyse. In: Mundus foetalis. Die Pränatale Dimension in Geschichte und gesellschaftlichen Bewusstsein. Heidelberg (Mattes). S. 315–328.

Janus, L. (2023): Sozio- und Psychodynamik der Geschichte der Psychoanalyse – ein Schwanken zwischen Innovation und Verleugnung. Gießen (Psychosozial). S. 287–305.

Janus, L. (2024a): Auf dem Weg zur Verantwortung für den geschichtlichen Prozess, der wir selbst sind. Download von www.Ludwig-Janus.de.

Janus, L. (2024b): Das bio-psycho-soziale Modell der Geburt und seine Widerspiegelung in den gesellschaftlichen Strukturen. Download von www.Ludwig-Janus.de.

Janus, L. (2024c): Wie die Seele entsteht. Unser psychisches Leben vor, während und nach der Geburt. Heidelberg (Mattes).

Janus, L. (2024d): Zusammenfassung der »Grundzüge einer Genetischen Psychologie« mit erläuternden Reflexionen. Download von www.Ludwig-Janus.de.

Janus, L., Kurth, W., Reiss H, Egloff, G. (2020): Die weiblich-mütterlich Dimension und die kindheitliche Dimension im individuellen Leben und im Laufe der Menschheitsgeschichte. Heidelberg (Mattes).

Jaynes, J. (1993): Der Ursprung des Bewusstseins. Rowohlt (Hamburg).

Maran, J. C., Ami, O., Gabor, P., Whitacre, E B, Musset, D., Dubray, C., Mage, G., Boyer, L. (2019): Three-dimensional magnetic resonance imaging of fetal head molding and brain shape changes during the second stage of labor. Plus One: https://doi.org/10.1371/journal.phone.0215721.

Müller, D. (1968): Die Geburt als Ursache topisch erfassbarer Hirn-, Rückenmarks- und Nervenschädigungen. In: Neurologische Untersuchung und Diagnostik im Kindesalter. Wien (Springer). S. 151–195.

Müller, D. (1973): Die subakuten Massenverschiebungen des Gehirns unter der Geburt. Leipzig (VEB, Georg Thieme).

Obrist, W. (1988): Die Mutation des Bewusstseins. Frankfurt a. M. (Lang).

Obrist, W. (2013): Der Wandel des Welt- und Menschenbildes im Verlauf der Neuzeit unter dem Blickwinkel der Bewusstseins-Evolution betrachtet. In: Janus, L. (Hg.): Die Psychologie der Mentalitätsentwicklung. Münster (LIT). S. 11–24.

Ocklenburg, S., Güntürkin, O. (2024): The Lateralized Brain – The Neuroscience and Evolution of Hemispheric Asymmetries (Academic Press)S.

Oesterdieckhoff, G. W. (2006): Archaische Kultur und moderne Zivilisation. Münster (LIT).

Oesterdiekhoff, G. W. (2013a): Die Entwicklung der Menschheit von der Kindheitsphase zur Erwachsenenreife. Heidelberg (Springer).

Oesterdiekhoff, G. W. (2013b): Psycho- und Soziogenese der Menschheit. In: Janus, L. (Hg.): Die Psychologie der Mentalitätsentwicklung – vom archaischen zum modernen Bewusstsein. Münster (LIT). S. 25–52.

Portmann, A. (1969): Fragmente zu einer Lehre vom Menschen. Basel (Schwabe).

Rank, O. (1924): Das Trauma der Geburt und seine Bedeutung für die Psychoanalyse. Gießen (Psychosozial) 1998.

Rank, O. (1927/1928): Grundzüge einer Genetischen Psychologie. Gießen (Psychosozial) 2024.

Schindler, P. (2010) (Hg.): Am Anfang des Lebens. Basel (Schwabe).

Schwartz, P. (1964): Geburtsschäden bei Neugeborenen. Jena (Gustav Fischer).

Stulz-Koller, A. (2014): Therapiegeschichten zu prä- und perinatalen Erfahrungen. Wie Kleinkinder prä- und perinatale Erfahrungen in der Psychotherapie zum Ausdruck bringen. In Evertz, K., Janus, L., Linder, R. (Hg.): Lehrbuch der Pränatalen Psychologie. Heidelberg (Mattes). S. 355–382.

Tinbergen, N. (1966): Instinktlehre. Berlin (Parey.)

Tomasello, M. (2020): Mensch Werden: eine Theorie der Ontogenese. Berlin (Suhrkamp).

Ellen Lang-Langer
Traumatisierendes Objekt und autistischer Rückzug

>»Jedes der Kinder suchte, sobald es den Behandlungsraum betrat,
augenblicklich Bausteine, Spielsachen oder andere Dinge zusammen,
ohne den anwesenden Personen die geringste Aufmerksamkeit zu widmen.
Das Kommen und Gehen (...) selbst der Mutter,
blieb scheinbar völlig unbeachtet.«
>(Leo Kanner, 1943, S. 220)

>»Den Kern unserer Arbeit bildet also nicht ein besonderes Wissen
oder ein bestimmtes Verfahren, sondern eine innere Einstellung zum Leben und
zu den Menschen, die in den Lebenskampf genauso verwickelt sind wie wir.«
>(Bruno Bettelheim, 1967, S. 13)

Ich verstehe die autistische Symptombildung als **Abwehrformation**. Abgewehrt wird ein unerträglicher, multipel bedingter traumatischer Schmerz. Die autistische Symptombildung ist die Spur einer traumatischen Verletzung.

Die Abwendung von der Welt der Objekte

Diese Verletzung fand statt in einer allerfrühesten, unerinnerbaren Zeit und resultierte in der Abwendung von der Welt der Objekte. Tatsächlich sind verschiedene traumatische Faktoren wirksam und verweben sich in einer so dichten Weise, dass ihre Ursprünge kaum zu erkennen sind. Es handelt sich um das Verweben 1. des Traumas des Babys, 2. des Traumas der Eltern, 3. des transgenerationellen Traumas.

Unter dem Trauma des Babys verstehe ich eine bereits in der pränatalen Zeit sich ankündigende Einsamkeit, eine Existenz im Angesicht der nahezu vollkommenen Präokkupiertheit der Objekte. Die Einsamkeit steigert sich noch mit dem Zerschneiden der Nabelschnur, dieses physischen Zusammengebundenseins. Die lebensnotwendige Fortdauer der Nabelschnur auf der psychischen Ebene scheitert. Weder im sinnlichen Berühren noch im Schauen, noch im lustvollen Trinken, noch im Erträumtwerden gelingt die Begegnung mit dem Objekt. Der Grund hierfür liegt zumeist in transgenerationell wirksamen, vorwiegend kumulativ traumatisierenden Verletzungen der Objekte.

Sprachlosigkeit

Sprachlosigkeit, sowohl auf der verbalen als auch auf der emotionalen Ebene, beherrscht die innere Welt der Eltern. Eine Art von Lähmung und Vereisung hat von ihnen Besitz ergriffen, die sie in den Augen ihres Kindes potenziert wiederfinden werden. Die Folge dieser Vorgänge ist eine furchtbare, unvorstellbare Einsamkeit des Babys. Diese Einsamkeit ist so unvorstellbar, wie die Symptombildung folgerichtig, die sich daraus entwickelt. Mit der autistischen Abkehr vom Objekt schützt sich das Baby. Es stirbt nicht, aber es wird zu einem lebend Toten.

Die Unmöglichkeit seiner traumatisierten Eltern, mit ihm in Kontakt zu treten, wendet das autistische Kind in eine Aktivität seinerseits und folgt damit der Spur seiner Eltern. Eine ergänzende Weise, die Szenerie zu betrachten, ist folgende: Die Eltern geben in einem Akt der projektiven Identifizierung abgespaltene Teile ihrer selbst in das Baby hinein. Was ich sagen will: Auch wenn es Eltern und Kind nicht gelingt, in Beziehung zu treten, werden Gründe erkennbar, warum das so ist.

Die autistische Symptombildung ist also unbewusst das Resultat des Scheiterns der Beziehung. In einer rätselhaft anmutenden Weise jedoch spricht sie über Beziehung und ist Ausdruck einer spezifischen Art von aus bestimmten Gründen nicht zustande kommen könnender Beziehung. Was ich mit dieser Beschreibung des autistischen Kindes antizipiere, ist die Darstellung der **vor** der Abkehr vom Objekt einmal stattgefunden habenden Begegnung, die in dieser Abkehr mündete. Die autistische Symptombildung hat keinen Sonderstatus, sie ist kein unergründlich dunkles Loch, sie ist entstanden.

Plötzlicher Kindstod

Während meiner Überlegungen zur Erforschung des Autismus als früher Abwehrformation bin ich immer wieder auf das Phänomen des plötzlichen Kindstodes gestoßen, der meines Erachtens eine ähnliche Fixierungsstelle hat wie die autistische Symptombildung. Der radikale Rückzug vom traumatisierenden Objekt, den das autistische Kind vollzieht, wird bei Kindern, die des plötzlichen Kindstodes sterben, in einer endgültigen Weise vollzogen. Sie hören auf zu atmen. Es sind viele Gründe gefunden worden, warum es dazu kam: Das Kind lag auf dem Bauch, es war allein in einem Raum, die Mutter war Raucherin, Impfungen. Meine Hypothese ist, dass auch die Eltern der Kinder, die eines plötzlichen, unerklärlichen Todes sterben, aus schicksalhaften Gründen, die in unbewussten Traumatisierungen zu suchen sind, nicht in der Lage waren, ihre Kinder zu halten und ihnen etwas zu geben, was sie zum Bleiben hätte veranlassen können. Mitte der 1990er-Jahre haben sich Martin Dornes und Hildegard von Lüpke mit dem Thema beschäftigt.

> »Nichts spricht derzeit gegen die Annahme, dass ein chronisches und tiefgreifendes Einanderverfehlen von Mutter und Kind über eine Beeinträchtigung des Wohlbefindens und eine vorübergehende funktionelle Störung hinaus noch weiter, bis hin zu einer allgemeinen Reifungsblockade, lebensbedrohlichen neurophysiologischen Fehlregulationen und letztendlich zum Aufgeben des Säuglings führen kann.« (Dornes/von Lübke, 1995, S. 323)

Das Scheitern des Präkonzepts

Autistische Kinder lernen nicht zu sprechen, weil ihnen die Basis der nichtsprachlichen Kommunikation fehlt. Der Austauschprozess mit dem Objekt wurde nicht durchlaufen. Das Objekt bleibt fremd und angsterregend. Seine Signale konnten nicht gelesen und aufgenommen werden, den potenziellen Empfänger nicht erreichen. Die Präokkupiertheit des Empfängers, des durch unbearbeitete traumatische Erfahrungen destabilisierten Objekts, verhindert einen frühen Dialog. Es ist, um hier einen Gedanken Bions aufzugreifen, ein Scheitern des Präkonzepts, mit dem wir es bei dem autistischen Kind zu tun haben. Unter Präkonzept verstand Bion ein Konzept vor aller Erfahrung, einer unbewussten

Erwartung vergleichbar. Nur mit der Realisierung der Präkonzeption können erste seelische Verbindungen mit dem Objekt entstehen. »Trifft die Präkonzeption nicht auf ausreichende Realisierungen, fühlt sich das rudimentäre Selbst permanent von Auflösung und Vernichtung bedroht.« (Nissen, 2014, S. 85)

Im Folgenden interpretiere ich die Idee des Präkonzepts im Kontext der pränatalen Zeit. In den meisten Fällen ist die physische Versorgung des Ungeborenen, aber auch das seelische Geborgensein in den Träumen seiner Eltern, sichergestellt. Mit dem Durchschneiden der Nabelschnur und der Versorgung durch die Brust greift das Kind spontan zurück auf seine Erfahrung der pränatalen Vorgänge. Fehlt nun dem autistischen Kind aufgrund disharmonischer Erfahrungen der pränatalen Zeit das Präkonzept von der Möglichkeit eines antwortenden Objekts? Oder aber kann das Präkonzept aufgrund unzureichenden Gehaltenwerdens in der nachgeburtlichen Zeit nicht realisiert werden? Im Falle des autistischen Kindes gehe ich davon aus, dass die Bruchstelle seiner Verfehlung des Objekts in den vergangenen Erfahrungen dieses Objekts zu suchen ist. Diese Bruchstelle findet ihren Ausdruck sowohl in der pränatalen wie in der nachgeburtlichen Zeit.

Überwintern

Die Behandlung autistischer Kinder führt weit zurück in die Genese seelischen Erlebens. In ersten Ansätzen entwickelt sich die projektive Identifizierung im Behandlungsverlauf tatsächlich häufig schnell, so dass man auf den Gedanken kommen könnte, die nichtbeantwortete Erwartung des Präkonzepts habe im autistischen Rückzug überwintert. Gesten, Blicke, Laute werden ausgetauscht, es entstehen in diesem Kontext Momente des Glücks. All dies ist nicht haltbar, nicht konstant und von wiederkehrenden, langanhaltenden Rückzügen geprägt. Es sind die Rückzüge, der Nicht-Austausch, der die Stunden beherrscht, die gleichwohl getragen werden von den seltenen Momenten einer flüchtigen Berührung, von der man sich mitunter irritiert fragt, ob sie überhaupt geschehen ist.

Da wir ja davon ausgehen, dass projektive Identifizierung in der Gegenübertragung des Therapeuten zum Ausdruck kommt, stellt sich die Frage, was stattdessen oder gleichwohl im Behandler untergebracht wird. In der Gegenübertragung, so meine Erfahrung, machen sich dominant Leere, Hilflosigkeit, Unsicherheit, Fremdheit, Angst und Ratlosigkeit breit. Auf seiten des Therapeuten ist es so, dass das Interesse an dem Kind, der Wunsch es zu verstehen, so wie es ist, ihn trägt. Vermutlich trägt dieser Wunsch auch immer wieder das Kind und unterbricht die chaotische, von Fremdheit, Leere und Angst geprägte innere Situation sowohl des Kindes als auch des Therapeuten. Was ich sagen will, ist, dass es in der Behandlung eines autistischen Kindes immer wieder fühlbar wird, dass es gehalten werden will, auch wenn es sich abwenden muss.

Stille

Regelmäßig kommt es zu langen Phasen der Stille, die anmutet wie eine tiefe Ruhe, in der sich die beiden Protagonisten zurückziehen und erholen müssen. Ich habe festgestellt, dass diese Phasen des Rückzugs und der Stille wesentlich sind, denn es ist ja so, dass das autistische Kind das Objekt wesentlich als gefährlich, ängstigend und verwirrend erlebt. Die allerkleinste Berührung, die gleichwohl entstand, muss in der Sicherheit des Rückzugs und der Abwendung vom Objekt in weite, weite Ferne gerückt werden. Dies sind auch Momente, in denen unbewusst, passager und wieder verschwindend Verbindungsmomente auftauchen. Mir fällt dazu ein, dass autistische Kinder sich ja obsessiv mit dem Ein- und Ausschalten, dem Öffnen und Schließen von Gegenständen beschäftigen. Die kurz aufscheinenden Verbindungen, die unbewusst entstehen, gleichen den kurzen Momenten des aufscheinenden Lichts oder einer kurz geöffneten Tür.

Projektive Identifizierung

Untersucht man den Vorgang der projektiven Identifizierung auf Seiten des Objekts, so kann man davon ausgehen, dass die von unbearbeiteten traumatischen Erfahrungen gezeichneten Eltern autistischer Kinder aufgrund ihrer Destabilisierung von dieser in pathologischer Weise Gebrauch machen. D.h. sie benutzen den Säugling unbewusst als Container, als etwas, was ihnen niemals zur Verfügung stand. Archaisch aggressive Bestrebungen,

Omnipotenzansprüche, Rache, Kontrolle und Manipulation des Objekts, so stelle ich mir das vor, entleeren sich ungefiltert und bringen den Säugling in einen Zustand bedrängender psychotischer Erregung. Und tatsächlich ist es ja so, dass massive Relikte dieser Erregung bei autistischen Kindern vorhanden sind. Ich denke da an das Armwedeln, das wie ein perverser Erregungszustand anmutet und signalisiert, dass der Körper nicht in Besitz genommen werden konnte. Vor diesem Hintergrund wird die autistische Abkehr vom Objekt, so seltsam und rätselhaft sie auch erscheinen mag, zu einer intuitiv lebensrettenden Aktion.

Das Konzept Masud Khans

»The protective-shield-role of the mother enables the infant to project all the unpleasurable inner stimuli onto her.« (Masud Khan, 1963, S. 293)

Das Konzept des von Khan entwickelten kumulativen Traumas, das sich auf die frühe, nonverbale Kommunikation bezieht, ist ausgesprochen aufschlussreich für die Untersuchung der Genese autistischer Störungen. Mannigfaltige, frühe, sich wiederholende, eine unaufhörliche Kette bildende Verfehlungen von Mutter und Säugling kennzeichnen das kumulative Trauma. Die Mutter kann das Kind nicht vor inneren und äußeren Reizen schützen, ihm keinen Entwicklungsraum bieten. Der frühe Bruch des für den Säugling lebensnotwendigen Schutzschildes wird im Falle des Autismus mit der Abwendung vom Objekt beantwortet.

Die autistische Symptombildung sucht das Schutzschild der Mutter gleichsam zu ersetzen. Das mütterliche Objekt selbst wird zu einem traumatisierenden Objekt. Es ist die gespenstische Stille, die Stummheit, in der all dies geschieht, es ist diese frühe, diese allerfrüheste wortlose Zeit, in der die Genese der autistischen Symptombildung anzusiedeln ist. Dies alles ist zudem noch eingebettet in eine noch tiefere Stille und Stummheit, eine Sprachlosigkeit des Vergangenen. Alles, was Mutter und Vater des Babys während ihrer gesamten Lebenszeit bewusst und unbewusst erfahren haben, betrifft das Baby. Bereits während seines Werdens im Mutterleib teilt es mit seinen Eltern alle Erfahrungen, die diese prägten, die in ihrem Körper und ihrer Seele gespeichert sind, die untrennbar verknüpft sind mit der Luft, die sie atmen. In einer metaphorischen Weise könnten man sagen, das Baby atmet die Luft seiner Eltern. Das Baby macht während der Zeit seines Entstehens ebenso Erfahrungen mit der Gegenwärtigkeit seiner Eltern, ihrer Handlungen und Stimmungen, ihrer Bewegungen, ihrer Liebe und Zuwendung, ihres Getriebenseins, ihrer Angst, ihrer Überforderung, ihrer Todeswünsche, ihrer Verzweiflung. Wenn das Baby auf die Welt kommt, hat es schon viel erlebt und viele Erfahrungen mit seinen Eltern gemacht. Es ist keineswegs eine Tabula rasa. Stumme, unbewusste, für bedeutungslos erklärte transgenerationelle Traumata bilden den Hintergrund des kumulativen Traumas.

Die Forschungen Daniel Sterns

Daniel Stern hat sich mit den Gedächtnisfähigkeiten des Babys beschäftigt, die affektive Ereignisse registrieren. Er schildert einen neugeborenen Säugling, dessen Atmung beim Stillen zufällig durch die Brust behindert worden war, und der sich beim nächsten Anlegen von der Brust abwandte. »Die Brustatemnot ist Ergebnis einer enttäuschten Erwartung. Die Erinnerung wird insofern von der Enttäuschung geleitet.« (Stern, 2007, S. 141) Tatsächlich beeinflussen solche Erinnerungen das Verhalten des Säuglings eine Zeitlang und wirken tendenziell wie eine Langzeiterinnerung. Man kann nur vermuten, dass ein Überhandnehmen einer permanenten Erfahrung von Teilnahmslosigkeit und Nicht-Präsenz auf Seiten des Objekts den Säugling in einen radikalen Rückzug treiben könnten.

Entsprechen, einander entsprechen, sich abstimmen, aufeinander abstimmen, antworten, über diese intuitiven Vorgänge berichtet Daniel Stern. Im Zusammensein mit autistischen Kindern wird man gewahr, wie verloren man ohne diese Abstimmung ist. Der Autist wehrt das Objekt ab. Das ist gar nicht vergleichbar der Abwehr des Neurotikers, die immer eine Abwehr des Unbewussten ist und im Verlauf der Entwicklung auftretende Ängste und Phantasien in Bezug auf das Objekt betrifft: Angst, das Objekt zu verlieren, von ihm verschlungen zu werden, kastriert zu werden, bestraft zu werden, bedürftig und hilflos zu sein, triebhafte Regungen nicht kontrollieren zu können. Mit anderen Worten, das Ich des Neurotikers versucht, zwischen Über-Ich-Anforderungen und triebhaften Es-Bedürfnissen zu vermitteln. Es ist, wenn dies geschieht, eine innere Struktur vorhanden. Die Abwehr des Autisten findet vor der Strukturierung der inneren Welt statt, selbst vor so frühen Mechanismen wie Spaltung in gute und böse Brust, ein Modell Melanie Kleins, mit dem sie die chaotische, paranoid-schizoide Position des Säuglings beschreibt. Ich gehe davon aus, dass der Autist der paranoid-schizoiden Position gewahr wird und in dieser keinen Trost erfährt, der guten Brust kaum angesichtig werden kann. Es handelt sich um eine traumatische Situation, in der das überlebensnotwendige Holding nicht erlebt werden kann.

Die Macht der unbewussten Welt des Objekts

Die autistische Abwehr, die Abkehr vom Objekt ist das Resultat einer traumatischen Erfahrung vor, während und nach der Geburt. Ich gehe davon aus, dass eine lebensbedrohliche, unbewusste seelische Abkehr des Objekts der Abkehr des Babys vorausgeht. Die Massivität des seelischen Mangels für die Entwicklung wird in der autistischen Symptombildung in besonderer Weise klar und erschreckend vor Augen geführt, einer unaufhörlichen Verwundung gleich.

Die Eltern meiner Patienten erfuhr ich als einsame, ungehörte, ungeschützte Kinder, die nur mittels der seelischen Entleerung ihrer inneren Welt überlebten. Aufgrund der damit verbundenen projektiven Vorgänge betraf dies in hohem Maß die Entwicklung ihrer Kinder, in deren autistischer Symptombildung sie sich unbewusst erkannten. Es ist meine Hypothese, dass das Objekt in seinem antwortlosen Kind unbewusst einen Spiegel erlebt. Die Diagnose einer autistischen Störung, deren Genese einzig in neuronalen und genetischen Ursachen gesucht wird, ist, ich folge hier Leonard Shengold (1989), Seelenmord. Die betroffenen Kinder werden auf diese Weise von der menschlichen Gemeinschaft ausgeschlossen. Aber auch den Eltern wird eine Auseinandersetzung mit dem Abgrund, der sich aufgetan hat, verwehrt. Im autistischen Rückzug begegnen wir der Macht der unbewussten Welt des Objekts.

Ich habe versucht, mir die früh entgleisende Szenerie vorzustellen, und ich stelle sie mir vor als eine stumme, gespenstisch sich vollziehende Naturkatastrophe. Es ist, als seien alle Laute eingefroren. In dem Baby selbst aber ist alles laut, schrecklich laut und die gesamte Existenz bedrohend. Es ist, als müsse alles zerbersten. Der Begriff der Naturkatastrophe trifft es auch deshalb, weil es sich um Vorgänge handelt, die mit Vernunft nicht zu begreifen und nachzuvollziehen sind. Sie betreffen die unbewusste Welt und nehmen ihren Anfang bereits im Leib der Mutter. Sie münden im autistischen Rückzug. Mit diesem Rückzug und allem, was ihm voranging, erzählt das Baby auch die bewusst gar nicht vorhandene Geschichte seiner Eltern.

Autistische Objekte

Eine zentrale Bedeutung für das autistische Kind hat – Frances Tustin machte als erste darauf aufmerksam – der Gebrauch autistischer Objekte. Unter autistischem Objekt nun wird ein Gegenstand verstanden, dessen Gebrauch das menschliche Objekt abwehrt. Das autistische Kind wird durch den obsessiven Gebrauch autistischer Objekte (kleine Gegenstände in jeglicher Form) unansprechbar für das menschliche Objekt. Das autistische Objekt ist austauschbar und kann durch ein ähnliches, das die gleiche Funktion erfüllt, ersetzt werden. Das autistische Objekt ist verfügbar. Genau das unterscheidet es vom menschlichen Objekt. Das Ersetzen des menschlichen durch das autistische Objekt sichert Verfügbarkeit. Das autistische Objekt dient der Abkehr vom menschlichen Objekt. Wenn man beobachtet, wie autistische Kinder häufig sanft über die von ihnen auserkorenen Gegenstände streichen, wie sie ihren Körper zu wiegen verstehen, dann könnte man auf die Idee kommen, sie imitierten die frühe Zuwendung eines mütterlichen Objekts. Es ist, als mache sich etwas wie der Hauch eines menschlichen Objekts in gespenstischer Weise bemerkbar, das gehauchte Relikt einer Zeit, bevor die Verletzung durch das Objekt die Abkehr von diesem einleitete. Dieses Relikt, es könnte der pränatalen Zeit entstammen, es könnte der gespenstischen transgenerationalen Zeit entstammen, es könnte einer verlorengegangenen sehr frühen Reminiszenz an die Begegnung mit dem menschlichen Objekt entstammen.

Wenn man nun davon ausgeht, dass das autistische Objekt die auf den ersten Blick nahezu unkenntliche Spur eines menschlichen trägt, steht gleichwohl fest, dass es genau dieses menschliche Objekt ist, das mit dem autistischen Objekt abgewehrt wird. Das autistische Kind verhindert mit seiner Beschäftigung mit dem autistischen Gegenstand die Begegnung mit dem Menschen.

Ich gehe davon aus, dass das autistische Kind in der psychotherapeutischen Behandlung beginnt, eines seelischen Austauschprozesses gewahr zu werden, wie es beim Säugling in der normalen Entwicklung der Fall wäre. Das autistische Kind ist ebenso wie der Säugling darauf angewiesen, dass das Objekt fühlt, vorausahnt, was von diesem ersehnt und angenommen werden kann. Ja, die Kommunikation mit autistischen Kindern ähnelt zwar immer wieder der Kommunikation mit einem Säugling, jedoch bricht sie, anders als bei einem Mutter-Säugling-Dialog, immer wieder ab. Das ist deshalb so, weil das autistische Kind schon viel erlebt und seine eigenen Erfahrungen mit dem Objekt gemacht hat, auf eine Geschichte zurückblickt, die zur Abwendung von der Welt der Objekte geführt hatte. Insofern kommt es zu einer andauernden Umschlingung von einander verstehen und sich vom Objekt abkehren.

Sammy, 4;9 Jahre, zwei Stunden wöchentlich, bislang zweieinhalb Jahre

> *»Diese Kinder haben Angst davor, sich dem Gefühl menschlich und lebendig zu sein, zu überlassen, weil sie als lebendiger Mensch verletzt werden und sterben können.«*
> (Frances Tustin, 1981, S. 60)

Die Eltern kamen mit einem Packen Papiere in unser erstes Gespräch. »Wir können mit unserem Sohn nirgends hingehen, er macht was er will, er ist nicht zu halten.« Sie waren verärgert über eine Kollegin, die sie konsultiert hatten. »Keine fünf Minuten war mein Sohn bei dieser Frau, da rief sie schon an, wir müssten ihn wieder abholen. Er habe wahrscheinlich eine Hirnschädigung, sagte sie uns. Wir sind dann gleich zum Neurologen gegangen und haben alles überprüfen lassen. Es gibt keine Hirnschädigung, wir haben die Dokumente dabei.« Ich: »Wie kam die Kollegin auf den Gedanken?« Der Vater: »Na ja, Sammy hat wohl sehr schnell alles durcheinander gebracht, die Sachen aus den Regalen gerissen. Sie ist gar nicht mit ihm klar gekommen.« Ich : »Vielleicht müssen wir aus dieser Erfahrung lernen. Sie haben mir ja erzählt, dass sie es selbst schwer mit ihm haben. Vielleicht ging alles zu schnell. Sammy war plötzlich allein in einer fremden Umgebung.« Er: »Im Kindergarten macht ihm das gar nichts aus. Auf so was reagiert er gar nicht.« Ich: »Meine Idee ist, dass Sie oder ihre Frau – sollte ihr Sohn zu mir kommen – zunächst mit in Sammys Stunden kommen.« Der Vater: »Wir machen alles, alles, um unserem Sohn zu helfen, klar kommen wir mit.« Sammys Mutter sprach kein Deutsch, manchmal versuchte der Vater etwas für sie zu übersetzen. Ich hatte die Phantasie, dass sie die Hand des Vaters fest umklammert hält.

Der Kindergarten hatte den Eltern folgende Beschreibung mitgegeben: »Meistens springt er im Minutentakt von einem Spiel zum anderen. Zur Zeit brauchen wir eine Betreuungsperson für Sammy alleine, da er sich oft selbst gefährdet: Er geht mit Gegenständen in die Steckdose, rennt aus den Brandschutztüren heraus, rennt ins Bad und macht sich am Waschbecken nass usw. Das geschieht auch in der 1:1-Situation, wenn man einen kurzen Moment abgelenkt ist. Er nimmt keinen Blickkontakt auf. Wenn die Eltern ihn abholen, haben wir nicht beobachten können, dass er sich freut oder auf sie gewartet hat.«

Sammy, ein zierlicher, hübscher Junge mit lockigem Haar kommt an der Hand des Vaters die Treppe hoch. Er schaut nicht zu mir, die ich ihn begrüße. Er fuchtelt wild mit den Armen und reißt an der Hand des Vaters, der ihm die Jacke auszuziehen versucht. Er rast in das Behandlungszimmer und wirft greifbare Gegenstände aus den Regalen und Körben, versucht, den Lichtschalter zu betätigen und eine Steckdose zu erreichen, alles blitzschnell, wie gejagt. Zweimal kommt er kurz zu mir, will, dass ich eine kleine Dose öffne. »Mama, Mama«, sagt er, an mir vorbeischauend, zu mir.

Der Vater und ich sind unablässig in Bewegung, um Sammy in Schach zu halten, zu verhindern, dass er sich verletzt, Dinge zerstört, rausrennt. Es gibt keine ruhige Minute, am Ende der Stunde ist das Zimmer ein Schlachtfeld, ich bin schweißgebadet. Ich bemerke, dass ich von einem starken Kopfschmerz befallen werde, der anhält, bis ich am Abend einschlafe.

Ich denke darüber nach, warum er mich mit »Mama« ansprach. Ist »Mama« ein austauschbares Objekt mit gewissen Fähigkeiten?

Auch in den weiteren Stunden schaut mich Sammy nicht an, wenn er die Treppe hochkommt. Wild und getrieben stürzt er sich in den Raum. Es kommt allerdings zu einer kleinen Begegnung zwischen uns. Sammy steht am Tisch und wirft alle Filzstifte aus den Verpackungen. Er öffnet sie, zieht die Kappe ab und versucht sie wieder zu verschließen. Ich: »Ganz fest.« Sammy gibt mir den Stift. Ich drücke noch mal auf die Kappe, bis es klickt, und stelle den Stift in ein Gefäß. So geht es weiter mit allen Stiften. Eine kurze Zeit lang ist es sehr ruhig im Raum.

In den folgenden Stunden beschäftigt sich Sammy mit einer Kiste mit Autos. Er wirft sie nach und nach vom Tisch. »Aua«, sage ich, als eines der Autos zu Boden fällt. Das greift Sammy auf. »Aua«, schreit er bei jedem zu Boden fallenden Auto. Ich schreie mit.

Ich merke, dass ich mich Stunde um Stunde mehr auf ihn einstelle. Ich begrenze den Raum, räume Gefährliches zur Seite. Meine Kopfschmerzen lassen nach und verschwinden schließlich ganz. Die überfordernde Szenerie des Anfangs erinnert mich an die verwirrende, chaotische Situation kurz nach der Geburt eines Kindes, den Versuch, sich mit dem Säugling einzurichten und herauszufinden, was er benötigt, wie man ihn beruhigen kann.

Ich bemerke, dass er weniger häufig aus dem Raum zu rennen versucht. Irgendwie findet er sich auch mit mir besser zurecht, nicht nur ich mit ihm. Manchmal wechselt er im Sekundentakt von Gegenstand zu Gegenstand. Manche Gegenstände leckt er ab und bringt sie mir.

Das Spiel mit den Autos geht weiter. Er wirft sie vom Tisch, schreit »AUA« und wedelt mit den Armen. Ich komme auf die Idee, die herunterfallenden Autos in einer Reihe aufzustellen. Sammy sammelt die Autos immer wieder ein und wirft sie erneut hinunter. Ich stelle sie auf, manchmal nebeneinander, als ob sie parken würden. Plötzlich wird mir klar, dass ich mit meinem Enkelkind häufig »Autos parken« spiele.

Einige Stunden später fängt Sammy an, die Autos selbst zu parken. Er beschäftigt sich richtig lange damit, so lange wie bisher mit nichts sonst, vielleicht zehn Minuten, vielleicht auch 15. Was gar nicht geht, ist Sammy anzusprechen, etwas zu fragen. Es ist dann, als wäre ich gar nicht da, als hätte ich keine Stimme.

Ich denke darüber nach, dass ich mit Sammy ein Spiel initiiert habe, das ich mit meinem zweijährigen Enkelkind häufig spiele, und dass es Sammy möglich war, dieses Spiel nach einigen Stunden zu seinem zu machen. Auch wenn wir uns nicht ansahen und nicht miteinander sprachen, war mit diesem Spiel, in dem ich Sammy und mein Enkelkind in einer Reverie unbewusst verbunden hatte, etwas Warmes in unsere Stunden gekommen.

Der Vater hielt sich in den Stunden sehr zurück. Manchmal wechselten wir ein paar Worte. Es bedrückte ihn, dass er mit Sammy nirgendwo hin konnte, dass er ihn auf der Straße quasi festhalten musste. »Wird sich das je ändern? Wird Sammy ein normales Leben führen können?« »Er ist dabei sich zu entwickeln«, bemerkte ich.

En passant erfahre ich, dass Sammy zu Hause sozusagen in einem Stall untergebracht ist, einem mit einer Absperrung versehenen Teil des Wohnzimmers. »Wir kommen sonst gar nicht klar... Sie wissen ja«, bemerkte der Vater.

Ich versuche den Eltern im nachfolgenden Elterngespräch zu erklären, dass Sammy nichts lernen kann, was für ihn wichtig ist, wenn er in dem Stall eingesperrt ist. »Es wäre sehr wichtig, ihn immer wieder herauszulassen, zu versuchen ihn zu erreichen. Ich weiß, dass das eigentlich nicht geht, aber wir versuchen es trotzdem. Ich bin davon überzeugt, dass er auf Dauer bemerkt, dass Sie sich bemühen... es geht ja auch nicht um das Vermeiden, sondern um das Akzeptieren von Begrenzungen, nach und nach... darum, dass etwas Beziehungsvolles entstehen kann, dass man sich in die Augen schaut.« Wir sprachen darüber, wie wichtig es für Sammy ist, einen 1:1-Kontakt zu haben, seine Augen zu suchen und mit ihm zu sprechen, als verstünde er.

Tatsächlich entfernten die Eltern das Gitter sehr schnell. »Es muss gehen«, sagte der Vater, »ich will nichts tun, was meinem Kind schadet.«

Am Vormittag besuchte Sammy zwei Stunden den Kindergarten. Am Tag einer von Sammys Stunden bei mir, hatte man den Vater angerufen, Sammy weine bitterlich, der Vater müsse ihn abholen. »Ich verstehe das gar nicht. So was hat es noch nie gegeben«, sagte der Vater. »Er vermisst sie«, vermutete ich. Ich sah, dass dem Vater Tränen in die Augen schossen. »Glauben Sie wirklich?«, fragte er. »Ja, das denke ich«, bemerkte ich. »Er war dann auch gleich ruhig, als ich da war«, sagte er leise.

Nach und nach wurde mir klar, in welchem Ausmaß hilflos und verwirrt die Eltern waren, wie sie dankbar alles aufgriffen, was wir besprachen. »Warum ist Sammy so, wie er ist?«, fragte mich der Vater. »Er muss wohl, als er noch sehr klein war, etwas für ihn sehr Verletzendes erlebt haben, es ist, als ziehe er sich zurück, um sich zu schützen.« »Sie meinen sowas wie ein Trauma«, sagte der Vater. »Ja, so kann man das nennen«, sagte ich, »ich stelle mir vor, es war etwas, was nur er gespürt hat und was für alle anderen war, als sei es nicht gewesen.«

En passant erfuhr ich von der bevorstehenden Trennung der Eltern und einem daraus resultierenden Kindergartenwechsel. Mein spontanes Erschrecken bemerkend, fragte der Vater: »Denken Sie, das schadet ihm? Wird es seine Entwicklung gefährden? Die Trennung hat gar nichts mit den Kindern zu tun.« Ich: »Ich überlege halt, dass dann zwei große Veränderungen in Sammys Leben auf einmal eintreten.«

Ich dachte darüber nach, wie schwer es dem Vater fiel, sich in Sammy einzufühlen, dass er dazu nur mit meiner konkreten Hilfestellung in der Lage war. Ich hatte auch die Phantasie, dass ich ebenfalls aus Sammys Leben wegfallen könnte.

Schon seit einiger Zeit hatte ich ins Auge gefasst, ca. eineinhalb Jahre nach Behandlungsbeginn, Sammy allein zu seinen Stunden zu sehen. Schnell wurde klar, Sammy war viel ruhiger mit mir allein. In dieser Zeit leckte er viele kleine Gegenstände ab, die er mir anschließend in den Mund schieben wollte. Ich bot ihm stattdessen meine ausgestreckte Hand an. Es erinnerte mich an das Spiel eines

Säuglings, der sein (Körper-)Inneres mit der Mutter, ihrem Speichel, verknüpfen möchte. Ich finde, das Beispiel zeigt, dass einerseits nachholende, sehr nahe Erfahrungen möglich sind, es zeigt aber auch die Begrenztheit des Nachhinein in der ausgestreckten Hand, die anstelle des Mundes des Objekts angeboten wird.

Beim Schreiben über die Behandlung des Patienten wird mir deutlich, wie stark mein Impuls ist, seine gute Entwicklung zu beschreiben, und wie schwer es ist, von der Zeit zu berichten, in der es keine Verbindung zwischen uns gab. Diese Stunden tauchten immer wieder auf, sie drohten, was ich als Entwicklung erlebte, auszulöschen. Ich zweifelte an meiner Wahrnehmungsfähigkeit, an meiner therapeutischen Kompetenz, an meinem Verstand. Die Leere und Einsamkeit dieser Stunden waren unerträglich. Das Schlimmste vielleicht war, dass ich in diesen Zuständen keine Erinnerung an jene Stunden mehr hatte, in denen Nähe fühlbar geworden war. Es war jedesmal, als wäre nichts gewesen, als hätten sich unsere Blicke niemals gestreift, unsere Gedanken sich nicht berührt. In diesen Stunden beschäftigte sich Sammy stoisch mit Gegenständen. Er blickte mich nicht an und er reagierte auf keines meiner Worte.

Dem Phänomen der Erinnerungslosigkeit, der Verbindungslosigkeit, begegnete ich auch immer wieder bei den Eltern. Nur beiläufig erfuhr ich von wichtigen Veränderungen. Häufig hatten wir etwa darüber gesprochen, wie wichtig es sei, Sammy sofort zu trösten, wenn er, was immer wieder vorkam, seinen Kopf gegen die Wand schlug. Wie immer en passant erfuhr ich, dass das nun schon monatelang nicht mehr vorgekommen sei. Es war, als ob erst dann, als ich mein Erstaunen über diese Veränderung äußerte, den Eltern bewusst wurde, dass überhaupt etwas geschehen war.

Dem entsprach eine karge Erinnerung an ihre eigene Entwicklung. Es gab keine Assoziationen, die einen Faden in die Vergangenheit gelegt hätten. Es war, als breiteten sich dürre Worte über einer endlosen Wüstenlandschaft aus. Die Mutter: »Mein Vater hat geschlagen... aber nur wenn er betrunken war… sonst konnte man sich auf ihn verlassen.« Auch die Mutter, so überlegte ich, kann, wie Sammy und ich in unseren Stunden, etwas nicht verbinden. In ihrem Falle ist es der berechenbare und der unberechenbare Vater. Jegliche Assoziation versandete in Erinnerungslosigkeit, man könnte auch sagen in Objektlosigkeit, in der Abwesenheit der Beziehung zum Objekt. Einmal brach es plötzlich aus ihr heraus: »Ich habe mich immer hinter dem Sofa versteckt«, bemerkte sie leise und war den Tränen nahe. Die innere Verbindung zu einem vergangenen Schmerz war deutlich geworden und genauso schnell verblasst.

Sammys Vater, der emotional präsenter wirkte, auch er war innerlich wie abgeschnitten von seiner Herkunft, von der er, neben einer sich leer anfühlenden Idealisierung seiner Kindheit einzig erinnerte, dass der Vater die Familie verlassen hatte, als er noch sehr klein war.

Einen Absturz in Verbindungslosigkeit kennzeichnete auch die folgende Episode des therapeutischen Rahmens.

Nach den langen Sommerferien kam Sammy nicht mehr zu seinen Stunden. Es war gleichzeitig nicht zu glauben für mich, und als hätte ich es geahnt. Es hatte Vorboten dramatischer Brüche gegeben. Da war die Trennung der Eltern, da war der plötzliche Kindergartenwechsel. Und ja, es war so: der Gedanke, ob wohl meine Beziehung zu Sammy und seiner Familie Bestand haben würde, hatte mich gestreift.

Gleichwohl, ich konnte und wollte es nicht glauben, dass ich Sammy nicht wiedersehen würde, auch dann nicht, als weder Vater noch Mutter meine Nachfragen beantworteten. Ich entwarf die Idee, die Familie sei noch im Urlaub in Portugal und werde sich melden, wenn sie zurückkäme. Überhaupt war ich ganz sicher, dass die Familie sich wieder bei mir melden würde. Auch nach vier Wochen hatte ich Sammys Stunden noch nicht neu besetzt. Im Nachhinein vermute ich: Ich befand mich in der Übertragung im Zustand eines traumatisierten Kindes, das gegen eine unerträgliche Verlusterfahrung ankämpft. Ich dachte aber auch, hiervon wie abgespalten, in einer analytischen Weise über die Vorkommnisse nach. Ich dachte: Jetzt passiert es, die tiefe Brüchigkeit der Objektbeziehungen, nun trifft sie dich. Wie sollte es anders sein? Man nennt es Übertragung…

Ich erlebte es wie einen Vernichtungsschlag. Sammys Rückzug von der Welt der Objekte war sein Versuch gewesen, sich vor weiteren Traumatisierungen zu schützen. Und tatsächlich, genau in dem Moment, in dem es schien, als begänne sich in der Übertragung die Spur einer Annäherung an das Objekt Ausdruck zu verschaffen, zerschlug sie sich schon.

Sechs Wochen nach dem ursprünglich vereinbarten Termin rief mich der Vater an und bat um Fortsetzung der Therapie, als wäre nichts geschehen. Meinen spontanen Ausruf, den ich nicht hatte beherrschen können (»Oh, Herr C., von den Toten auferstanden!«), ignorierte er. Ich verspürte den starken Wunsch, »Nein« zu sagen, mich abzuwenden. »Nicht noch einmal alles von vorn«, dachte ich, »ich kann nicht mehr.« Hierbei vollzog ich, da bin ich sicher, die unbewusste Geschichte meines Patienten.

Sammy wirkte verstört, als ich ihn wiedersah, er wedelte stark mit den Armen und stieß Laute aus, vermied jede Kontaktaufnahme.

Mit den Eltern sprach ich darüber, wie wichtig es ist, Sammy Geschichten aus Vergangenheit, Gegenwart und Zukunft zu erzählen, auf diese Weise Verbindungen zu schaffen und Bedeutung. Die unangekündigte Unterbrechung der Behandlung, das plötzliche Untertauchen der Familie, gewann in unseren Stunden keine tiefere Bedeutung, zumindest nicht auf der verbalen Ebene, die fassadär blieb. Allerdings war der Vater nun, anders als zuvor, in einem dichten telefonischen Kontakt mit mir, um mitunter ausfallende Termine zu besprechen.

Ich war überrascht, wie vehement Sammy wieder anknüpfen konnte und sich zu entwickeln begann. Im Gegensatz hierzu erlebte ich meine innere Sicherheit noch als beschädigt und dachte: »Es kann wieder geschehen.«

Mir fiel auf, dass er mir nun schon im Treppenhaus »Hallo« zurief und auch den Vater laut und deutlich mit »Tschüss« verabschiedete. In einer Stunde holte er die Autos hervor, mit denen wir früher so oft gespielt hatten. »Ah, die Feuerwehr«, bemerkte ich beiläufig. »Das ist nicht die Feuerwehr«, sagte Sammy. Ich war irritiert und dachte plötzlich: O mein Gott, er hat einen ganzen Satz gesagt. Sammy schaute mich an und fing an zu lächeln.

»Kindergarten gehabt«, äußerte Sammy nun manchmal, wenn er zu seinen Stunden kam. Einmal deutete er auf seinen Vater, der ihn gebracht hatte, und sagte: »Frau Langer, das ist Papa.« Ich war wieder einmal perplex, weil ich gar nicht gewusst hatte, dass Sammy meinen Namen überhaupt kannte. Er sah mir jetzt häufig direkt in die Augen.

Die Eltern lebten mittlerweile getrennt, kümmerten sich jedoch gemeinsam um die Kinder.

Die Behandlung dauert an.

Zum Abschluss hier ein Bild, das Sammy in der zweiten Hälfte der bisherigen Behandlung malte. Ja, er zeichnete manchmal in mich verblüffender Weise. Er kritzelte nicht, wie ich es vermutet hätte. Er zeichnete geschlossene, kreisähnliche Formen. Frances Tustin vermutete, dass die Form des Kreises beruhigend wirkt und eine rudimentäre Form der Begrenzung vermittelt und dass Malen insgesamt vom Auftauchen des Selbst erzählt.

Ruhig auf seinem Stuhl sitzend malte Sammy dieses Bild langsam, fast zärtlich, konzentriert.

Er gestaltete einen umschlossenen Innenraum, der spontan stark an das Innere des Mutterleibs erinnert, aber ebenso seinen eigenen Innenraum beschreiben könnte.

Da ist zum Einen ein sich entwickelnder und differenzierender Reichtum des Innenraums. Da ist zum Anderen das Festumschlossensein dieses Raumes. Die geringfügigen Aussparungen im Umschlossensein, so meine Fantasie, ermöglichten den Beginn eines Austauschs mit dem, was jenseits des Umschlossenen liegt, und befruchteten auf diese Weise seinen Innenraum.

Im Bild des Innenraums gestaltet Sammy seine eigene innere Welt und ebenso, in dieser an den Mutterleib erinnernden Form, die Innenwelt, aus der er kam.

Im Festumschlossensein wird das Innere geschützt vor dem unberechenbaren Jenseits des Umschlossenseins.

Literatur

Bettelheim, B. (1967): Die Geburt des Selbst. München (Kindler).
Dornes, M. / von Lüpke, H. (1995): Psychodynamische Aspekte des plötzlichen Kindstodes. In: Kinderanalyse. Psychoanalyse im Kindes- und Jugendalter und ihre Anwendungen. 3 (4).
Kanner, L. (1943): Autistische Störungen der affektiven Kontakte. In: Nervous child. 2/3.
Khan, M. (1963): The concept of cumulative trauma. In: The psychoanalytical study of the child. 18 (1).
Nissen, B. (Hrsg.), (2014): Wendepunkte. Gießen (Psychosozial).
Shengold, L. (2006): Soul Murder. Frankfurt a. M. (Brandes & Apsel).
Stern, D. (2007): Die Lebenserfahrung des Säuglings. Stuttgart (Klett-Cotta).
Tustin, F. (1990): Der autistische Rückzug. Frankfurt a. M. (Brandes & Apsel).

Angelika Staehle

Ungehörte Schreie – Enactment, Containment und Worte finden in der Psychotherapie von Kindern mit frühen Störungen

1. Die Bedeutung der primären Mutter-Kind-Beziehung für die psychische Entwicklung

»Ungehörte Schreie«

verweisen auf tragische Auswirkungen eines frühkindlichen Scheiterns der Verbindung zu den primären Objekten. Wir gehen heute in der Entwicklungspsychologie davon aus, dass es von Beginn des Lebens, gleich nach der Geburt, ein Bedürfnis des Säuglings nach emotionalem Aufgenommen-Werden gibt, das durch präverbale und sensorische Kommunikation geschieht. Die Fähigkeit der Mutter, intuitiv und feinfühlig auf das Kind zu reagieren, ist daher von grundlegender Bedeutung.

Psychoanalytische Konzepte zur frühen emotionalen Entwicklung

Die Bedeutung der primären Mutter-Kind-Beziehung wurde besonders in der Bindungstheorie (Bowlby, 2006) und von Daniel Stern und seiner Gruppe (2005) hervorgehoben.

Es sind insbesondere die beiden Psychoanalytiker Donald Winnicott und Wilfried Bion, die die Bedeutung der mütterlichen Kompetenz für die Entwicklung betont und Modelle zu ihrem Verständnis entwickelt haben.

Winnicott (1958, S. 57–74) beschäftigt sich mit der primitiven emotionalen Entwicklung des Kindes und beschreibt eindrücklich die Funktion der Mutter, es so zu halten (Holding) und mit ihm umzugehen, dass es ein Gefühl der Einheit und der Kontinuität (continuity of being) findet. Das Versagen der Mutter wird in diesem frühen Stadium als Bedrohung der gesamten Existenz des Selbst, als Angst vor der Vernichtung erlebt. Winnicotts erst posthum veröffentlichte

Arbeit »Die Angst vor dem Zusammenbruch« zieht eine Verbindung eines Zusammenbruchs des »Going on Being« in dieser frühen Zeit, der nicht erlebt und nicht verarbeitet werden konnte, und der später zu einer Angst vor einem Zusammenbruch führt; einem Zusammenbruch, der schon stattgefunden hat, jedoch nicht psychisch erlebt und verarbeitet werden konnte.

Auch Bions (1962a, 1962b) Konzept des Containments und der Reverie sind sehr hilfreich, um die Bedeutung früher Beziehungserfahrungen zu verstehen. Die mütterliche Funktion wird von ihm als eine Art psychosomatischer Verdauungsvorgang beschrieben, indem die Mutter in träumerischer Einfühlung die Beta-Elemente, die ersten Gefühlsrudimente als Rohmaterial des psychischen Erlebens des Säuglings, in Alpha-Elemente innerlich umarbeiten soll und sie ihm in transformierter verträglicher Form von Alpha-Elementen zurückgibt. Bion verbindet in seinem Modell Fühlen, Denken und Objektbeziehung.

Er beschreibt das Versagen der mütterlichen Containerfunktion sehr deutlich:

> »Der Säugling nimmt das Gefühl des drohenden Unheils, das durch die Zurückweisung durch die Mutter und durch seine eigene Zurückweisung des Gefühls des Schreckens noch furchterregender geworden ist, wieder in sich auf.[...] Er kann weiter weinen und bei der Mutter starke Ängste auslösen. Auf diese Weise entsteht ein Teufelskreis, in dem es immer schlimmer wird, bis der Säugling seine eigenen Schreie nicht mehr erträgt. Er wird still und verschließt in sich etwas Beängstigendes und Schlimmes, von dem er befürchtet, dass es wieder hervorbrechen könnte. In der Zwischenzeit verwandelt er sich in ein ›gutes Baby‹, ein ›gutes Kind‹.« (Bion, 1973, S. 54)

Das »gute Baby« ist oft der Beginn einer verfrühten Ich-Entwicklung (Klein, 1930), die eine Abwehr- und Überlebensfunktion hat.

Das mütterliche Versagen ist noch schmerzhafter, wenn das Kind als Gefäß für mütterliche projektive Identifikationen benutzt wird (Williams, 1992; Laplanche,1992). Die Beziehung zwischen Container und Contained (Bion, 1962) wird völlig auf den Kopf gestellt: Das Kind muss die mütterlichen Projektionen aufnehmen. Um eine Aktualisierung dieser unerträglichen Ängste und emotionalen Zustände abzuwehren, entwickeln Patienten verschiedene Formen der Abwehr. Williams trifft hier eine Unterscheidung zwischen Patienten, die gegenüber von Projektionen porös bleiben, und zwischen Patienten, die ein »No-Entry-System« als Abwehr entwickeln. Hier sind die zentralen Fähigkeiten des Aufnehmens und des Abgebens in Mitleidenschaft gezogen. Die projektiven und introjektiven Identifizierungen, die für die Entwicklung des Ichs von herausragender Bedeutung sind, werden dadurch beeinträchtigt.

2. Veränderungen der Behandlungstechnik: Von nicht-sprachlichen Enactments zu Bildern und allmählich zu Worten mit Bedeutung

Durch diese Konzeptualisierungen hat sich die Art und Weise der analytischen Arbeit zunehmend verändert. Die non-verbalen, primitiven oder proto-mentalen Äußerungen in der analytischen Situation erhalten nun neben dem symbolischen, verbalen Austausch zunehmende Aufmerksamkeit. Die Übertragung und Gegenübertragung wird als »Gesamtsituation« (Betty Joseph, 1985) aufgefasst. Damit ist gemeint, dass unsere Patienten auf uns einwirken, etwas, was nicht in Sprache gebracht werden kann, mit ihnen in der Übertragung zu agieren, so dass sie uns in ihre Formen der Abwehr hineinziehen. Mit dem Begriff Enactment wird bezeichnet, was sich szenisch, körperlich, sensorisch in der psychoanalytischen Situation zwischen Analytiker und Patient in diesen Verwicklungen ereignet.

Die Aktualisierung dieser frühen, nicht mentalisierten Proto-Emotionen aus der Beziehung zum primären Objekt hat eine starke Auswirkung auf die Gegenübertragung der Analytikerin. Sie zeigen sich in körperlichen Reaktionen, sowohl beim Patienten als auch beim Analytiker in einem psychosomatischen Bereich auf semiotischem Wege:

Es gibt neben den sprachlichen Symbolen auch andere Ausdrucksschemata, die nicht mit der diskursiven Sprache begriffen werden müssen. Man denke hierbei an Rituale, Tanz und Musik. Langer (1942/1992) nennt dies präsentative Symbolik im Gegensatz zur repräsentativen Symbolik. In der repräsentativen Symbolik, Segal (1991/1996) spricht von echten Symbolen, repräsentiert das Symbol das Objekt für einen Dritten, den Betrachter oder Zuhörer. Objekt und Symbol sind getrennt voneinander. Die infantilen Ausdrucksformen, die nicht mit Worten vermittelt werden, wie Lächeln, Weinen, Schreien, Brüllen, Strampeln etc., werden als Zeichen (Pierce, 1986, S. 14) verstanden. Ein Zeichen ist ein Ding, das dazu dient, die Kenntnis von einem anderen Ding zu transportieren, Zeichen vertreten jedoch die Referenzobjekte nicht auf fixierte Weise. Das Schreien eines Säuglings ist nicht automatisch ein Zeichen für Wut. Das Schreien ist ein an die Mutter gerichtetes Zeichen. Mutter und Säugling entwickeln allmählich die semiotischen Fähigkeiten die Äußerungen des Anderen zu verstehen. Bei jedem Schritt des zunehmenden, interaktiven Verständnisses muss ein Objekt dem Säugling dabei helfen. Man kann sich vorstellen, dass ein Baby Zeichen gibt, dass es Hunger hat, bevor es sich selbst dieser Verfassung bewusst ist. Die Mutter könnte sagen: »Was ist los mein Liebes, bist du hungrig?« Das Baby wird sich beruhigen, wenn es die Botschaft der Mutter als einen Index eines »containing objects« erlebt. Containing ist so verstanden ein semiotischer Prozess, indem die Mutter, die Analytikerin, die Mitteilungen des Säuglings übersetzt. Man kann sich vorstellen, wie ein semiotischer Prozess zwischen einer psychisch kranken, depressiven Mutter entgleist. Eine entgleiste Beziehung kann durch neue Übersetzungen im Prozess einer Analyse verändert werden. Wichtig ist, dass die Gesten, die Stimme der Analytikerin als auch die lexikalische Bedeutung ihrer Worte dieselbe Bedeutung zum Ausdruck bringen. Daher muss sie beständig die eigene Gegenübertragung überprüfen.

Da die Trennungs- und Verlassenheitstraumata aus der ganz frühen Zeit der Mutter-Kind-Beziehung nicht repräsentiert sind, müssen sie erst über sprachlich nicht verfügbare Körpererinnerungen und Beziehungsgestaltungen aufgespürt, lange Zeit in der Analytikerin gehalten und dann sprachliche Bilder und schließlich Worte dafür gefunden werden.

In diesem Bereich sind die Forschungen und Konzepte von Daniel Stern und seiner Gruppe (1985, 2004, 2010) sehr relevant. In seinen Forschungen beschreibt er Mikroprozesse der frühen Mutter-Säuglings-Interaktionen, in denen Bedeutung durch somatische Kommunikation vermittelt wird. Lange bevor wir sprachlich unser Beziehungswissen austauschen, haben wir schon implizites Beziehungswissen entwickelt, wie man mit Anderen in Kontakt kommt. So auch in der analytischen Beziehung: Das implizite Beziehungswissen bildet den Hintergrund, auf dem sich »Now-Moments« im Übertragungs- und Gegenübertragungsprozesse entwickeln. Der Austausch zwischen Analytikerin und Patient wird kontinuierlich von dem impliziten Beziehungswissen der beiden Beteiligten geprägt. Makroereignisse, die wir psychodynamisch beschreiben, wie zum Beispiel mütterliche Depression, werden erlebt in Form von Mikroereignissen, die sich in Enactments, z. B. in Form von körperlichen Reaktionen beider Beteiligten in den Stunden manifestieren.

3. Klinik: Vicky

Vicky ist ein sechsjähriges Mädchen, dessen Vater auf Empfehlung der Kinderklinik sehr dringend um einen Termin bat. Vicky esse seit drei Monaten kaum mehr etwas, und sei nun mit dem Gewicht an der Untergrenze. Sie habe zunehmende Ängste und klage ständig über Schmerzen, besonders in den Beinen, und sei aktuell zu schwach zum Gehen. Das Drängen des Vaters erreichte mich sehr und ich vereinbarte noch vor meinen kurz bevorstehenden Praxisferien einen Termin. Der Vater war beim ersten Termin beruflich verhindert. Von der psychischen Erkrankung der Mutter und den traumatischen, frühkindlichen Erfahrungen von Vicky war mir vor der ersten Begegnung mit Vicky und ihrer Mutter noch nichts bekannt.

Erste Begegnung mit Vicky und ihrer Mutter

Eine kräftige, korpulente Frau kommt mit einem schmalen, blonden Mädchen auf dem Arm in meine Praxis. Das Mädchen schaut mich nicht an, gibt mir keine Hand, spricht nicht. Ich hatte Malmaterial und kleine Spielfiguren auf den Tisch gelegt. Vicky klammerte sich an die Mutter, setzte sich auf ihren Schoß und wimmerte ab und zu wie ein Säugling. Ich sagte zu Vicky, ob sie vielleicht etwas malen oder etwa spielen möchte. Vicky flüsterte ihrer Mutter etwas ins Ohr. Die Mutter sagte mir, Vicky wolle malen. Vicky malte dann ein gelbes Herz mit roten Punkten. Die Mutter sagte erfreut, »das sind ja meine Lieblingsfarben«. Vicky flüsterte der Mutter wieder etwas ins Ohr und ich kann ihrer Mimik entnehmen, dass es »Nein« heißt. Sie flüstert dann für mich gerade noch hörbar ihrer Mutter ins Ohr: »Du magst doch schwarz.« Die Mutter entgegnete: »Nein, schon lange nicht mehr.« Die Mutter wirkte gekränkt und Vicky saß wie versteinert da. Ich sagte, so mehr vor mich hin: »Rot und Schwarz, fröhliche und traurige Gefühle, beides gleichzeitig ist schwer auszuhalten.« Nach einer Pause: »Da kennt man sich ja gar nicht mehr aus.« Vicky verzieht das Gesicht, wendet sich der Mutter zu und weint lautlos.

Ich fühle mich merkwürdig berührt, das Weinen stößt mich eher ab. Es wirkt auf mich anklagend, so als sei ich etwas Böses, Schädliches. Ich frage mich, warum ich so wenig Mitgefühl habe. Es ist für mich schwer auszuhalten, mich als eine zur Aufnahme von Ängsten unfähige Analytikerin/Mutter zu erleben.

Vickys Gesicht wirkt auf mich wie die eingefrorene Maske eines schreienden Babys.

Vicky haucht der Mutter ins Ohr und von der Mutter erfahre ich, dass Vicky Durst habe. Ich hole ein Glas Mineralwasser. Vicky verzieht den Mund. Sie flüstert ihrer Mutter ins Ohr: »Es sprudelt nicht.« Ich lasse das Glas stehen und warte ab. Ohne Kommentar trinkt die Mutter das für die Tochter bereitgestellte Glas aus.

Wie kann ich diese Szene, ich möchte sagen, dieses Enactment der Mutter-Tochter-Beziehung aufnehmen, etwas davon verstehen? Intuitiv habe ich die Verwirrung von Vicky aufgenommen: »Gegensätzliche Gefühle, Rot/fröhliche und Schwarz/traurige, da kennt man sich nicht aus.« Die Verwicklung von Vicky und ihrer Mutter kommt zur Darstellung. Wer ist durstig, wessen Durst muss gelöscht werden? Muss Vicky die durstige Mutter füttern und verhungert selbst? Das Wasser sprudelt nicht, es ist nicht lebendig.

Ich fragte die Mutter und Vicky, wann es angefangen habe, dass Vicky nichts mehr gegessen habe. Die Mutter berichtete, seit die von Vicky sehr geliebte Lehrerin schwanger geworden sei und die Schule verlassen habe. Seither habe Vicky nicht mehr in die Schule gehen wollen. Die Mutter erklärte mir, aus ihrer Sicht wolle Vicky nicht mehr in die Schule gehen, da sie unterfordert sei, es sei nicht wegen dem Weggehen der Lehrerin. Vicky verzog wieder das Gesicht und weinte lautlos.

Dieses lautlose Weinen war für mich schwer erträglich. Ich fühlte mich von der Erklärung und Interpretation der Mutter vereinnahmt; sie hatte Vicky ihre Interpretation übergestülpt. Vicky darf nichts Eigenes haben. Ich spürte in mir Ärger auf die Mutter aufkommen und fühlte mich gleichzeitig hilflos und traurig. Ich sagte nichts zur Mutter, sondern fragte nach einer Weile Vicky: »Du wirkst traurig. Bist Du traurig?« Sie nickte und schaute ihre Mutter an. Die Mutter fragte Vicky dann, warum sie denn traurig sei. Da antwortete Vicky plötzlich mit klarer Stimme: »Weil der Papa nicht da ist«. Dann weinte sie wieder lautlos und flüsterte etwas, was ich nicht verstehen konnte. Ich fragte sie, was sie denn gerne mit dem Papa mache. »Skifahren«, haucht sie. »Ich will jetzt sofort Skifahren, jetzt gleich«, sagte sie drängend und zugleich verzweifelt, jedoch mit lauter Stimme und schaute mir zum ersten Mal direkt in die Augen. Unsere Augen trafen sich. Es traf sich, das Skifahren auch mein Lieblingssport ist. Ich sagte zu Vicky: »Oh, Skifahren erfordert Kraft und man braucht starke Beine.«

Ich nehme auf, dass es für Vicky außerordentlich schwierig ist, sich aus der Verwicklung mit ihrer Mutter zu lösen. Eine Verwicklung zwischen einer Fusion mit der Mutter und gleichzeitig eine große Angst davor. Vicky versucht sich zu befreien, indem sie sich verzweifelt den Vater herbeisehnt. Ich hatte das Gefühl, ich müsse Vicky erreichen, da ich sie nur noch einmal vor meinen Ferien sehen würde und ihr Zustand sehr bedrohlich war.

Die Mutter berichtete dann, dass der Vater ein hervorragender Skiläufer, überhaupt ein großer Sportler sei. Sie selbst liebe Sport nicht und fahre nicht Ski.

Ich blieb zurück mit dem Gefühl, eine Szene zwischen Mutter und Vicky-Baby erlebt zu haben, in der ich zunächst ausgeschlossen war, so als gäbe es mich nicht. Es war für mich anfangs eine Szene, als müsse Vicky mit ihrem Ins-Ohr-Flüstern der Mutter Leben einhauchen, jedoch die Mutter auch sehr kontrollieren. Dann erlebte ich mich zur bedrohlichen, abweisenden Mutter gemacht, was schwer erträglich war. Im weiteren Verlauf der Stunde hatte ich das Gefühl, Vicky emotional erreicht zu haben: Wenn Du dich von der umschließenden und erdrückenden Mutterbeziehung lösen willst, dann brauchst Du kräftige Beine, die Dich zum Vater und damit in die Welt bringen und die Beziehung zur Mutter verändern.

Zu Vickys bisheriger Lebensgeschichte

In den Gesprächen mit den Eltern erfahre ich, dass Vicky das einzige Kind ist. Vicky sei ein von der Mutter sehr gewünschtes Kind. Der Vater habe zunächst keine Kinder gewollt. Die Schwangerschaft sei problemlos verlaufen. Die Geburt schildert die Mutter als sehr schön. Vicky sei vier Monate gestillt worden. Das klingt zunächst alles problemlos. Doch dann erfahre ich so nebenbei, dass Vicky sehr viel von der Milch wieder ausgespuckt habe und es sehr schwierig gewesen wäre, auf feste Nahrung überzugehen. Sie habe als Kleinkind den Kopf hin und her geschlagen und sich selbst geschaukelt. Als Vicky acht Wochen alt war, wurde die Mutter manifest psychotisch – sie verkündete ein Kind Gottes geboren zu haben – und musste in die Psychiatrie eingewiesen werden. Vicky wurde in dieser Zeit von den Großmüttern und dem Vater betreut. Während der folgenden Jahre war die Mutter je zweimal jährlich in psychiatrischen Kliniken jeweils mit der Diagnose einer bipolaren Störung. Der Vater schilderte eine stabile, gute Beziehung zu seiner Tochter. Vicky wuchs in einer von emotionaler Unsicherheit und starken Spannungen geprägten Familienatmosphäre auf. Sie habe lange im Elternschlafzimmer geschlafen und beim Einschlafen bis zur Einschulung mit sechs Jahren Hautkontakt gebraucht. Sie habe kaum Trotzreaktionen gezeigt. Die Entwicklung des Sprechens sei sehr früh gewesen. Auch die motorische Entwicklung sei früh gewesen. Vicky verbringe sehr viel Zeit mit sportlichen Aktivitäten; auch um nicht dick zu werden. Sie nehme kaum Kontakt zu anderen Kindern auf.

Aus den ersten 1,5 Jahren der Behandlung

Nach zwei Monaten Krisenintervention, in der Mutter und Vicky gemeinsam kamen und Gesprächen mit den Eltern, konnte ich eine Kinderanalyse mit drei Sitzungen pro Woche vereinbaren.

In der ersten Behandlungsphase entwickelte sich ein Ritual mit einem großen Sitzball, der zwischen Vicky und mir hin und her geprellt wurde. Manchmal lustvoll und manchmal aggressiv. In mir entwickelte sich das Bild eines Babys, das so in einen Rhythmus mit der Mutter zu kommen versucht, aber auch die Mutter aktivieren möchte. Zunehmend wurde deutlich, wie Vicky auch mich mit den Ballspielen auf Distanz hielt und kontrollierte. Sie kam ins Behandlungszimmer, rannte zum Ball, ohne mich anzusehen, und bedeutete mir, dass ich beim Ballspielen mitmachen solle. Das Ballspielen wurde dann abgelöst durch ein Balancieren auf dem Sitzball. Vicky rollte unvermittelt auf mich zu und legte es darauf an, mir in die Arme zu fallen. Es war jeweils ein kritischer Moment, da ich es gerade noch schaffte, sie aufzufangen. Ich dachte, vielleicht hat es etwas mit der Inszenierung eines bedrohlichen Fallens und Nicht-aufgefangen-Werdens zu tun. Diese Szenen hatten eine starke Auswirkung auf meine Gegenübertragung: eine Mutter zu sein, bei der es keine Zuverlässigkeit gibt.

Das Ballspielen wurde dann abgelöst von anderen Bewegungsspielen, wie Seilspringen oder ein Spiel, in dem verschiedene Körperverrenkungen gemacht werden mussten. Ich musste auf Vickys Anweisungen die Körperverrenkungen auch machen. Es war sehr anstrengend für mich. Ich verstand das zunächst im Sinne von Bick (1968, 1986) als einen schon früh entstandenen Bewältigungsversuch, sich durch eine muskuläre Haut selbst zusammenzuhalten. Vicky wehrte damit jegliche Abhängigkeit vom mütterlichen Objekt ab. Auf einer triangulären Ebene war sie so mit ihrem Vater verbunden und die bessere Frau gegenüber der unsportlichen Mutter. Ich empfand mich wie eine Trainerin, die die sportlichen Erfolge begleiten soll, die jedoch immer spürt, wie nahe der Abgrund ist. Vicky entwickelte eine adhäsive, äußerlich anlehnende Beziehung zu mir. In meinen Interventionen blieb ich begleitend, beschreibend präsent.

Nach einem halben Jahr Behandlung tauchten – zwischen durch viel Motorik geprägten Stunden – beim Modellieren oder im Spiel Aktualisierungen auf, die ihre Konfusion zwischen verschiedenen Seiten ihrer Mutter vermittelten. Vicky gestaltete ein plastisches Bild aus dem Modelliermaterial. Auf diesem plastischen Bild sind zwei Gesichter zu sehen. Vicky schaute sie an und sagte, »das eine lacht, das andere ist ein Gespenst, nein, es ist jemand der schreit und hat den Mund weit auf«. Dann wirkt sie wie erschrocken über das, was sie gesagt hat, und schiebt nach, »nein das Gesicht singt«. Für einen Moment zeigte sie mir etwas von ihrem Erleben. Sie muss es jedoch sofort wieder beiseiteschieben und mit etwas Schönem zudecken.

Ich schildere nun eine Montagsstunde aus dieser Behandlungsphase.

Vicky kommt allein die Praxistreppe hinunter. Sie wirkt auf mich ausgesprochen missmutig. Sie murmelt etwas, was ich nicht verstehe. Im Behandlungszimmer holt sie den Hüpfball und dotzt ihn auf mich zu.
Ich sage: »Ich habe gerade nicht verstanden, was du gesagt hast.«

Sie sagt in einem sehr harschen Ton: »Ich habe es dir gesagt.« Ihr Gesichtsausdruck ist wie der einer genervten Mutter, die zu Ihrem Kind sagt, nun ich sag's nicht noch einmal. Sie dotzt mir den Ball heftig zu und kommandiert mich herum.

Nach einer Weile sage ich: »So mag ich nicht mehr mit dem Ball spielen. Ich werde so herumkommandiert. Ich frage mich, was mit dir los ist?«

Vicky: »Nicht reden.« Aber sie sagt mir dann doch, dass sie heute nicht kommen wollte. Sie wollte lieber mit der Mama Spiele machen.

Ich sage: »Es war wohl schwer heute, dich von der Mama zu trennen. Bist du ärgerlich, dass du hierherkommen musstest und nicht weißt, was die Mama zu Hause macht?«

Vicky dotzt den Ball weiter sehr heftig auf mich zu und ich dotze zurück, etwas weniger heftig. Der Ball stößt gegen einen Hocker. Vicky: »Du hast heute den Hocker nicht weggeräumt.« Ich: »Wenn du den Hocker aus dem Weg haben willst, musst du ihn wegräumen.«.

Da war Ärger von mir zu spüren. Vicky hatte mich in den letzten Stunden immer wieder herumkommandiert, sich bedienen lassen und versucht, die Kontrolle über mich zu gewinnen.

Vicky: »Müssen oder wollen?«

Ich bin ganz erstaunt über ihre Differenzierung, die sie mir sehr provokativ hinwirft. Vicky will weiter mit dem Ball spielen. Schließlich fällt der Ball auf meinen Analysesessel. Vicky sagt: »Der Ball will hier sitzen.« Und ich sage wie zu einem kleineren Kind, ohne den Besitzanspruch von ihr aufzunehmen: »Jetzt will er ruhen.« Zu meinem Erstaunen legt Vicky den Ball auf seinen Platz und sagt »Ja, der will schlafen.« Sie öffnet ihre Box und sucht nach der Modelliermasse. Sie formt eine Schlange und ich mache parallel dazu auch eine Schlange. Sie formt dann aus der Schlange eine große Brezel und dazu zwei kleine Brezeln, die sie in die große Brezel legt.

Die Brezel ruft in mir das Bild einer Mutterbrust hervor und mir fällt ein, dass sie in der Stunde vor dem Wochenende einen runden Ball mit einer großen Öffnung geformt hatte und dazu zu meiner Überraschung sagte: »Das ist ein Baby, das schreit.«

Ich forme spontan ein Baby. Vicky sagt: »Ich mache für das Baby etwas zum Liegen.« Dann formt sie einen Tisch, auf den man etwas drauflegen kann, um das Baby zu wickeln. Sie bittet mich, eine Babyflasche zu machen. Doch die Flasche gelingt mir nicht sehr gut. Vicky sagt: »Das sieht eher wie eine Kerze aus und nicht wie eine Flasche.«

Dann sagt sie: »Es fehlt die Mama.«

Sie beginnt, ein Bein zu formen und dann ein zweites Bein. Doch die Beine knicken ein. Ich biete ihr an, mit einem Holzstäbchen die Beine zu stabilisieren. Doch das gelingt nicht. Sie sagt: »Die Mama muss liegen. Sie ist schwanger und hat einen ganz dicken Bauch. Im November kommt das Baby.« Sie stellt erneut fest, dass die Mama nicht stehen kann. Sie macht ihr ein Bett und dazu eine Decke.

Ich bin von den Gestaltungen von Vicky sehr berührt. Die Mutter sieht aus wie eine emotional abwesende, depressive Mutter mit Augenhöhlen und einem Mund, der aussieht, als würde er schreien. Die Bemühungen von Vicky, der Mutter ein Bett und eine Decke zu machen, berühren mich. Die erschreckende Mutter ist so zugedeckt.

Im nächsten Elterngespräch erfahre ich, dass am Wochenende vor dieser Montagsstunde, die Mutter eine manische Episode hatte. Der Vater brachte sie in die Klinik, wo ihre Medikamente umgestellt und sie wieder entlassen wurde. Neu war, dass die Mutter zugestimmt hatte, sie in die Klinik zu bringen.

Vicky hatte in ihren Gestaltungen ihre Ängste und Phantasien zum Ausdruck bringen können.

Das Modellieren steht in den nächsten Stunden weiter im Vordergrund. Vicky modelliert viele Dinge zum Essen: Brötchen, Käsebrote, Schinkenbrote, Schneckennudeln, Brezeln. Diese Esssachen versteckt sie in ihrem Kasten. Die

Mutter soll sie nicht sehen. Ich verbinde dies mit ihrem Bedürfnis, mich zu nutzen, etwas ganz für sich zu haben. Sie gestaltet dann ein großes Auge und einen Mund mit großen Zähnen. Beides wirkt auf mich erschreckend. Ich sage: »Es ist wichtig, dass du etwas in deinem Kasten verstecken kannst. Da ist es sicher, denn die großen Augen und die Zähne sind sehr gierig. Ich frage mich, ist es die Gier von Vicky oder die bedrohliche innere Teilobjekt-Mutter?

Vicky hatte inzwischen begonnen, zu Hause zu essen, sodass sie kein bedrohliches Untergewicht mehr hatte. Doch sie war nach wie vor darauf bedacht, nicht zuzunehmen. Sie schaute auf den Fettgehalt auf den Packungen und wenn sie etwas gegessen hatte, betrieb sie exzessiv Sport. Ich habe das Thema Essen in die Stunden mit Vicky nicht aufgenommen. Mein Verständnis war, dass Vicky in der analytischen Situation ihre frühen Gefühlsrudimente zunächst darstellen musste, bevor sie inhaltlich deutende Worte aufnehmen konnte.

In den folgenden Stunden entdeckte Vicky eine Holzmurmelbahn. Sie baute ganz konzentriert allein und ich durfte nur von meinem Stuhl aus zusehen. Sie baute immer kompliziertere Bahnen und dabei war es besonders wichtig, dicke Mauern aufzubauen, sodass die Murmeln nicht herausfallen konnten. »Die Murmeln sind im Gefängnis«, sagte sie dazu. Ich verstand es so, dass sie mir ihre Abwehrbastion zeigte, mit der sie sich schützte, um ja nicht aus der Bahn geworfen zu werden. Obwohl mich Vicky ganz ausschloss, bemerkte ich, dass ich es genoss, wenn sie immer kompliziertere Bahnen baute. Doch als sie begann, am Ende der Stunden in sehr aggressiver Weise die Bauten zu zerstören und die Holzbauteile durch das ganze Zimmer zu werfen, konnte ich dies kaum aushalten. Zunächst intervenierte ich, indem ich benannte, wie schwer es für sie sei, wohl auszuhalten, dass ich die Stunde beendet und sie mich nicht kontrollieren könne. Doch diese Worte prallten an ihr ab.

Ich brauchte eine ganze Weile, bis mir zugänglich wurde, dass Vicky mir zeigte, wie sie sich innerlich fühlte: verwirrt, über den ganzen Raum zerstreut.

Als ich, mehr zu mir sprechend, fragend intervenierte: »Ich glaube, du willst herausfinden, ob ich das Zerstören ertragen kann und ob man danach wieder etwas aufbauen kann«, sagte Vicky zu mir gewandt: »Ich will zusehen, wie du alles wieder aufräumst und dann mache ich wieder alles durcheinander. Ich schaue dir gerne zu, wie du alles wieder aufräumst.«

Ich hatte das Gefühl, dass sie das ganz aufrichtig meinte. Ich fühlte mich berührt und dachte, dass ich die katastrophalen frühkindlichen Erfahrungen immer wieder mit erleiden und die ganze Gewalt gefühlsmäßig in mich aufnehmen muss. Doch es war zusätzlich wichtig, dass Vicky eine Erfahrung machte, dass neben dem Aushalten etwas wieder aufgebaut werden konnte.

Nach den Weihnachtsferien erfuhr ich, dass sich Vicky beim Skifahren mit ihrem Vater das Schienbein gebrochen hatte. In der ersten Sitzung nach den Feiertagen kommt Vicky mit Krücken. Es entsteht eine Situation wie zu Beginn der Behandlung. Vicky spricht nicht, wimmert, verzieht das Gesicht. Sie zeigt mir mit Gesten wie ein Kleinkind, was ich tun soll. Ich nehme ihr Wimmern und ihre Gesten auf, indem ich durch Gesichtsausdruck, Gesten und einfachen, begleitende Worte vermittle, dass ich ihren Zustand aufnehme und aushalten kann. Wir sind in einem Mutter-Baby-Dialog.

Während mehrerer Wochen kommt Vicky nun mit Krücken. Sie entwickelt ein neues Ritual, indem sie ihre Sachen überall im Raum versteckt. Eine Krücke versteckt sie unter meinem Schreibsekretär. Dann sucht sie einen Platz für die andere Krücke. Ihren Anorak versteckt sie in einer anderen Ecke, usw. Es macht ihr sichtlich Freude, ihre verschiedenen Dinge in meinem Raum zu verstecken. Ich sage: »Du nimmst richtig Besitz von dem Raum, in jeder Ecke ist etwas von dir versteckt.«

In den folgenden Stunden nimmt sie in zunehmend aggressiver Weise mein Zimmer in Besitz, indem sie die Bauklötze im ganzen Zimmer herumwirft. Dabei bewegt sie sich auf dem Po rutschend oder auf einem Bein hüpfend sehr geschickt im Zimmer. Nach wie vor ist es ihr sehr wichtig, ihre Einschränkungen durch den Gips zu überspielen. Ich darf ihr nicht helfen und zunächst auch nichts sagen. Ich sitze auf meinem Hocker und sage ab und zu etwas kommentierend zu dem, was sie macht.

Die Atmosphäre und das Spiel zwischen uns verändern sich nun. Ich soll mitspielen. Vicky baut zwei Klicker-Bahnen, eine davon soll ich bedienen. Sie spricht zu den Murmeln wie zu kleinen Kindern. Es ist ihr wichtig, dass die Murmeln nicht aus der Bahn springen. Sie baut hohe schützende Mauern und ich spiele den Zulieferer für die hölzernen Bauteile für die Mauern.

Nach einigen Wochen – Vicky ist jetzt ohne Krücken – verändert sich das Spielen weiter, wird bezogener und kann von meinen Worten begleitet werden, die Vicky aufnehmen kann.

Wir spielen zusammen Verstecken, jedoch in einer anderen Weise als mit den Krücken zuvor.

Abwechselnd verstecken Vicky und ich Kasperpuppen, kleine Tiere, kleine Handpuppen im Behandlungsraum. Ich erfinde zu der Handpuppe oder zu den Tieren jeweils eine kleine Geschichte. Vicky ist bei diesem Spiel sehr mit mir in Kontakt, schaut mich an und spricht mit mir. Das Versteckspielen setzt sich zwischen uns mit Varianten bis zu den nächsten Sommerferien fort. Vicky unterscheidet dann gute und böse Tiere. Im weiteren Versteckspiel geht es darum, Paare zu verstecken, die zueinander passen und sich wiederfinden. Es ist eigentlich ein »Fort-Da-Spiel«, in dem es um die Bewältigung von Trennung, Warten, etwas nicht sofort zu finden und Wiederfinden geht. Vicky will nun gefunden werden. Sie wird auch neugierig auf mich als Person, möchte erfahren, welche Kinder nach ihr kommen. In einer der Stunden bringt sie ihren Kuschelbären mit und malt ein Bild. In dem Bild ist der Bauch des Bären mit lauter guten Dingen gefüllt. Sie zeigt damit ihre Neugierde, in Beziehung zu mir zu gehen und sie wird viel lebendiger. Von der Mutter erfahre ich, dass sie zu Hause wieder lustvoll isst, vor allem Nachtisch.

Im weiteren Verlauf beginnt Vicky, mit kleinen Puppen und Tieren in den Puppenzimmern etwas aufzubauen. Eindrücklich für mich ist, dass sie eine dicke Kuh in das Kindergitterbett stellt. Ich denke an die Mutter, die den Platz des Babys einnimmt. Die Babypuppe sperrt sie in einen Kasten. Als ich sage: »Oh, das Baby hat ja gar keinen Platz und bekommt keine Luft«, zeigt Vicky mir einen kleinen Spalt und sagt, »das Baby kriegt schon Luft«. Nach einer Weile: »Ich passe auf.« Für die verschiedenen Tiere gestaltet sie einen Garten und erfindet eine kleine Geschichte. Wichtig ist, dass die Tiere etwas zum Fressen bekommen und ein Bett haben.

Vicky kann nun im Spiel mehr in einer »als ob Qualität« (Fonagy, 1996) ihre unbewussten Phantasien zur Darstellung bringen. Das Baby, verstanden als Vickys Selbstanteil, wird noch in den Kasten gesteckt, so dass es gerade noch Luft zum Atmen bekommt. Doch Vicky sagt, »ich passe auf« und sie kann in träumerischer Weise ein Narrativ erfinden.

Ich beende nun die Berichte über die ersten 1,5 Jahre von Vickys Analyse, die schließlich drei Jahre dauerte. Sie brauchte lange Zeit den Mentalisierungscontainer ihrer Analytikerin. Es gab immer noch einige Brüche, aber das Netz der analytischen Beziehung hielt und die Löcher und Brüche konnten miteinander verwoben werden. Die Narben ihrer Anfangszeit werden jedoch bleiben.

Ich konnte in diesem Rahmen nicht näher auf die Elternarbeit eingehen. Doch das Vertrauen der Eltern in mich durch die intensive, regelmäßige Arbeit mit ihnen war eine wichtige Basis für die Analyse von Vicky. Ich musste berücksichtigen, was die Mutter und der Vater zu einer bestimmten Zeit aufnehmen und tolerieren konnten. Es war ganz entscheidend, dass ich mich in ihre Paardynamik mit einer masochistischen Beziehungsgestaltung mit massivsten gegenseitigen Entwertungen nicht hineinziehen ließ. Daher schlug ich auch Einzelgespräche vor. Zunächst musste ich für die Mutter eine Containerfunktion für ihre paranoiden Ängste und paranoid-grandiosen Phantasien übernehmen, bis sie sich in der Beziehung zu mir nicht mehr angegriffen fühlte. Unsere gemeinsame Basis war, dass es trotz ihrer Schwierigkeiten beiden Eltern wichtig war, ihrem Kind eine gute Entwicklung zu ermöglichen. So wurden wir Verbündete und nicht Konkurrenten.

Dies erforderte von mir eine belastbare »triadische Kompetenz« (von Klitzing, 2005). Als Kinderanalytikerin muss man fähig sein, die Angst, das Schuldgefühl und die narzisstische Wunde der Eltern annehmen zu können, die um Hilfe für ihr Kind bitten, auch wenn sie es zunächst in Form von Vorwürfen und Projektionen ausdrücken.

4. Abschließende Bemerkungen

Ich gehe davon aus, dass es für Vicky in den ersten Wochen ihres Lebens eine schwierige Zäsur durch die psychische Erkrankung ihrer Mutter und die abrupte Trennung von ihr gab. Die von Bion postulierte traumähnliche Einfühlung der Mutter, die die protomentale Organisation des Säuglings geistig und körperlich beinhaltet, wurde schwer gestört. Oder wie Winnicott es ausdrückt: Für Vicky wurde der Bruch in ihrem »Kontinuität des Seins« zu einer Bedrohung ihrer gesamten Existenz und wurde als Angst vor der Vernichtung erlebt. Vicky durchlief eine vorzeitige Ich-Entwicklung, um die Defizite der mütterlichen Haltefunktion auszugleichen. Dies kann auch als eine Bewegung hin zu einem falschen Selbst beschrieben werden. Sie wurde zu einem verbal und motorisch frühreifen Kleinkind, das eine besondere Fähigkeit entwickelte, das psychotische Bedürfnis ihrer Mutter, eine vollkommen gute Mutter mit einem perfekten Baby zu sein, primitiv zu introjizieren. Wenn das Baby, das Kleinkind und später das Latenzkind beginnt, eigene Wahrnehmungen und Erfahrungen zu machen, und das idealisierte Mutterbild gestört wird, ist es nur möglich, den Glauben an das mütterliche Objekt und seine Integrität zu bewahren, indem man seine eigenen Erfahrungen abspaltet. Dies äußert sich in dem Bedürfnis, mit der manischen Mutter eins zu werden, und in gleichzeitiger Angst davor, mit ihr zu verschmelzen. Eine adhäsive Beziehung, die auf die äußeren Eigenschaften des Objekts fixiert ist, wird dann zu einem Überlebensmodus. Zur Mutter findet dies bei Vicky seinen Ausdruck im verbal-kognitiven Bereich und zum Vater im Sport.

In dem Symptom der Essstörung sind beide Aspekte des Dilemmas – das Bedürfnis nach Fusion und die Angst davor – enthalten. Die Nahrungsvermeidung und Kontrolle kann man als eine Abwehr, ein »No-Entry-System« im Sinne von Williams verstehen, als einen Schutz vor einem archaischen Mutter-Introjekt.

Andererseits kann man in der Nahrungsvermeidung auch eine pathologische, introjektive (nicht symbolische) Identifikation (Sodre, 2004) mit der manischen, wahnhaften Seite der Mutter sehen: eine omnipotente Fantasie, keine Nahrung zu brauchen, um immateriell göttlich zu werden. In beiden Positionen werden die eigenen Bedürfnisse und jegliche Abhängigkeit vom Objekt abgelehnt.

Es war wichtig zu erkennen, dass Vickys frühestes Selbstverständnis auf einer Pseudo-Reife beruht. Ihre eigene Bedürftigkeit und Abhängigkeit von einem Objekt wurden schon früh abgekapselt; es wurde ihr zu etwas Fremdem, zu einem Fremdkörper. In ihr war eine große Angst, mit dem bedürftigen Baby-Selbst in emotionalen Kontakt zu kommen. Als Psychoanalytikerin müssen wir das Gefühl aushalten und aushalten können, dass wir abgelehnt und als schlechtes, böses Objekt erlebt werden, während wir gleichzeitig verletzlich und berührbar bleiben. Das habe ich schon bei meiner ersten Begegnung mit Vicky und ihrer Mutter sehr intensiv gespürt. Vickys Wimmern und ihr Gesichtsausdruck lösten in mir Ablehnung, fast Ekel aus. Erst als ich ihren Ausdruck wie die eingefrorene Maske eines schreienden Säuglings in mir wahrnehmen konnte, wurde ich wieder aufnahmefähig. Ähnlich ging es mir mit Vickys Mutter, die ich zunächst nur als übergriffig, vereinnahmend und kaum zur Empathie fähig wahrnahm. Ich brauchte Zeit, um auch bei ihr wahrzunehmen, dass sie unter einem unerbittlichen, verfolgenden Über-Ich litt, das auch mit einer vorzeitigen Ich-Entwicklung zusammenhing und sie von ihren Gefühlen abschnitt.

Die Schwierigkeit für mich bestand darin, das »schreiende Baby-Selbst« von Vicky zu halten, während ich mir sehr bewusst war, dass dies das zerbrechliche Selbstgefühl ihrer Mutter gefährden würde. Denn auch sie hatte ein abgespaltenes Baby-Selbst, mit dem in Kontakt zu kommen für sie äußerst bedrohlich war, da es ihr auf kognitiver Leistung basierendes Identitätsgefühl, vermischt mit manischer Selbstüberhöhung, gefährdete. Die Gefährdung war bei ihr immer gegenwärtig, in eine Depression, in ein schwarzes Loch zu fallen. Das Mit-Erleiden und innerlich Halten dieser unerträglichen Zwangslage, in der sich auch

Vicky befand – sie sollte das gute Baby bleiben –, war für mich ein mühsamer Prozess, in dem ich viel Unsicherheit und Nichtwissen aushalten musste.

Die nachträgliche Analyse der eigenen Gegenübertragung ist sehr mühsam, da auch das eigene Baby-Selbst aus der eigenen Frühzeit berührt wird. Für mich war das Verständnis der Übertragung als Gesamtsituation von Betty Joseph, indem alle nonverbalen, atmosphärischen und verbalen Aspekte dazugehören, in dieser Kinderanalyse sehr hilfreich. Auch die Konzepte von Daniel Stern und meine Erfahrungen mit der Babybeobachtung nach Esther Bick halfen mir sehr. In der analytischen Behandlung von Kindern, in der man an ihren Spielen – auf welchem Niveau auch immer – teilnimmt und miteinbezogen wird, sitzt man lange Zeit vollständig im Dunkeln, bis man eine Verbindung herstellen kann und einen emotionalen Zugang und dann eine Sprache zu dem findet, was an Emotionen und Ängsten im Feld zwischen dem Kind und der Analytikerin gerade abgewehrt und/oder aktualisiert wird. Wichtig ist für mich immer wieder, dass ich – trotz aller Schwere – in mir ein Bild, eine Vorstellung – man könnte es auch Hoffnung nennen – halten kann oder wiederfinden kann, in denen etwas vom Entwicklungspotenzial und den verschütteten oder abgekapselten Selbstanteilen des Kindes aufscheint.

Literatur

Bick, E. (1968): The Experience of the Skin in Early Object-Relations. Int. J. Psycho-Anal.,49, 484-486. Deutsch: (1990): Das Hauterleben in frühen Objektbeziehungen. In: Bott Spillius, E. (Hrsg.): Melanie Klein Heute. Bd. 1, Beiträge zur Theorie, München (Verlag Internationale Psychoanalyse), S. 236–240.

Bion, W.R.(1962a): A theory of thinking. Int. J. Psychoanal., 40, 308–315.dt.: (1990): Eine Theorie des Denkens. In: Bott Spillius, E. (Hrsg.): Melanie Klein Heute. Bd. 1, Beiträge zur Theorie, München (International Psychoanalyse), 225–235.

Bion, W.R: (1962b): Learning from Experience. London: Reprinted by Karnac (1984). dt.: (1990): Lernen durch Erfahrung. Frankfurt a.M. (Suhrkamp).

Fonagy, P. Target, M. (1996): Playing with reality I: Theory of mind and the normal development of psychic reality , International Journal of Psychoanalysis , N. 77, S. 217–233.

Fraiberg, S. et al. (1975): Ghosts in the nursery: a psychoanalytic approach to the problems of impaired infant-mother relationships. J. Amer. Acad. Psychiat., 14, 387–421, Dt.: (1990): Schatten der Vergangenheit im Kinderzimmer. Kassel (Wissenschaftliches Zentrum).

Joseph, B. (1985): Transference: the total situation. International Journal of Psychoanalysis, 66, S. 447–454, Deutsch in: E. Bott Spillius (Hrsg) 1991: Melanie Klein Heute Bd. 2, Weinheim (Verlag Internationale Psychoanalyse), S. 84–100.

Klein, M. (1930): The importance of symbol-formation in the development of the ego. Internat. J. Psychoanal. 11, 24–39. Dt.: Die Bedeutung der Symbolbildung für die Ichentwicklung. In: Melanie Klein Gesammelte Schriften, Bd. 1, T. 1, S. 347-368, Stuttgart (frommann-holzboog).

Meltzer, D. (1974): Adhesive Identification. In: A. Hahn (Hrsg): Sincerity and other Works. Collected Papers of Donald Meltzer, London (Karnac Books 1994), S. 335–350.

Sodre, I. (2004): Who's who? Notes on pathological identifications. In: E. Hargreaves & A. Varchevker (Hrsg.): In Pursuit of Psychic Change. The Betty Joseph Workshop. London (Routledge), S. 53-65.

Staehle, A. (1999). Innere Landschaften und Fremdkörper – oder der Schatten des Objekts. In: Analytische Kinder- und Jugendlichen-Psychotherapie, H. 104, S. 497–519.

Staehle, A. (2016): Körper, Mutter, Psyche. In: Traxl, B. (Hg.) Körpersprache, Körperbild und Körper-Ich. Zur psychoanalytischen Therapie körpernaher Störungsbilder im Säuglings, Kindes- und Jugendalter, Frankfurt a. M. (Brandes & Apsel).

Williams, G. (1997): Internal Landscapes and Foreign Bodies. London: Gerald Duckworth & Co. Deutsch.: (2003): Innenwelten und Fremdkörper. Abhängigkeitsbeziehungen bei Eßstörungen und anderen seelischen Erkrankungen. Stuttgart (Klett-Cotta).

Winnicott, D.W. (1945): Die primitive Gefühlsentwicklung. In: Von der Kinderheilkunde zur Psychoanalyse. (1958/1974) München (Kindler), S. 57–74.

Winnicott, D.W. (1971). Vom Spiel zur Kreativität. Stuttgart (Klett-Cotta).

Florian Müller

Entwicklungsrisiken bei Pflegekindern

Zur Situation von Pflegekindern

Wenn Kinder in Pflegefamilien untergebracht werden, liegt eine Gefährdung des Kindeswohls vor, wodurch die individuelle Entwicklung des Kindes in erheblichem Maße bedroht ist. Die mit der Fremdplatzierung verbundene Trennung eines Kindes von seiner leiblichen Familie stellt einen nicht unerheblichen Eingriff dar und erfolgt daher nicht leichtfertig. Gründe hierfür sind die massive Beeinträchtigung der Entwicklungsfähigkeit der betroffenen Kinder, die aus traumatischen Erfahrungen, wie z. B. Vernachlässigung, Misshandlungen oder Missbrauch, resultieren können. Insbesondere Vernachlässigungen und emotionaler Missbrauch stellen einen erheblichen Risikofaktor für die Entwicklung von Kindern dar, die aber oft durch ihren subtilen Charakter leichter übersehen werden, im Vergleich zu gewaltsamen Übergriffen, die oftmals sichtbarere Spuren hinterlassen. Sie haben die schwerwiegendsten Auswirkungen auf die psychische Entwicklung des Kindes zur Folge, da die basalen Voraussetzungen für den Aufbau der psychischen Wirklichkeit nicht gegeben sind (vgl. v. Klitzing, 2022). Obwohl zwar mit der Herausnahme aus der Herkunftsfamilie und der Platzierung in einer Pflegefamilie das vorangegangene Leid beendet wird, ist die Entwicklungsgefährdung damit noch nicht behoben. Ein liebevolles, entwicklungsförderndes und haltendes Umfeld in einer Pflegefamilie kann dazu beitragen, das Erlittene zu kompensieren, um eine angemessene Entwicklung wieder aufnehmen zu können. In vielen Fällen liegen allerdings schwerwiegende frühe Traumatisierungen und Verletzungen vor, die vielfältige Beeinträchtigungen hinterlassen, wodurch zusätzlich eine umfangreiche Unterstützung, oft über viele Jahre hinweg, notwendig ist. Unsichere Perspektiven über den Verbleib in der neuen Familie wirken sich belastend auf die Kinder und deren Pflegeeltern aus, so dass die entwicklungsfördernde Wirkung von Pflegefamilien nicht vollends greifen kann. Sich aus dieser Unsicherheit heraus entwickelnde Loyalitätskonflikte erschweren es der Familie, einen ausreichend sicheren haltgebenden Rahmen und eine Integration in die neue Familie zu ermöglichen. Aufrechterhaltende Kontakte zur Herkunftsfamilie können sich auch bei gesicherter Perspektive belastend auswirken, wenn damit eine beständige Konfrontation mit den Täter-Eltern und dem erlittenen Trauma verbunden ist, was die Bearbeitung des Traumas erschwert, und sich die Kinder nicht vollständig von ihren Herkunftsfamilien lösen können, wodurch zusätzlich die Bearbeitung eines daraus resultierenden Loyalitätskonfliktes notwendig wird.

Da die Eltern dieser Kinder in den meisten Fällen selbst Traumata erlitten haben, die unverarbeitet bleiben und transgenerational weitergegeben werden, ist die Herausnahme des Kindes aus seiner Familie letztendlich der einzige Weg, um diese Transmission von Traumatisierungen durchbrechen zu können, solange die Eltern nicht selbst in der Lage sind, diesen Kreislauf zu unterbrechen. Bleibt die traumatische Erfahrung abgespalten, kann sie nicht erinnert und zugänglich gemacht werden, wodurch eine Bearbeitung des Traumas und der daraus resultierenden Störungen erheblich erschwert ist und der Kreislauf nicht unterbrochen werden kann.

Die Bedeutung von Pflegefamilien trägt dem Umstand Rechnung, dass Kinder für eine gesunde Entwicklung auf eine liebevolle, haltende und förderliche Umwelt, auf ausreichende Beelterung und Befriedigung ihrer Bedürfnisse angewiesen sind und dies in einer nicht-leiblichen Familie besser möglich ist als in der eigenen Herkunftsfamilie, wenn diese versagend und sogar schädigend ist. Im Unterschied zur Heimerziehung können Pflegefamilien eine emotionale Verfügbarkeit und Kontinuität anbieten, die von unschätzbarem Wert für diese Kinder sind und auf die jedes Kind für ein gesundes Aufwachsen angewiesen ist. Gleichwohl die Herausnahme aus der Herkunftsfamilie ebenso ein schmerzhaftes Unterfangen für die Kinder ist, bedeutet dies für die Betroffenen »Trauma und Chance« zugleich, wie es Barbara Steck (Steck, 2019) für Adoptivkinder formuliert hat, auf die vieles in gleichem Maße zutrifft wie auf die Situation von Pflegekindern. Es bedeutet ein Trauma, weil Trennung immer ein schmerzhafter Prozess ist – der zum Zeitpunkt des Auftretens nicht integriert werden kann – und die Beziehungsgestaltung beeinflusst. Bei Pflegekindern kann das dazu führen, dass die Beziehungen immer wieder auf die Probe gestellt werden, was insbesondere für die Pflegeeltern eine große Herausforderung darstellt. Die Trennung bedeutet zugleich eine Chance, da diese Kinder erst dadurch die Möglichkeit für eine angemessene Entwicklungschance erhalten. Glückt die Integration in eine neue Familie, bietet dies die Chance einer korrigierenden Erfahrung, die emotionale (Nach-)Reifung ermöglicht. Wie Bruno Bettelheim feststellt, ist eine korrigierende Erfahrung vor allem dann wirksam, »wenn sie in genau der Situation gemacht wird, in der das Trauma ursprünglich entstand« (Bettelheim, 1978, S. 172). Für Beziehungstraumata bedeutet dies: Neue, heilsame Beziehungen sind erforderlich, durch die das Kind die Erfahrung machen kann, dass Interaktionen mit primären Bezugspersonen nicht-schädigend, sondern im Gegenteil förderlich sein können; dass Bedürfnisse, wenn sie geäußert auch befriedigt werden; dass Konflikte und Spannungszustände ausgetragen und gehalten werden, anstatt eine Reaktion zu erzeugen, die es überwältigt; und dass es mit seinen Ängsten nicht alleine gelassen wird. In seiner Studie zur Milieutherapie betont Bettelheim: »Es ist eine wohlbekannte Tatsache der Psychoanalyse, daß der Patient nicht nur seine traumatischen Erlebnisse erzählen muß, er muß sie vielmehr, um sie ein für allemal zu bewältigen, emotional noch einmal mit einem ganz anderen Resultat durchleben. Das kann er während der Therapie tun, weil er dann durch die Gegenwart und den Beistand des Therapeuten beschützt ist. Daß der Patient das Geschehene geistig erfaßt, trägt nur wenig zur Neustrukturierung seiner Persönlichkeit bei, es kann sogar eine starke Verteidigung gegen eben diejenige Gefühlserfahrung sein, die allein korrigierend wirkt. Monatelange Bemühungen, derartige Erfahrungen im Behandlungszimmer wiederzuerleben, können unter Umständen sehr viel weniger ausrichten, als wenn der Patient ein entsprechendes Erlebnis in der Realität noch einmal hat, und zwar unter gänzlich anderen physischen und menschlichen Umständen und daher mit dem entsprechend anderen Resultat.« (ebd., S. 171)

Zum Begriff des Traumas

Ein traumatisches Ereignis überwältigt das seelische Gefüge in einem so hohen Maß, dass die psychischen Verarbeitungsmöglichkeiten überfordert sind. Die Psyche und die sensorische Verarbeitung werden von diesem gewaltsam hereinbrechenden Ereignis und der damit verbundenen Reizüberflutung überschwemmt und überfordert. Freud spricht davon, dass der »Reizschutz« (Freud, 1921, S. 29), der das Individuum vor äußeren Einflüssen schützt, durchbrochen wird und eine Abwehr in Gang gesetzt werden muss, um nicht aus dem Gleichgewicht zu geraten. Er sah die »gemeine traumatische Neurose als die Folge eines ausgiebigen Durchbruchs des Reizschutzes« (ebd., S. 31) an. Das traumatische Ereignis ist eine überwältigende Erfahrung, da das Kind nicht vor der Gefahr, der es ausgesetzt war, fliehen konnte und mit seiner Angst alleine gelassen wurde, da diejenigen, die für Schutz und Sicherheit zuständig sind, diese Erfahrung ermöglicht oder sogar selbst verursacht haben. Insbesondere Beziehungstraumata, die von den eigenen Eltern oder anderen nahestehenden Bezugspersonen verübt werden, bedeuten eine massive Überwältigung, da sie das Vertrauen in die Sicherheit der Welt grundlegend erschüttern. Die Kinder erleben eine paradoxe Situation: Diejenige Person, »die normalerweise für die Lösung von beängstigenden Situationen aufgesucht wird, wird selbst zur Quelle der Angst« (Moré, zit. n. Traxl, 2016, S. 149); sie signalisiert eine Gefahr, der es schutzlos ausgeliefert ist. Unter diesen Bedingungen ist es nicht möglich, ein »Urvertrauen« (Erikson, 1959) zu entwickeln, bzw. kann es auch bei älteren Kindern zerstört werden, sollte es sich unter besseren Bedingungen in der frühen Kindheit entwickelt haben. Bernd Traxl nennt dies den »Schrecken im Auge der Mutter« (Traxl, 2016, S. 151), in Anlehnung an Heinz Kohut, der den »Glanz im Auge der Mutter« (Kohut, 1973, S. 141) als notwendige narzisstische Spiegelung für eine gesunde Entwicklung des Selbst ansah. Das bleibende Gefühl ist die Angst vor Vernichtung. Inwieweit es zu einer Traumafolgestörung und einer entsprechenden Symptomatik kommt, ist abhängig von der psychischen Konstitution und den damit verbundenen Verarbeitungsmöglichkeiten und zudem, ob das Kind in der traumatischen Umgebung belassen wird. Die Symptome sind dabei auch an die Entwicklungsphase gebunden, in der sich das Kind befindet und so kann das Trauma auch zu einem späteren Zeitpunkt wiederbelebt werden, wenn es sich in einer anderen Entwicklungsphase befindet, die eine Labilisierung der Abwehr begünstigt. Das, was nicht verarbeitet, sondern abgespalten wurde, erhält zu einem späteren Zeitpunkt – *nachträglich*, wie es bei Freud (1918) heißt – eine neue Bedeutung und führt zu Symptomen, die einen unmittelbaren Zusammenhang mit dem Trauma nicht sofort erkennen lassen. Die deskriptiven Kriterien der ICD sind für die Erfassung eines Traumas dabei oftmals nicht ausreichend. »Die Auswirkungen länger andauernder Beziehungstraumata insbesondere in früher Kindheit (Gewalt, sexueller Missbrauch, Vernachlässigung, Missachtung usw.) und die komplexen Störungsbilder, die daraus resultieren, lassen sich mit den Kriterien der PTBS nur ungenügend, wenn überhaupt, erfassen.« (Burchartz, 2019, S. 46) Da die Kriterien der PTBS anhand Traumata von Erwachsenen entwickelt wurden, sind sie nicht umstandslos auf Kinder und Jugendliche übertragbar. Stattdessen zeigen sich Traumafolgestörungen im Kindes- und Jugendalter auf symptomatischer Ebene in vielfältiger Weise: in dissoziativen Zuständen, psychosomatischen Erkrankungen, Angststörungen, Depressionen und dissozialen Verhaltensweisen. Wie Arne Burchartz festhält, ist die Persönlichkeitsentwicklung durch die Traumatisierung gestört, was sich auf die Objektbeziehungen, den Bezug zur Realität und die Identitätsentwicklung auswirkt und durch die Beeinträchtigung der psychischen Struktur in extremen Fällen in Borderline- und narzisstischen Störungen münden kann (vgl. Burchhartz, 2019).

Störung des Aufbaus der psychischen Wirklichkeit

Ist die frühe Eltern-Kind-Interaktion erheblich gestört, kann ein Ich, das als Vermittlungsinstanz zwischen den inneren Triebkräften und zwischen der Innen- und Außenwelt notwendig ist, sich nicht ausreichend entwickeln. Die frühen Interaktionserfahrungen sind notwendig, damit sich der psychische Apparat erst entwickelt und sich eine innere Struktur etablieren kann. Sind die Eltern in der Lage, ihr neugeborenes Kind identifikatorisch zu besetzen, können sie sich an das Kind anpassen und sich auf dessen Bedürfnisse einstellen und diese auch befriedigen. Mit der Zeit kann sich diese völlige Anpassung an das Kind reduzieren, je stärker das Kind Entsagungen aushalten und Frustrationen ertragen kann. Winnicott schreibt: »Eine *genügend gute* ›Mutter‹ (nicht unbedingt die leibliche Mutter des Kindes) ist diejenige, die sich zunächst aktiv den Bedürfnissen des Säuglings anpasst, eine Anpassung, die sich nur schrittweise verringert, je mehr die Fähigkeit des Kindes zunimmt, sich auf ein Versagen der Anpassung einzustellen und die Folgen von Frustrationen zu ertragen.« (Winnicott, 1973, S. 20) Werden diese frühen Bedürfnisse allerdings nicht erfüllt, wie es bei Vernachlässigungen geschieht, dann wird das Kind auch keine Frustrationen aushalten können, sondern den beständigen Wunsch nach Verschmelzung mit der Mutter, die mit der Phantasie völliger Versorgung verbunden ist, aufrechterhalten. Glückt die schrittweise Entsagung und die damit verbundene erste Trennung von den primären Objekten, ist das Kind in der Lage, sich selbst als von der Mutter getrenntes Wesen zu erleben. Es beginnt, das Objekt als getrenntes, als »Nicht-Ich« (Winnicott) zu imaginieren und so eine Repräsentation des realen Objekts, ein Symbol, im Inneren zu erschaffen, wodurch es dem Kind möglich ist, Trennungen vom primären Objekt auszuhalten. Zugleich ist die beginnende

Symbolbildung Voraussetzung für die Unterscheidung von Subjekt und Objekt, Innen und Außen, Phantasie und Realität. »Wenn es zur Symbolbildung kommt, ist das Kind bereits in der Lage, klar zwischen Phantasie und Fakten, zwischen inneren und äußeren Objekten, zwischen primärer Kreativität und Wahrnehmung zu unterscheiden.« (ebd., S. 15) Nur, wenn etwas repräsentiert werden kann, d. h. eine Sache für etwas anderes seht und nicht mit ihr als identisch erlebt wird, ist diese Differenzierung möglich. Nach Jacobson resultieren die Repräsentanzen aus den »stetig sich vermehrenden Erinnerungsspuren lustvoller und unlustvoller triebhafter, emotionaler, ideationaler und funktioneller Erlebnisse und aus den Wahrnehmungen, mit denen sie assoziativ verknüpft werden«. Es entstünden daraus »Imagines der Liebesobjekte wie auch des körperlichen und seelischen Selbst. Anfänglich vage und veränderlich, erweitern sie sich allmählich und entwickeln sich zu konsistenten und mehr oder weniger realistischen intrapsychischen Repräsentanzen der Welt der Objekte und des Selbst.« (Jacobson, 1973, S. 30) Ist die frühe Erfahrung eine versagende, das körperliche und seelische Wohlbefinden bedrohende, entwickelt sich ein verfolgendes, bedrohendes inneres Objekt, das mit Angst vor Vernichtung verknüpft ist.

Die Auswirkungen eines Traumas auf die Psyche sind daher umso gravierender, je jünger das Kind ist, »weil das Ich seine Fähigkeit zur Realitätsprüfung und Antizipation noch nicht ausreichend entwickelt hat und noch keine Strukturen zur Verfügung stehen, innerhalb derer das Trauma bearbeitet werden könnte« (Diepold, 1998, S. 202). Frühe Traumata müssen abgespalten werden, da reife Abwehrmechanismen noch nicht zur Verfügung stehen. In diesem frühen Stadium der Entwicklung können Traumatisierungen noch nicht psychisch repräsentiert werden, so dass sie sich auf eine sehr körpernahe Weise äußern und als innere Spannung oder Unruhe erlebt werden. »Es kommt zu diffusen Spannungen mit primitiven Generalisierungen der sensomotorischen Schemata und zu einem reaktiven Auslösen von Handlungsmustern wie Schreien, Strampeln, Abwenden.« (ebd., S. 203) Nach Diepold gibt es vor allem zwei Arten von Mustern, mit denen auf eine frühe Traumatisierung reagiert wird: durch aggressiv-destruktives Verhalten, oder mit Erstarrung, Depression und anklammerndem Verhalten. Im ersten Fall stehen die Kinder beständig unter Anspannung und zeigen eine feindselige Beziehungsgestaltung, da sie auf Kampf eingestellt sind und angreifen, bevor sie selbst verletzt werden können. Die Aggressionen dienen einerseits als Abwehr der Angst und andererseits als Schutz, da sie sich beständig bedroht fühlen. Da sie ihre frühe Beziehungserfahrung als Bedrohung erlebt haben, sind sie darauf bedacht, sich vor einer erneuten Gefahr zu schützen, während sie gleichzeitig auf diese Beziehungen angewiesen sind und auf der Suche nach einer guten, nicht-schädigenden Beziehung sind. Diepold schreibt, dass sie in klammernder Abhängigkeit von den Objekten bleiben, »die sie doch gleichzeitig immer wieder von sich stoßen müssen, um nicht erneut der Gefahr der Traumatisierung ausgesetzt zu sein« (ebd., S. 204). Im zweiten Fall ist das Gefühlsleben mit den damit verbundenen Affekten erstarrt. »Sie haben den emotionalen Dialog mit den äußeren Objekten abgebrochen, um nicht wieder in den Strudel der Triebe und Affekte zu geraten.« (ebd., S. 205) Im Kontakt wirken sie eingekapselt, erstarrt und zeigen kaum mimische und gestische Reaktion. Gefühlszustände sind nicht repräsentiert und können dadurch auch keinen Ausdruck erfahren. In einer deprivierenden oder misshandelnden Umgebung erleben die betroffenen Kinder, dass Bedürfnisse nach Zuwendung, körperlichem Wohlbefinden – wozu sowohl die Unversehrtheit als auch die Befriedigung physiologischer Bedürfnisse zählt –, Schutz und Geborgenheit beständig missachtet werden. Oder es wird auf geäußerte Wünsche und Bedürfnisse verzerrt und mit Gewalt reagiert, was zur Folge hat, dass sie gar nicht erst zugelassen werden, aus Angst, dass ihre Äußerung erneut eine überwältigende Gefahr und Verletzungen hervorrufen könnte. Da das Kind aufgrund seiner Unreife noch nicht in der Lage ist, das Geschehen zu begreifen und dagegen zu protestieren, bleibt ihm nichts anderes übrig, als sich dem Willen des Erwachsenen zu unterwerfen und die Gewalt in sich aufzunehmen, um die Angst zu bewältigen. »Doch dieselbe Angst, wenn sie einen Höhepunkt erreicht, zwingt sie automatisch, sich dem Willen des Angreifers unterzuordnen, jede seiner Wunschregungen zu erraten und zu befolgen, sich selbst ganz vergessend sich mit dem Angreifer zu identifizieren.« (Ferenczi, 1933, S. 308) Mit diesem Abwehrvorgang wird das Trauma als Introjekt in sich aufgenommen, wodurch es als äußere Realität verschwindet und intrapsychisch wird. Es sind Teilaspekte des Objekts, die internalisiert werden, z. B. die erlebte Gewalt oder Vernachlässigung, und nicht die Person als Ganzes.[1] Hinzu kommt, dass sie das Schuldgefühl des Täters in sich aufnehmen und sich selbst schuldig fühlen für das, was ihnen angetan wurde. Die »Introjektion des Schuldgefühls des Erwachsenen« (ebd., S. 309) hat zur

---

1 Die Unterschiede zwischen Ferenczis und Anna Freuds Konzeption der »Identifikation mit dem Angreifer« hat Mathias Hirsch (1996) herausgearbeitet. Er weist ebenso darauf hin, dass der Vorgang, den Ferenczi Identifikation nennt, heute als Introjektion aufgefasst wird, da Objektaspekte in sich aufgenommen werden, die vom übrigen Selbst abgetrennt bleiben und nicht integriert werden können. Zur Differenz zwischen Introjekt und Identifikation siehe auch den Beitrag von Hendrik Zill in diesem Band.

Folge, dass die eigenen Wünsche und Bedürfnisse, die sich an den Erwachsenen richten, wie z. B. kindliche, nicht-erotische Zärtlichkeitswünsche und Wünsche nach Versorgung und Schutz, schuldhaft erlebt werden und deren Äußerung als nicht-berechtigt erleben. Daher sehen sie sich selbst als »böse« oder »schlecht« an und inszenieren dies in ihren Handlungen, was dazu führt, dass sie auch von der Außenwelt als »böse« oder »schlecht« in ihren Handlungen wahrgenommen werden, während sie lediglich das Erlebte externalisieren. »Die Identifikation mit einer misslungenen Beziehungserfahrung scheint zu einem sichereren Identitätsgefühl zu führen als das Streben nach neueren realistischen Positionen, die dem Kind aber nicht erreichbar scheinen. Das Kind richtet sich quasi ein in der Rolle des abgelehnten, bösen Kindes.« (v. Klitzing, 2022, S. 108) Ferenczi weist ferner darauf hin, dass dieser Mechanismus nicht nur bei sexuellem Missbrauch oder Bestrafungen angewandt wird, sondern auch bei emotionalem Missbrauch. Er spricht vom »Terrorismus des Leidens« (Ferenczi, 1933, S. 312). Die kranke Mutter missbraucht ihr Kind beispielsweise als Pflegekraft für sich selbst und benutzt es als Selbstobjekt, um die eigenen Bedürfnisse zu befriedigen, da sie selbst nicht dazu in der Lage ist. Auch hier werden die Interessen und Bedürfnisse des Kindes missachtet und es muss sich deswegen unterordnen. Es erlebt eine erhebliche Diskrepanz zwischen den eigenen, kindlichen und den erwachsenen Bedürfnissen. Das in sich aufgenommene Introjekt bleibt ein Fremdkörper der zunächst nicht integriert werden kann, wodurch es zu dissoziativen Zuständen kommt. Erst sekundär kann das Introjekt im Ganzen oder in Teilaspekten durch Identifizierungsvorgänge assimiliert werden. Diese Assimilation findet aber gerade nicht »im Sinne einer progressiven Veränderung statt, sondern das Kind bleibt in seiner Ich-Entwicklung erstarrt und fixiert auf die traumatische Szene, die – unverarbeitet – allenfalls im Sinne des Wiederholungszwangs stets erneut aufgelegt wird« (Burchartz, 2019, S. 97). Was dazu führen kann, dass misshandelte Kinder oft selbst zu Tätern werden. Konnten auch gute Erfahrungen mit den primären Bezugspersonen gemacht werden, so dass sich auch ein gutes inneres Objekt entwickeln konnte, besteht ein ständiger Konflikt zwischen den »guten« und »bösen« Selbstanteilen, der nicht selten in selbstdestruktivem Verhalten ausagiert wird. Bei deprivierten Kindern kommt zu dieser verinnerlichten Beziehungserfahrung noch die Missachtung basaler Bedürfnisse hinzu, wodurch sich gute innere Objekte erst gar nicht entwickeln konnten und die Angst vor der eigenen Vernichtung ein beständiges Gefühl bleibt. »Die frühe Vernachlässigung schreibt sich in das Erleben eines Kindes so gravierend ein, dass die Bedürfnisbefriedigung zu einem Kampf ums psychische Überleben wird.« (v. Klitzing, 2022, S. 105) Um das psychische Überleben zu sichern, wird diese Bedrohung und Versagung ins Außen projiziert, wodurch die Kinder überall Entsagung und Bedrohung sehen, selbst wenn sie in einer neuen Familie gut versorgt werden. Da bei Vernachlässigungen die basalen Grundlagen zum Aufbau des psychischen Apparates gestört sind, ist der Schaden eines Kindes, »das Opfer von Vernachlässigung und Verlassenheit war, ungleich größer als der, der einem Kind zugefügt wird, das mit einem gewalttätigen Elternteil zusammenlebt« (Cohen, 2017, S. 159).

Fallvignette: Leon

Leon war zwei Jahre alt, als er in seine Pflegefamilie kam. Vorher lebte er mehrere Monate in einer Bereitschaftspflegefamilie, die ihn, wie seine neue Familie, liebevoll umsorgte. Zum Zeitpunkt des Wechsels in ein Dauerpflegeverhältnis waren noch deutliche Spuren seiner frühen Deprivation sichtbar: Er zeigte trotz der entstandenen Beziehungen keine Anzeichen einer Trennungsreaktion, er ließ kaum körperliche Nähe zu und erschrak bei unvorhergesehenen Berührungen, er blieb scheu und ängstlich, er geriet immer wieder in dissoziative Zustände, in denen er kaum ansprechbar war, seine Sprachentwicklung war verzögert und er reagierte auf äußere Reize sehr schreckhaft. Aus der Vorgeschichte ist folgendes bekannt: Die drogenabhängige Mutter war nicht in der Lage, das Kind angemessen zu versorgen, auf seine Signale reagierte sie nur unzureichend. Es ist anzunehmen, dass sie in nüchternem Zustand auch liebevoll und fürsorglich mit ihm umging, aber sobald sie in einem Rauschzustand war, reagierte sie nur noch verzerrt oder gar nicht mehr auf Äußerungen und Signale von Leon. Dies führte dazu, dass Leon zunehmend sich selbst überlassen wurde, in seinem Bett lag und schrie und diese Schreie nicht gehört wurden. Mit der Zeit wurden die Phasen, in denen die Mutter nüchtern war, immer kürzer und diejenigen, die sie im Rauschzustand verbrachte, immer länger. Eine Tante der Mutter wurde auf die Situation von Leon aufmerksam und nahm ihn zu sich. Allerdings war sie ebenfalls nicht in der Lage, sich ausreichend um das Kind zu kümmern, konnte dies aber soweit reflektieren, dass sie das Jugendamt verständigte und Leon in Obhut gab.

Als Leon vier Jahre alt war, wurde er zur Therapie vorgestellt. Inzwischen konnte er eine Beziehung zu den Pflegeeltern aufbauen und es war ihm möglich,

Körperkontakt zuzulassen, und er suchte auch viel Nähe zu ihnen; seine dissoziativen Zustände traten nur noch sehr selten auf, er ging zu nahen Bezugspersonen, insbesondere den Pflegeeltern, angemessen in Kontakt und war nicht mehr so schreckhaft wie zu Beginn der Pflegschaft. Er besuchte seit einiger Zeit einen Kindergarten und zeigte auch hier bei der Eingewöhnung kaum Trennungsreaktionen. Zu den Erzieherinnen nahm er schnell Kontakt auf und suchte auch hier viel Nähe. Die Bezugspersonen schienen für ihn austauschbar zu sein, was den Pflegeeltern große Sorge bereitete. Außerdem wechselten seine Gefühlszustände immer wieder zwischen ängstlich-anklammernd und aggressiv-ruhelos. Frustrationen konnte er nicht gut aushalten und er zerstörte immer wieder Dinge, insbesondere sein Spielzeug, das ihm eigentlich wichtig war. Besonders große Besorgnis löste bei den Pflegeeltern aus, dass Leon häufig erfundene Begebenheiten innerhalb seiner Pflegefamilie oder im Kindergarten erzählte, in denen er geschlagen wurde oder kein Essen bekam, was nachweislich nicht stimmte. Es war ersichtlich, dass er in seiner Ich-Entwicklung zurückgeblieben war, seine Affekte und Regungen nur unzureichend kontrollieren konnte und andrängende Erinnerungsspuren nicht als solche, sondern als aktuelle Wirklichkeit erlebte. In seinen Geschichten brachte er immer wieder das zum Ausdruck, was er selbst erlebt hatte, aber abgespalten werden musste. Sein wahlloses Bindungsverhalten konnte verstanden werden als Ausdruck und Sehnsucht nach konstanten Bezugspersonen, die aber noch nicht als Repräsentanzen im Inneren verankert waren.

Bei unserer ersten Begegnung war Leon zunächst sehr scheu, er versteckte sich hinter seiner Pflegemutter und blieb in einem engen Körperkontakt zu ihr. Er wirkte sehr klein und zierlich für sein Alter und als er während des Gespräches bei ihr auf dem Schoß saß, erweckte er den Eindruck eines viel jüngeren Kindes. Auf meine Worte reagierte er nicht, sondern blickte verstohlen zur Ritterburg und flüsterte der Pflegemutter etwas ins Ohr. Ich erfuhr, dass er gerne zur Ritterburg wollte und glitt auch langsam vom Schoß der Mutter und wandte sich der Burg zu. Er war fasziniert von der Zugbrücke und versuchte immer wieder, diese zu schließen und öffnete sie anschließend wieder. Er bewies dabei motorisches Geschick, wodurch er eine andere Seite von sich zeigte: dass es Bereiche in seiner Entwicklung gab, in denen er seinem Alter angemessen war. Ich wandte mich ihm erneut zu, um weiterhin zu versuchen einen Kontakt herzustellen, doch zunächst beachtete er mich nicht. Erst als ich ihm mitteilte, dass er sich auch Figuren zum Spielen nehmen darf, reagierte er auf meine Worte und holte sich wortlos Ritter, Drachen und Dinosaurier und stellte sie in der Burg auf. Das Spiel blieb statisch, eher eine Anordnung verschiedener Gegenstände, als ein Spiel, indem eine Geschichte entstünde. Dennoch war ersichtlich, dass er eine Trennungssituation darstellte, als er begann die Figuren von der Ritterburg hin zum Puppenhaus, das sich auf der anderen Seite des Zimmers befand, zu bringen.

Trotz der reservierten ersten Kontaktaufnahme dauerte es nicht lange, bis Leon alleine mit mir in das Spielzimmer ging. Auch ich wurde schnell zu einer Bezugsperson, deren Nähe aufgesucht wurde, gleichwohl hielt er mich auf Distanz und ein emotionaler Kontakt konnte nur langsam hergestellt werden. In den folgenden Stunden entstand ein Spiel, das einem wiederkehrenden Muster folgte: Er fing an, meine Spielsachen zu erforschen und nahm scheinbar wahllos Spiele aus dem Schrank, die er öffnete und mit mir spielen wollte. Allerdings war er für die allermeisten noch zu jung und konnte sie nicht verstehen, doch es ging auch nicht um das Spielen, sondern es schien, als müsste er herausfinden, was sich alles bei mir befindet, ob es auch Ängstigendes und Bedrohliches gab. Er brachte dabei die Spiele durcheinander und es entstand ein Chaos in meinem Spielzimmer, als ob er mir zeigen wollte, was für ein Chaos sich in ihm befindet: ein Zustand von wechselnden Gefühlen, zwischen Angst, Unruhe und Neugierde. Dabei suchte er auch immer wieder meine Nähe, als ob er bei mir Schutz und Halt suchen würde. Nach dieser ersten Phase des Explorierens, in der er mir seine chaotische innere Objektwelt zeigte und sein veranstaltetes Durcheinander hinterließ, wandte er sich der Ritterburg zu und stellte verschiedene Figuren auf. Er wies mir Rollen zu, die ich zu spielen hatte, begleitet mit der dringlichen Aufforderung: »Spiel!« Bevor ich darüber nachdenken konnte, was zwischen uns passierte und wie ich meine Rolle ausfüllen konnte, kam sein eindringlicher Befehl. Es durfte keine Pause entstehen, sie wäre einer Trennung unseres beginnenden Kontaktes gleichgekommen. Das sich über viele Stunden hinziehende Spiel, das sich nun inszenierte, bestand darin, dass es einen lieben und einen bösen Ritter gab und der böse mir, nach einer ersten freundlichen Begrüßung, immer auf dem Kopf herumtrampelte und mich zerstören wollte. Er forderte mich dabei mit seinem Appell auf zu spielen, ließ mir aber keine Gelegenheit, etwas zu erwidern, sodass ich die Zerstörungswut hilflos und ohnmächtig ertragen musste. Projektiv identifikatorisch zeigte er mir in dieser Szene seine eigenen Ohnmachtsgefühle und die erlebte Bedrohung, die er nun im Spiel ins Aktive wendete und selbst zum Zerstörer wurde, um die innere Anspannung aushalten zu können. Doch es ging nicht nur um die erlittene Bedrohung, die er in sich trug, zugleich identifizierte er sich mit dem Bösen und wurde selbst zum Aggressor. Die Wendung von passiv zu aktiv half ihm dabei, die »Aktualität des

Terrors im alltäglichen Erleben« (Günter, 2012, S. 298) aushalten zu können. Dennoch gab es auch Hilfe: Nachdem meine Figur ganz besiegt war, kam ein Krankenwagen, der mich versorgte. Er wechselte die Figur und war nun der Retter. Mit diesem Wechsel wies er mir eine andere Figur zu. Nun sollte ich der Böse sein und er war die mich verfolgende Polizei, die mich ins Gefängnis sperren wollte. Es war, als würde er versuchen wollen, das Bedrohliche wegzusperren, damit es keinen Schaden mehr anrichten kann. Ich war überrascht über seine Spielfähigkeit, die mich vermuten ließ, dass es trotz aller traumatischen Aspekte in der frühen Mutter-Kind-Beziehung auch gute Momente zwischen ihnen beiden gab. Gleichzeitig verstand ich die inszenierte »Rettung« als Hinweis auf seine von den Pflegeeltern erfahrene Fürsorge und dass damit das Entstehen von guten inneren Objekten verbunden war, die im Konflikt mit seinen »bösen« Anteilen standen. Allerdings blieben die guten Objekte noch brüchig und fragmentiert, was sich auch im Spiel zeigte, das immer wieder abbrach.

Das Kind in der Pflegefamilie

Ein Pflegekind benötigt nicht zwangsläufig Therapie, sondern dies ist davon abhängig, welche traumatischen Erfahrungen das Kind gemacht hat, wie sie verarbeitet werden konnten und inwieweit die Integration in die Pflegefamilie gelungen ist, sodass eine korrigierende Erfahrung möglich wird. Nienstedt und Westermann (2007) haben eine Theorie der Integration entwickelt, mit der sie verschiedene Phasen aufzeigen, die das Kind in einer Pflegefamilie durchläuft, die aber nicht umstandslos nacheinander ablaufen, sondern auch ineinander verschränkt sind. Dabei betonen sie, dass die Integration des Pflegekindes in seine neue Familie nicht als Eingewöhnungsprozess zu verstehen ist, da sich die Lebensgeschichte nicht einfach bruchlos in einer Ersatzfamilie fortsetzt. Gerade durch die Integration erfolgt ein Bruch in der Lebensgeschichte, ein »zweiter Anlauf« (Nienstedt/Westermann, 2007, S. 82) in der Entwicklung von familialen Liebesbeziehungen. Pflegefamilien sind immer mit der Schwierigkeit konfrontiert, dass die Kinder eine Vorgeschichte mitbringen, an der die neuen Eltern nicht beteiligt waren und die oft auch nicht bekannt ist. Es gibt keine gemeinsame frühe Geschichte. Eine gemeinsame Geschichte kann sich erst durch einen integrativen Prozess entwickeln.

Die erste Phase bezeichnen Nienstedt und Westermann als »Anpassungsphase« (ebd., S. 85), da das Kind sich scheinbar problemlos den neuen familialen Lebensbedingungen anpasst, was sich auch in den fehlenden Trennungsreaktionen des Kindes, bei der Aufnahme in die neue Familie, zeigt. Da das Kind auf die Absicherung seiner vitalen Bedürfnisse angewiesen ist, aber noch nicht weiß, ob die neuen Beziehungen fürsorglich oder schädigend sein werden, ist der Beginn der Pflegebeziehung »durch die Ambivalenz von positiven und negativen Erwartungen angesichts neuer familialer Beziehungsmöglichkeiten gekennzeichnet« (ebd., S. 86), die aus Hoffnungen und Befürchtungen erwachsen sind. Aufgrund früherer Erfahrungen bleibt dem Kind die Angst, dass es ihm auch in der neuen Familie so ergehen wird. Erst wenn die Eltern sich von den Bedürfnissen und Wünschen des Kindes leiten lassen und es ihm erlauben, Einfluss auf sie zu nehmen, kann das Kind das Gefühl entwickeln, angenommen zu werden. »Sie müssen zulassen, daß das Kind diejenigen, die es ja erst zu seinen Eltern macht, manipuliert. (…) Indem die Eltern sich vom Kind an die Hand nehmen lassen, ermöglichen sie ihm, daß es Einfluß auf sie gewinnt und die aus ängstlicher Unsicherheit resultierende Überanpassung aufgeben kann.« (ebd., 90) Aufgrund des erfahrenen Kontrollverlustes und der damit verbundenen Ohnmachtserfahrung, versucht das traumatisierte Kind, das neue Objekt zu beherrschen, über es zu verfügen, um das eigene Ohnmachtsgefühl abzuwehren.[2] Im Sinne Sandlers (1976) müssen die Pflegeeltern daher eine »Bereitschaft zur Rollenübernahme« aufbringen und sich vom Kind verwenden lassen, damit es die Erfahrung machen kann, dass Wünsche und Bedürfnisse in der neuen Beziehung anerkannt und befriedigt werden und es den Erwachsenen nicht hilflos ausgeliefert ist. »Erst die Erfahrung, daß ein anderer Mensch auf eigene Wünsche und Bedürfnisse Rücksicht nimmt, schafft die Voraussetzung dafür, die Wünsche und Bedürfnisse des anderen, die die eigenen einschränken, berücksichtigen zu können.« (Nienstedt/Westermann, 2007, S. 94) Dabei können auch in der neuen Familie nicht alle Bedürfnisse befriedigt werden, sondern das Kind muss Frustrationen erleiden, bringt aber, wie oben beschrieben, aufgrund seiner frühen Entbehrungen nicht die nötigen Voraussetzungen mit. Es konfrontiert stattdessen die Pflegeeltern mit seinen narzisstischen Wünschen. Cohen spricht

---

2 Dieser Mechanismus ist auch in der Therapie anzutreffen. Allerdings müssen in Therapien keine Anforderungen – abgesehen von der Einhaltung des Rahmens – an das Kind gestellt werden, wodurch es leichter als im Alltag möglich ist die Objektverwendung zuzulassen. Hier bringt es die Pflegeeltern oftmals zur Verzweiflung, wenn das Kind über sie verfügen und kontrollieren will.

von der »goldenen Fantasie« (2017), die einerseits alle Menschen teilen, andererseits bei denjenigen, deren Persönlichkeit beeinträchtigt ist, einen zentralen Stellenwert einnimmt. Sie beinhaltet den Wunsch, dass in einer vollkommenen Beziehung alle Bedürfnisse befriedigt werden, eine vollständige Umsorgung stattfindet, so dass nur noch eine passive Aufnahme gefordert ist (Cohen, 2017, S. 61). Versprochen oder gar erfüllt werden können diese Wünsche nicht, werden sie aber mitfühlend anerkannt, kann sich das Kind als Person angenommen erleben.

Diese Annahme führt dazu, dass sich das Kind in der neuen Situation zunehmend sicher fühlt und sich, in der zweiten Phase des Integrationsprozesses, eine Übertragungsbeziehung entwickelt. Nach Cohen beginnt diese allerdings schon früher und zwar, sobald sich das Kind auf die Beziehung einlässt. Auch die Übernahme der den Eltern zugeschriebenen Rollen zeigt, dass sich eine Übertragungsbeziehung entwickelt. Denn diese sind nicht allein auf die analytische Situation beschränkt, sondern ein Phänomen, das in den unterschiedlichsten Beziehungskonstellationen – und dadurch auch in erzieherischen – auftreten kann. Als Neuinszenierung »verinnerlichter früher Erfahrungen in einer gegenwärtigen Beziehung« (Müller-Pozzi, 2002, S. 15) sind sie auf den »Wiederholungszwang« zurückzuführen, dem das Psychische unterliegt, denn »die Übertragung ist selbst nur ein Stück Wiederholung und die Wiederholung ist die Übertragung der vergessenen Vergangenheit nicht nur auf den Arzt, sondern auch auf alle anderen Gebiete der gegenwärtigen Situation« (Freud, 1914, S. 130). Frühe Beziehungserfahrungen mit den primären Bezugspersonen werden verinnerlicht und bleiben zum Teil dem Bewusstsein unzugänglich. Vor allem die Konflikthaften unterliegen der Abwehr und werden verdrängt, sodass sie nicht erinnert werden können. In späteren Beziehungen wird auf diese frühen Erfahrungen zurückgegriffen, denn »alle menschlichen Beziehungen bauen auf den Erfahrungen der primären Beziehungen auf und beruhen teilweise auf Übertragung« (Müller-Pozzi, 2002, S. 15). Auch die Pflegeeltern werden zu Konfliktpartnern gemacht, als ob es sich um einen realen, aktuellen Konflikt handeln würde. Allerdings wird nicht die traumatische Situation als solche übertragen, »sondern der verinnerlichte Konflikt in seiner gegenwärtigen Gestalt« (ebd., S. 23). Denn die verinnerlichten Erfahrungen unterliegen bereits einer Überformung, da sie von weiteren, später stattfindenden Beziehungserfahrungen überlagert werden. Diese Reinszenierung in der Übertragung ermöglicht im psychotherapeutischen Prozess, unbewusste Konfliktmuster bewusst werden zu lassen und neue Erfahrungen zu machen; sie letztendlich durchzuarbeiten, um zu erinnern, anstatt zu wiederholen. Das Spezifische an der Übertragung in der Psychoanalyse ist also nicht ihr Auftauchen als solches, sondern ihre Handhabung und Nutzbarmachung für den analytischen Prozess. Daher können auch Übertragungen, die in der neuen Familie stattfinden, ebenfalls nutzbar gemacht werden, um Veränderungen zu ermöglichen, wenn die darin enthaltenden Konflikte und Beziehungsaspekte erkannt werden. Denn es sind nicht nur die konflikthaften und traumatischen Beziehungserfahrungen, die in der Übertragung auftauchen, sondern auch Wünsche und Bedürfnisse, die der Verdrängung unterliegen und in einer aktuellen Beziehung wiederbelebt werden. Sind die Pflegeeltern in der Lage, diese Mechanismen zu erkennen und zu reflektieren, und anstatt sich zu einem destruktiven Agieren verleiten zu lassen, dem Kind Schutz und Sicherheit ermöglichen, kann die neue Beziehung auch therapeutisch wirksam und zu einem therapeutischen Milieu im Sinne Bettelheims (1978) werden. Allerdings wird bei vernachlässigten Kindern die Wiederholung von Destruktion und Ausstoßung zum Muster. »Die Kinder nehmen den Zustand von Vernachlässigung und Trennung quasi in sich hinein und versuchen, ihn zu bewältigen, indem sie ihn von sich aus wiederholen« (v. Klitzing, 2022, S. 27), was dazu führt, dass sie in ihren neuen familiären Beziehungen die frühen traumatischen Beziehungen versuchen zu wiederholen und Pflegeeltern zum Bestandteil der destruktiven Beziehungsdynamik gemacht werden.

Wird das Kind trotz seiner Aggressionen angenommen, anstatt wieder ausgestoßen, und ihm eine haltende Umwelt ermöglicht, kann ein regressiver Prozess, als dritte Phase der Integration, in Gang kommen, der einen Neubeginn ermöglicht: »Die Regression tritt in den Dienst des Aufbaus neuer Beziehungen, in denen befriedigte Wünsche noch einmal wiederholt und unbefriedigte Wünsche endlich erfüllt werden sollen.« (Nienstedt/Westermann, 2007, S. 125) Die Regression steht im Dienst des Aufbaus des kindlichen Ichs, da das Kind erlebt, dass seine narzisstischen Wünsche eine tatsächliche Befriedigung erfahren, wodurch sie ihm ermöglicht, sich ohne Angst auf eine Abhängigkeitsbeziehung einzulassen und die Größenphantasien, die der Abwehr der Ohnmachtsgefühle dienten, aufzugeben. Der Wunsch nach totaler Versorgung richtet sich an die Pflegemutter und ermöglicht eine neue, befriedigende Mutter-Kind-Beziehung. Abhängigkeit von einem mütterlichen, versorgenden Objekt und eine haltende Umwelt sind, wie Winnicott schreibt, Voraussetzungen für die Entwicklung des Säuglings, um »auf seine eigene Weise und in seiner eigenen Geschwindigkeit eine personale psychische Realität und ein personales Körperschema« (Winnicott, 2006, S. 59) zu erwerben. Die Regression in diese, während der Säuglingszeit nicht erlebte, Beziehungserfahrung ist notwendig, um einen Nachreifungsprozess in Gang zu bringen und ist daher »ein typisches Merkmal des Kindes in einer Ersatzfamilie« (Nienstedt/Westermann, 2007, S. 131). Allerdings stellt der regressive Prozess die Pflegeeltern wiederum vor große Herausforderungen, da das Kind zugleich einem anderen Entwicklungsalter entspricht und so auch gegensätzliche Wünsche und Bedürfnisse mitbringt, so dass es den Pflegeeltern erschwert ist zu wissen, mit welchem Entwicklungsalter sie es gerade zu tun haben. Zudem müssen sie immer wieder die Anforderungen, die durch die Außenwelt gefordert werden, vertreten und so ist eine permanente einfühlsame Balance zwischen dem Gewähren kindlich-regressiver Bedürfnisse und der Forderung nach Anpassung an die äußere Realität notwendig.

Kinder wie Leon können Pflegefamilien an den Rand ihrer Belastbarkeit bringen und ihrer Möglichkeiten die Beziehung zu halten.[3] Ein wichtiger Faktor für das Gelingen der Integration in die Familie ist die Reflexionsfähigkeit der Pflegeeltern selbst. Geraten diese selbst ins Agieren, weil Enttäuschungen, Ärger, Wut und Ohnmacht nicht ausgehalten werden, werden sie Teil der Beziehungsdynamik, in die die Pflegekinder sie verwickeln, die aus deren eigenen verinnerlichten traumatischen Beziehungserfahrungen resultieren und in den neuen familiären Beziehungen wiederholt werden. Diese Muster zu erkennen verhilft dazu, die reinszenierten Beziehungsdynamiken durchbrechen zu können. Die Schwierigkeiten, vor die Pflegekinder ihre neuen Eltern stellen, sind vielfältig: Die Wiederholung früher traumatischer Beziehungserfahrungen, die Verwicklung in Übertragungsbeziehungen, regressive Prozesse, narzisstische Wünsche und das Ausagieren von unerträglichen Gefühlen. Ein begleitender reflexiver Prozess für die Pflegeeltern im Rahmen einer kinderpsychoanalytischen Behandlung, oder einer psychoanalytisch-pädagogischen Beratung, kann ihnen dabei helfen, diese Prozesse besser zu verstehen und dadurch auch zu bewältigen, um nicht in ein hilfloses Agieren zu geraten, wodurch sich der traumatische Wiederholungszwang fortsetzen würde.

---

3 Für die Bedeutung des Haltens und Aushaltens bei frühgestörten Kindern, siehe den Beitrag von Martina Scharrer in diesem Band.

Literatur

Bettelheim, B. (1978): Der Weg aus dem Labyrinth. Leben lernen als Therapie. Frankfurt a. M., Berlin, Wien (Ullstein).

Burchartz, A. (2019): Traumatisierung bei Kindern und Jugendlichen. Psychodynamisch verstehen und behandeln. Stuttgart (Kohlhammer).

Cohen, Y. (2017): Das traumatisierte Kind. Psychoanalytische Therapie im Kinderheim. Frankfurt a. M. (Brandes & Apsel).

Diepold, B. (1998): Schwere Traumatisierungen in den ersten Lebensjahren. In: Dies.: Spiel-Räume. Erinnern und Entwerfen. Aufsätze zur analytischen Kinder- und Jugendlichenpsychotherapie (2005). Göttingen (Universitätsverlag), S. 201–208.

Erikson, E. H. (1959): Identität und Lebenszyklus. Frankfurt a. M. (Suhrkamp).

Ferenczi, S. (1933): Sprachverwirrung zwischen dem Erwachsenen und dem Kind. In: Ders.: Schriften zur Psychoanalyse Band II. Frankfurt a. M. (Fischer).

Freud, S. (1914): Erinnern, Wiederholen und Durcharbeiten. GW X.

Freud, S. (1918): Aus der Geschichte einer infantilen Neurose. GW XII.

Freud, S. (1921): Jenseits des Lustprinzips. GW XIII.

Günter, M. (2012): Überall Krokodile. Identifikation, Projektion, Verleugnung. Hass und Ohnmacht in der therapeutischen Arbeit mit traumatisierten Kindern. In: Kinderanalyse. Psychoanalyse im Kindes- und Jugendalter und ihre Anwendungen, (20) 4.

Hirsch, M. (1996): Zwei Arten der Identifikation mit dem Aggressor – nach Ferenczi und Anna Freud. In: Praxis für Kinderpsychologie und Kinderpsychiatrie, 43 (6).

Jacobson, E. (1973): Das Selbst und die Welt der Objekte. Frankfurt a.M. (Suhrkamp).

Kohut, H. (1973): Narzißmus. Eine Theorie der psychoanalytischen Behandlung narzißtischer Persönlichkeitsstörungen. Frankfurt a.M. (Suhrkamp).

Müller-Pozzi, H. (2002): Psychoanalytisches Denken. Eine Einführung. Bern (Huber).

Nienstedt, M./Westermann, A. (2007): Pflegekinder und ihre Entwicklungschancen nach frühen traumatischen Erfahrungen. Stuttgart (Klett-Cotta).

Sandler, J. (1976). Gegenübertragung und Bereitschaft zur Rollenübernahme. Psyche – Z. Psychoanal. Zeitschrift für Psychoanalyse und ihre Anwendungen 30 (4).

Steck, B. (2019): Adoption – Trauma und Chance. In: Kinderanalyse. Psychoanalyse im Kindes- und Jugendalter und ihre Anwendungen, 27 (2).

Traxl, B. (2016): Der Schrecken im Auge der Mutter. Zur transgenerationalen Transmission von Traumata. In: Kinderanalyse. Psychoanalyse im Kindes- und Jugendalter und ihre Anwendungen, 24 (2).

von Klitzing, K. (2022): Vernachlässigung. Betreuung und Therapie von emotional vernachlässigten und misshandelten Kindern. Stuttgart (Klett-Cotta).

Winnicott, D. (1973): Vom Spiel zur Kreativität. Stuttgart (Klett-Cotta).

Winnicott, D. (2006): Reifungsprozesse und fördernde Umwelt. Gießen (Psychosozial).

Josef Christian Aigner

Die Bedeutung ödipaler Beziehungen für die frühe Geschlechts- und Männlichkeitsentwicklung

Meine Ausführungen zu unterschiedlichen Les- und Interpretationsarten und zu zeitgemäßen Einschätzungen des Ödipuskomplexes verfolgen mehrere Ziele, etwa:

– wie sich »Vaterferne« auf die Entwicklung von Jungen auswirken kann,
– wie wir den Ödipuskomplex heute im Vergleich zu Freuds Fassung sehen können
– und was in Freuds damaliger und auch mancher heutigen Sicht fehlen könnte,
– inwiefern und warum die Bedeutung präödipaler und negativ-ödipaler Beziehungen bis heute in bemerkenswerter Weise vernachlässigt wurde und
– welche neuen Perspektiven sich aus diesen Beziehungen für eine veränderte Geschlechts- bzw. Männlichkeitsentwicklung ergeben können.

Vaterferne

In Analysen und analytischen Therapien ist mir immer wieder eine oft hinter Trauer und Wut versteckte, manchmal aber auch sehr offen ausgedrückte Vatersehnsucht begegnet. Andererseits fiel mir in Gesprächsgruppen mit KollegInnen auf, dass der Vater in Fallgeschichten oft außen vor blieb. Zu sehr scheinen TherapeutInnen manchmal immer noch auf die Mutterbeziehung konzentriert, vielleicht besonders dann, wenn es um frühe, präödipale Ereignisse geht. Nur langsam dämmerte in den letzten Jahrzehnten in den Fachdiskursen das Bewusstsein und die Erkenntnis, dass wir bezüglich der Rolle und Bedeutung des Vaters, auch des frühen Vaters, unser Denken erweitern müssen.

Ich habe zur Überprüfung, wie andere Autoren damit umgehen, einmal wahllos ein Buch aus meinem Bücherschrank genommen – und dabei Tilmann

Mosers *Der Erlöser der Mutter auf dem Weg zu sich selbst* (1996) erwischt – und wollte es wegen des stark »mutterbezogenen« Titels fast schon wieder zurückstellen, als ich beim Hineinblättern einer Fallvignette begegnete: Der Patient sei »im Grunde (...) vaterlos aufgewachsen«. (...) Der Vater des Patienten war im Krieg umgekommen. So entwickelte der Patient das, was Albert Pesso – Mosers Lehrer und Mentor – als den »magischen Vater« bezeichnete, »den ein Kind in sich aufrichtet, das zu seinem realen Vater keine Beziehung hat, oder das den schwachen realen Vater in sich ersetzt« (ebd., S. 28). Und weiter:

> Auch dürstet den Patienten nach Bestätigung: »Der Vater würde sagen, wie ich mich verhalten soll« (ebd., S. 83). Er habe auch – was Moser durch seine Körperinterventionen zu bearbeiten versucht – »nie einen Vater gehabt (...), der ihm das Kreuz gestärkt und ihm Halt gegeben habe« (ebd., S. 80). Auch die weitere Geschichte dieser analytischen Körperpsychotherapie dreht sich um diesen haltenden, »erlösenden« Vater (...). Das Bedürfnis nach einer »väterlicher Freundschaft« übertragend, umarmt der Patient den Therapeuten und drückt so diese Sehnsucht aus, »seine Sehnsucht nach dem Vater, der am Kinderbett gefehlt habe (...).« »(...) Und als ich in der Rolle des idealen Vaters (...) sage: ›Ich komme und sehe, in welchem Ausmaß du traurig bist‹, fließen ihm die Tränen. Er sagt, das habe nie jemand gesehen, seine abgrundtiefe Traurigkeit; (...) er ruht ein bißchen aus und erzählt dann einen Traum, der damit zusammenhängt, daß er den abwesenden Vater durch Größenphantasien über sich selbst ersetzt hat.« (ebd., 108f.)

Was für ein eindrucksvolles Beispiel von Vaterferne und der damit korrespondierenden Vater-Schnsucht! Aber nicht nur in Therapien, auch in meiner Forschungsarbeit machte ich Erfahrungen mit der Vaterentbehrung: So interviewte ich für eine Studie über Vaterbeziehungen rechter, gewalttätiger und straffällig gewordener junger Männer eine Zufallsauswahl dieser Burschen dann im frühen Erwachsenenalter. Sie hatten ihre Haftstrafen hinter sich und waren auf dem Weg der Resozialisierung. Meine Information an die Probanden war, dass ich etwas über ihre Familie und ihr Aufwachsen erfahren wollte. Aber wie »bestellt« kamen die Interviewten sehr schnell auf den Vater und ihre meist sehr enttäuschenden Erlebnisse mit ihm zu sprechen. Entgegen der oft gehörten Meinung von der »Vaterlosigkeit« solcher Jugendlicher hatten aber allesamt und ausnahmslos Väter! So kam ich auch auf den Titel *Der ferne Vater* des u. a. aus dieser Studie resultierenden Buches (Aigner, 2013).

»Fern« waren alle diese Väter: teilnahms- und interesselos, sozial depriviert und ganztags abwesend, demütigend und auch gewalttätig, alkoholabhängig. Wie wir wissen, sind diese fernen Väter oft kränkender als abwesende oder verstorbene. Und es sind auch Väter, die – was in der ödipalen Dynamik wichtig ist – so gut wie keinen Anlass boten, zu ihnen aufzuschauen, erst recht nicht, sich mit ihnen zu identifizieren oder ihnen wenigstens einen »idealisierbaren« Rest abzuringen. Man kann sich vorstellen, wie die kleinen Jungen diese Väter erlebt haben. Benjamin (1990) macht in diesem Zusammenhang darauf aufmerksam, dass diese präödipalen Nähewünsche nicht nur durch Vaterferne, sondern auch dann verunmöglicht werden, wenn der Vater autoritär, punitiv oder strafend ist. Die Kombination von narzisstischer Enttäuschung darüber und der Angst vor Autorität ist nach Benjamins Auffassung viel öfter verantwortlich für jene Mischung aus Angst und Bewunderung, die dann autoritären, meist politisch rechten Führern entgegengebracht wird (Benjamin, 1990, 174).

In ihrer durch sozio-emotionale Verwahrlosung geprägten Entwicklung, zu der freilich auch andere Elemente beitrugen, sprengten diese jungen Männer dann als Heranwachsende durch ihren rechtsradikalen Hass alle Grenzen, die Väter setzen hätten können, und konstituierten zugleich ein generalisiertes Bild ausschließlich bekämpfens- und verachtenswerter Autorität. Das war dann auch die dominante Empfindung der meisten zu ihren Vätern: die der *Verachtung* und des *Hasses* (Aigner, 2013). Und beim immer wieder vorkommenden Attackieren von am Boden liegenden Obdachlosen durch manche dieser Heranwachsenden, denen sie ihre Schuhe in Bauch und Gesicht rammten, traten sie eigentlich auf die kaputte, ruinöse Figur ihres verachtenswerten Vaters ein, so ein psychoanalytischer Deutungsversuch.

Auch eine persönliche Bemerkung aus dieser Studie sei hier erlaubt: Ich traf die Interviewpartner in einem Jugendhaus, wo sie früher verkehrten und dessen Leiterin meinte, ich bräuchte nicht sehr pünktlich sein, weil diese Leute generell immer und weitaus zu spät kämen. Sie irrte sich: An allen (!) vereinbarten Terminen waren die betreffenden Gesprächspartner – teils überpünktlich – rechtzeitig da! Und obwohl sie äußerlich cool – beispielsweise lederjackig und mit viel Metall im Gesicht – wirkten, hatte ich bei manchem von ihnen die Phantasie, ihnen den Arm um die Schulter legen zu wollen und zu sagen: »Komm, ich zeig' dir, wo's langgeht«. Auch dieses Gegenübertragungsgefühl und das äußerst pünktliche Erscheinen weisen in Richtung einer Art Vatersehnsucht: Kommt doch da einer – das wussten sie – von der Universität – also eine Autorität, die sich für uns interessiert! Auch die Gespräche selbst waren ruhig und von großer Auskunftsbereitschaft gekennzeichnet.

Aber nun wieder zurück zur Durchschnittspopulation: Bezüglich Vaterferne hat sich in den letzten Jahrzehnten ja einerseits einiges geändert – was man aber quantitativ auch nicht überschätzen sollte. Oft sind es die nicht handlungsrelevanten Einstellungen, die in Umfragen zutagetreten, während die tatsächliche Inanspruchnahme von Elternzeit durch Männer häufig auf Bildungsschichten oder alternative Kreise beschränkt ist. Neuere österreichische Studien zeigen, dass z. B. die Zahl der männlichen Elterngeld-Bezieher seit 2017 sogar wieder auf das Niveau Anfang der 2000er zurückgegangen ist und auch von 2017 bis heute gibt es wieder einen leichten Rückgang. Von diesen unter 4 Prozent Männern nimmt der allergrößte Teil auch nur kurz Auszeit (»Papamonat«), und lediglich 3 Prozent von diesen wenigen Männern nehmen zwei bis sechs Monate in Anspruch, nur Vereinzelte mehr als 6 Monate (ÖIF, 2024). Bedenklich auch, dass 2023 in einer anderen Studie Führungskräfte aus der Wirtschaft immer noch sehr traditionelle Klischees aufzeigten: Mehr als die Hälfte der Befragten meinte, dass Mütter besser und Männer kaum geeignet seien für die Kleinkinderziehung (ebd.). Man kann sich ausmalen, welches Klima in solchen Betrieben diesbezüglich herrscht und wie stark Männer sich zu diesem Schritt ermutigt fühlen. Freilich spielt ganz eindeutig auch das Einkommen eine Rolle, sodass bei hohem Fraueneinkommen tendenziell mehr Väter in Karenz gingen.

Was sich im Zusammenhang damit in den letzten Jahrzehnten sicher in eine negative, fragwürdige Richtung geändert hat, sind das Image und der kulturell-symbolische Wert der Vaterrolle, also die Art und Weise, wie Männlichkeit und damit auch Väterlichkeit kulturell repräsentiert sind. Wie werden denn Männer (und indirekt oft auch Väter) in der Öffentlichkeit häufig dargestellt? Als machtbesessen, Angst machend oder doch freundlich zugewandt? Als mehrheitlich wenig interessiert, ignorant oder hektisch gegenüber Kindern? Oder wenn schon an Kindern interessiert – dann als problematisch und übergriffig (etwa im Bereich von Kitas)? Das halten wir für ein großes gesellschaftspolitisches Problem.

Es fragt sich, welches Bild von Männlichkeit in diesem Zusammenhang medial und im gesellschaftlichen Diskurs über Männer allgemein und auch Kindern und Heranwachsenden übermittelt wird? Aber auch in der Realität fragt es sich, welche männlichen Autoritäten uns begegnen und wie achtenswert sind oder dargestellt werden? Gibt es zum Beispiel in der Politik noch so etwas wie gute »Landesväter«, die Vertrauen verdienen? Oder: Wie ist es mit den Lehrern und wie viele oder besser wie wenige haben noch mit kleinen Kindern zu tun? Erst recht: Gibt es noch weise Alte, deren wohlwollender Rat gefragt ist? Oder reden wir nur von »alten weißen Männern«, Patriarchen, pathologischen Narzissten, die die Welt regieren?

Vielleicht ist dieser medial-soziale Diskurs etwas überzeichnet, aber doch nicht ganz unrealistisch – meinte doch einst der österreichische Schriftsteller Thomas Bernhard: »Um etwas begreiflich zu machen, müssen wir übertreiben (…).«[1]

Ganz generell sei in den letzten Jahrzehnten – so Rath (2006, S. 14) – das »Vateramt« als eine über die Familie hinaus in der Gesellschaft wirksame symbolische Funktion diffus geworden und kulturell eher negativ repräsentiert (ebd.). Auch das »Verschwinden« des Vaters durch alle möglichen Beanspruchungen von Männern, worauf schon Alexander Mitscherlich in seinem legendären Werk *Auf dem Weg zur vaterlosen Gesellschaft* (1973) aufmerksam gemacht hatte, hat die Verbindlichkeit väterlicher Repräsentanzen in einer neuen Weise untergraben. Nun mag das bezogen auf die patriarchale Väterherrschaft, wie sie heute kaum mehr vorstellbar ist, zwar einen Gewinn an Freiheit bedeuten, im konkreten Vater-Kind-Bezug ergeben sich dadurch aber – vor allem bei Fehlen alternativer Orientierungen – immer wieder Leerstellen.

Auch die »antiautoritäre Revolte«, die ab den späten 1960er-Jahren mit allen nicht hinterfragbaren Autoritäten hart ins Gericht gegangen war, hat einen Anteil an der wichtigen, aber manchmal zu undifferenzierten Infragestellung jeder Autorität. So gewinnt man – trotz berechtigter Kritik an der Elterngeneration der Kriegs- und Nachkriegszeit – manchmal den Eindruck, dass dabei jegliche Autorität unter Verdacht gestellt und damit das Kind sozusagen mit dem Bad ausgeschüttet wurde.

Bernd Nitzschke (1991) sah etwa in der Studentenrevolte nicht nur einen antiautoritären Aufstand gegen die Väter, sondern parallel dazu auch »einen verzweifelten Versuch (...), ›Väter‹ zu finden, Autoritäten zu akzeptieren« – also letztlich eine Suche nach »besseren Vätern«. Das erinnert mich an Fotos von Horkheimer oder Adorno in völlig überfüllten Hörsälen, wo ihnen die Studierenden geradezu andächtig zu Füßen lagen. Somit verbarg sich auch hinter manchem antiautoritären Affekt eine »Sehnsucht nach Vätern, mit denen man sich hätte identifizieren können« (Nitzschke, 1991, 135).

Heute nun erleben wir wieder einen Höhepunkt der Erosion respektabler Autorität (man denke auch an die Politik- und Wissenschaftsfeindlichkeit während der Pandemie und bei Mitgliedern rechtspopulistischer Parteien). Auch für diese Autoritätsablehnung mag es durchaus berechtigte Anlässe geben, etwa unglaubwürdige, korrupte, narzisstisch aufgeblähte, die gesamte Schöpfung schädigen-

---

[1] https://kunsthallewien.at/veranstaltung/was-wuerde-thomas-bernhard-tun/

de Führerfiguren wie Trump, Putin, Bolsonaro, Orban und andere. Eine besondere Spielart, die auch etwas mit »Vatermord« zu tun hat, war 2017 bis 2021 in Österreich die Regierungszeit des von deutschen Medien viel zu lang zu Unrecht gepriesenen Sebastian Kurz, als eine Spätadoleszenten-Gruppe um ihn herum in aufsehenerregender Art die schwachen Väter der österreichischen Konservativen und deren statutarischen Partei-Positionen im Handstreich eliminiert hat und sich so die Republik in einer Art Jugend-Rebellion unter den Nagel reißen wollte. Allerdings reagiert die Wahlbevölkerung – wie zuletzt in den USA – gar nicht ablehnend gegenüber diesen teilweise lügenhaften Aufwieglern. Aber das ist eine andere Ebene mit anderen Motiven. Jedenfalls käme niemand auf die Idee, Trump oder Höcke in der Bundesrepublik Deutschland oder unseren österreichischen Kickl als Vaterfigur zu empfinden; das sind anbiedernde Kumpane, die zu ihrem offensichtlichen Nutzen und mit projektiver Hetze gegen andere ein verantwortungsloses Spiel mit vielen desorientierten Menschen spielen.

Ein anderer Ödipus?

All die geschilderten sozialen Veränderungen wirken – wie alles Politische – über gesellschaftliche Prozesse auch ins Private hinein. Davon sind auch Väter-Rollen und Ansprüche an Väter und letztlich auch der Verlauf der generationellen Konflikte und somit auch die ödipale Dynamik betroffen. Denn der Ödipus-Konflikt ist nicht einfach eine nach Schema F ablaufende Entwicklungsphase, und Jungen bzw. Mädchen geraten nicht einfach »automatisch« in eine bestimmte Konkurrenz zum gleichgeschlechtlichen Elternteil, sondern diese Konflikte haben eine vergesellschaftete Seite und verlaufen je nach den handelnden Müttern und Vätern, dem familiären und gesellschaftlichen Milieu unterschiedlich.

Deshalb gilt es nachzudenken, wie die Sichtweise des Ödipusverlaufs bei Freud, die einer hochpatriarchal ausgerichteten Gesellschaft entsprang, heute zu sehen ist. Dabei scheint mir das vielfach diagnostizierte »Brüchigwerden« des Patriarchats und seiner Konventionen zu berücksichtigen – damit zusammenhängend auch die Veränderung der Familien- und Zusammenlebensformen, die partielle Einbeziehung der Frauen und Mütter in den Erwerbsprozess und andere Faktoren. Manche meinen ja, dass wir den Ödipuskonflikt wegen des sozialen

Wandels gleich ad acta legen sollten, also von einer »postödipalen« Gesellschaft ausgehen sollten, in der diese Konflikte wegen diverser Veränderungen gar keine Rolle mehr spielen (vgl. Lüdemann u. Seifert, 2024).

Positionen wie diese unterschätzen meines Erachtens aber die strukturelle Bedeutung des Ödipus als Austragungsort der Beziehungen zwischen dem Kind und den ersten »Großen«, vor allem mit dem Begehren des oder der bedeutenden Dritten rund um die erste Objektbeziehung – wer immer dies an welcher Position ist. Denn auch diese Diversifizierung familiärer und ödipaler Beziehungen bedeutet nicht, dass die ödipalen Konflikte nicht doch universelles Strukturmerkmal der Entwicklung wären, also verschiedenster Aushandlungs- und Identifikationsprozesse bedürfen, schreiben Lüdemann und Seifert (2024) in einem ganz neuen Buch zur Frage der Überkommenheit des Ödipus.

Müller (2019) weist zudem darauf hin, dass die Relativierung oder sogar »De-Ödipalisierung« dieser Entwicklungsphase und des ihr zugeschriebenen triebhaften Begehrens auch eine generelle Missachtung der Qualität der Triebe an der Grenze zwischen Biologie und Psychischem beinhalte: Alle Sinnesregungen des Kindes gegenüber ihren Eltern wären damit erst von letzteren selbst hervorgerufene Antworten auf deren »rätselhafte Botschaften« (Laplanche), womit man sich gänzlich von der Triebtheorie verabschiedete.

Schauen wir uns aber zunächst die realen Veränderungen in Gesellschaft und Familie an, die ja auch hinsichtlich der ödipalen Entwicklung Bedeutung haben – Mertens (1994) spricht ja von der Notwendigkeit einer Art sozialisationstheoretischen Sicht des Ödipuskonfliktes, um klarzustellen, dass es sich bei all diesen Vorgängen immer auch um gesellschaftlich mitbedingte Äußerungsformen und nicht einfach nur um triebhafte Impulse handelt: Natürlich haben sich die Geschlechterverhältnisse in den letzten Jahrzehnten stark gewandelt und damit auch das Zusammenleben von Frauen und Männern und deren Zuständigkeit für Kindererziehung. Allerdings fragt es sich, wie breit diese Veränderungen tatsächlich um sich gegriffen haben und wie konsequent diese egalitären Anspruchshaltungen, die es zuerst einmal bei vielen heutigen Familien vorhanden sind, tatsächlich in praktizierte Lebensformen umgesetzt wurden – also wie schnell (oder eben nicht) »emanzipierte« Beziehungen beispielsweise in der Familien- und Care-Arbeit Platz gegriffen haben. Ebenso stellt sich wie schon bei den Zahlen der karenzierten Väter die Frage, ob diese neu auftretenden Familien- und Elternschaftsformen nicht nur in einer eher kleinen Population (bildungsbürgerlich, alternativ) praktiziert werden. Das begründet berechtigte Zweifel, ob wir nun tatsächlich schon in ganz anderen, »nach-patriarchalen« Verhältnissen leben. Die Strukturen über Generationen hinweg haben eine gewisse »Nachhaltigkeit«, sodass nicht unmittelbar auf gesellschaftliche Veränderungen auch solche der familiären Beziehungen und der (auch ödipalen) Entwicklungsbedingungen von Kindern folgen, sondern erst mit einer gewissen »Halbwertszeit«.

Die meisten Kinder – plus-minus 90 Prozent – leben in Österreich jedenfalls nach wie vor in Familien mit zwei heterosexuellen Eheleuten, eingetragenen Lebensgemeinschaften oder bei unverheirateten Paaren. Der Anteil Alleinerziehender ist zwischen 2012 und 2022 sogar etwas gesunken. Auch die Anzahl der Patchwork- oder Stieffamilien stagniert in den letzten 10 bis 12 Jahren (Scheidungen gingen bis auf das Jahr 2023 sogar zurück).[2] Das heißt, wir haben es trotz der sozialen Veränderungen nach wie vor mit Mutter-Vater-Kind(er)-Familien zu tun, die mehr oder weniger stabil zusammenleben. Auf dieser Grundlage werden die zu erwartenden Veränderungen der Bedingungen des Ödipuskomplexes einzuschätzen sein.

Schauen wir aber zunächst – in groben Zügen, die der Platz hier gebietet – auf die Freud'sche Fassung des Ödipuskonflikts in ihrer grundlegenden, weithin bekannten Version.

Der Ödipuskomplex bei Freud – und was da fehlen könnte

Bei Freud ist der Ödipuskomplex ein Grundpfeiler seiner Lehre: »Uns allen vielleicht war es beschieden, die erste sexuelle Regung auf die Mutter, den ersten Haß und gewalttätigen Wunsch gegen den Vater zu richten; unsere Träume überzeugen uns davon. König Ödipus, der seinen Vater Laios erschlagen und seine Mutter Jokaste geheiratet hat, ist nur die Wunscherfüllung unserer Kindheit«, schreibt er schon 1900 in der *Traumdeutung* (Freud, 1900, S. 267).

Für beide Geschlechter bedeutet der Ödipuskomplex mitsamt seinen Begehrlichkeiten jedenfalls eine massive Auflagung ihrer Eltern-Beziehung mit triebbasierten ambivalenten Gefühlen: Liebe und Hass, Anlehnung und Rivalität, zärtliche Zuwendung und tödliche Eifersucht. Auf diese Weise also wird der

---

[2] ÖIF – Familie in Zahlen 2023 – https://www.oif.ac.at/fileadmin/user_upload/p_oif/FiZ/FiZ_2023.pdf

»Vater«- bzw. »Elternmord« in unser aller Seelenleben in Form unbewusster Fantasien, die uns oft erst im Rückblick bewusst werden, »psychische Realität«. Ein gutes Beispiel einer solchen unbewussten ödipalen Phantasie stammt aus einer Fallvignette: Ein Patient wollte als kleiner Bub niemals heiraten – nur seine Mutter, wie er mehrmals betonte. Nun war die Mutter aber schon verheiratet und der Patient, damals ein pfiffiger Schulanfänger, »wusste« natürlich, dass die Mutter nicht zwei Männer heiraten könne. Resümee: Da ist wohl ein Mann zu viel auf der Welt – die unbewusste Phantasie eines Todes- oder Beseitigungswunsches gegen den Vater.

Die erwähnte Eingebundenheit des Ödipus-Konzepts in konkrete historisch-soziale Bedingungen (Mertens, 1994) samt daraus folgenden Verhaltensdispositionen hat Freud in der *Traumdeutung* eigentlich schon selbst vorgenommen: Er betont dort ausdrücklich, dass zum Beispiel ein diktatorischer Vater die Rachegelüste und Beseitigungswünsche der Kinder (Söhne) forcieren und in der Folge die ödipale Rivalität entsprechend verstärken kann (vgl. Freud, 1900, S. 261). Ein anderer der »Ahnväter« der Psychoanalyse, Kurt R. Eissler, hat die Bedeutung des Ödipuskomplexes als zentraler »Schaltstelle« der psychischen Entwicklung für spätere Verhaltensneigungen – auch z. B. für auffälliges oder irrationales politisches Verhalten wie in meinem Eingangsbeispiel – wie kein anderer formuliert:

> »Freud hat eine Entdeckung gemacht, die, richtig eingesetzt, das Verhältnis des Menschen zur Autorität im allgemeinen und zur staatlichen Autorität im Besonderen zutiefst beeinflussen kann, und das ist der Ödipuskomplex (…) das *Resultat der Gesamtheit der Erfahrungen eines Kindes mit und der Reaktionen auf seine Eltern in den ersten sechs Lebensjahren*. Revolutionäres Feuer, Gleichgültigkeit, ängstliches Beharren auf passiver Anpassung, kurz, die gesamte Bandbreite des politischen Verhaltensspektrums wurzelt im Umgang des Kindes mit seinen Eltern« (Eissler, 1995, S. 1199 – Hervh. JCA).

Hier klingt auch schon die generelle, nicht zu unterschätzende Bedeutung sehr früher Erfahrungen (1.-6. Lj.) für die Persönlichkeitsentwicklung an.

Josef Christian Aigner

Was man noch anders als Freud sehen kann

Dabei waren verschiedene Auslegungen des Ödipuskomplexes seit jeher Gegenstand von Kontroversen. Schon die klassische Erzählung Freuds, an Sophokles angelehnt, muss eigentlich um eine bestimmte Lesart erweitert werden: Bei Freud ist nämlich etwas für das Vaterthema sehr Wichtiges – nämlich die negative Vatererfahrung, konkret *das Mörderische an Vater Laios* – zu wenig gewichtet. Vater Laios hatte ja seinen Sohn Ödipus – bevor dieser ihn töten konnte – ausgesetzt und damit gemeinsam mit Mutter Jokaste dem Tod preisgegeben, wodurch das Unheil erst seinen Lauf nahm.

Eine andere interessante, damit zusammenhängende, aber bis heute kaum beachtete »Alternativ-Interpretation« des Ödipusthemas hat der brasilianische Psychoanalytiker Helio Pellegrino schon 1961 vorgeschlagen. Die Verschiedenheit der Eltern-Kind-Verhältnisse selbst innerhalb einer Epoche verdeutlicht Pellegrino in einer für unseren Zusammenhang wichtigen Weise: Denn der überlieferte Ödipus hatte mit seinen »guten« Ersatzeltern, die ihn nach seiner Aussetzung und Rettung aufnahmen – dem Korinthischen Königspaar Merope und Polybos – keine dramatischen Zerwürfnisse und auch keinen Grund, diesen Eltern mit besonderer Aggression zu begegnen. Sein tragischer Konflikt ergab sich erst in der Beziehung zu den »bösen«, wirklichen Eltern Laios und Jokaste, die ihn lange vor jedem Konflikt der Todesgefahr ausgesetzt hatten. Und erst, als das Orakel (= sein Unbewusstes) ihm diese ablehnende Realität aus präödipaler Zeit offenbarte, begann er, die verhängnisvolle Geschichte zu inszenieren, die wir alle kennen.

Bezüglich des Kampfes mit dem Vater Laios zeigt Pellegrino noch eine andere Symbolik, die für spätere Vater-Sohn-Beziehungen bedeutsam sein kann: Der Vater war für Ödipus nämlich nicht (nur) als Mann der Mutter ein Rivale oder Gegner, sondern auch, weil er Ödipus an der besagten Weggabelung, an der sie sich trafen, »erneut *von seinem, ihm zustehenden Wege vertreiben*, d.h. ihm erneut *sein Lebensrecht verneinen* wollte« (ebd., 480; Hervh. JCA) – etwas, was auch in den Familien unserer Patienten häufig vorkommt. Am Ende schließlich – nach Vater-Mord und Mutter-(Selbst-)Mord – blendet sich der schuldgeplagte Ödipus und kehrt damit indirekt an jene Stelle zurück, an der seine kindliche Entwicklung einst durch die Nichtakzeptanz der Eltern unterbrochen worden war: in die Situation »wehrloser kindlicher Abhängigkeit«, in der er – getreu seinem Namen als »der mit gebundenen Füßen« – nicht imstande ist, ohne Hilfe zu gehen, ja zu überleben (ebd., 483).

Auch, dass Laios selbst ein denkbar schlechter Vater gewesen war, hatte Sophokles eigentlich schon beschrieben! Er hatte selbst ein ähnliches »vaterloses« Schicksal wie Ödipus zu beklagen, weil er seinen Vater Labdakus, den König von Theben, mit einem Jahr verloren hatte und später (allerdings von seinem Onkel) ausgesetzt worden war. Das Ganze liest sich also wie ein modernes Väter-Drama, in dem die immer gleichen Muster weitergegeben werden – fast könnte man sagen: der »Laios-Komplex« fungiert als Voraussetzung des Ödipuskomplexes (vgl. Mertens, 1993, 217).

Auch betonte Pellegrino schon *die Bedeutung der präödipalen Beziehungen von Kindern mit dem Vater und auch mit der Mutter*, denn je weniger befriedigend diese präödipal-oralen Beziehungen (auch zur Mutter) ausfielen, desto früher und stärker würden besitzergreifende Impulse ihr gegenüber ausfallen und eine Sexualisierung der Beziehung forcieren – was zugleich auch die Beziehung zum Vater und die Konflikte mit ihm negativ einfärbt. Die Ödipussage ist nach dieser Lesart also eigentlich die Geschichte vom Hass des Ödipus *auf seine versagenden Eltern*, nicht nur der Rivalität mit dem Vater (Pellegrino, 1961, 483f.). Die Beziehungen der präödipalen Zeit werden deshalb – wie in neueren psychoanalytischen Ansätzen[3] – stärker zu berücksichtigen sein. Jedenfalls macht es einen Unterschied, wie die ödipale Situation mit den je konkreten Vätern und Müttern und deren Verhalten verläuft.

Der halbierte Ödipus

Noch etwas Entscheidendes wurde hinsichtlich der Bedeutung der präödipalen, frühen Vaterbeziehung in Theorie wie Praxis – aus kaum nachvollziehbaren Gründen – lange missachtet und wird bis heute unterbewertet: Das ist die wenig (wenn überhaupt) beachtete »zweite Hälfte« des Ödipuskomplexes, die Freud extra hervorhob: der »*negative Ödipuskomplex*«. Schon 1923 hatte er in *Das Ich*

---

3 Verwiesen sei vor allem auf die elaborierten Theorien von Peter Blos (1990) und Lothar Schon (2000), die hier aus Platzgründen nicht weiter ausgeführt werden können: nämlich die Bedeutung des frühen »dyadischen Vaters« (Blos 1990), bei der es darauf ankäme, ob der Sohn (anders auch die Tochter) in der Frühzeit ihrer Entwicklung schon eine genügend gute Vaterbindung hatte aufbauen können – als gute Voraussetzung für die konflikthaften ödipalen Erlebnisse. Bei Ödipus und Laios war dies jedenfalls augenscheinlich nicht gegeben.

und das Es von einem »einfachen«, uns geläufigen »*positiven Ödipuskomplex*« und von einem »*vollständigen Ödipuskomplex*« gesprochen, »*der ein zweifacher ist, ein positiver und ein negativer*« (Freud, 1923a, S. 300 – Hervh. JCA). Dabei scheint Freuds Begriffswahl »negativ« kein Zufall gewesen zu sein, handelt es sich hier doch um eine *homophile* Beziehungskomponente, nämlich die einer anlehnenden Zärtlichkeit und Liebe zwischen Gleichgeschlechtlichen, Vater und Sohn, die den negativen Komplex kennzeichnen. Diese homophile Nähe war zu Zeiten Freuds wohl noch ungleich tabuisierter als heute. Deshalb wird diese Neigung des Sohnes nicht wirklich ernstgenommen, sondern kurzerhand zur »femininen Einstellung« erklärt, in dem Freud beschreibt: »Der Knabe verhält sich wie ein Weib« (ebd.), also wohl homophob abgewehrt. Oder würde jemand auf die Idee kommen, die zärtliche Nähe des Mädchens zur Mutter so zu kommentieren: »Das Mädchen verhält sich wie ein Mann«?

Dennoch ist es Freud hier wichtig zu zeigen, dass Sohn und Vater (und auf ähnliche Weise Tochter und Mutter – vgl. Schäfer, 1999) nicht nur als in Konkurrenz zueinander stehend gesehen werden müssen. Freud selbst verweist auf die Beobachtung, dass das männliche ödipale Kind »bei anderen Gelegenheiten eine große Zärtlichkeit für den Vater kundgibt« (Freud, 1916/17, S. 327), verfolgt dies aber nicht systematisch weiter. Biografen meinen, dass dies neben der gesellschaftlichen Ächtung homophiler Tendenzen vielleicht auch an der Enttäuschung am eigenen Vater gelegen habe.

So wurde diese »homoerotische Liebe« zum Vater quasi »vergessen«, weil diese Nähe offenbar ein zentrales problematisches Thema patriarchaler männlicher Sozialisation anspricht. Niemand würde hingegen diese Neigung des Mädchens in ähnlicher Weise als problematisch und homophil empfinden.[4] Für eine solche Abwehr spricht auch der Umstand, dass es bezüglich der Liebesobjekte für Mädchen und Buben als Selbstverständlichkeit galt, dass der Junge im Gegensatz zum Mädchen nur ein (!) Liebesobjekt hätte (klar, die Mutter), das Mädchen hingegen zwei – Mutter *und* Vater (vgl. Benjamin, 1992, S. 110)! Diese Ausrichtung zeigt ein weiteres Mal, wie prekär offenbar die Liebe zwischen Vater und Sohn ist, die im Präödipalen und Negativ-Ödipalen steckt.

---

4 Hier liegen wohl auch die Gründe für die bis heute gesellschaftlich mehr akzeptierte – oder sagen wir: weniger verpönte – weibliche als die männliche Homosexualität.

Neue Väterlichkeitsdimensionen durch frühe Vaternähe (präodipal und negativ-ödipal)

In der klinischen Erfahrung zeigt sich der Bedarf an Vaternähe oft auch darin, wie insbesondere Kinder und Jugendliche – aber auch Erwachsene – eine Übertragungssituation herstellen, in der sie diesen positiven »bestätigenden und fördernden prä-ödipalen Vater« suchen (Bauers, 1993, S. 127f.). Dies ist deshalb wichtig, weil ja die dadurch zu gewinnende präödipale Sicherheit und Anerkennung für die spätere (ödipale) Auseinandersetzung mit dem Vater hilfreich ist. Wenn es gelänge, diese väterliche Repräsentanz »um libidinöse Aspekte zu erweitern«, also um liebevolle Annahme, dann könnten auch die aggressiven Aspekte des Ödipuskonflikts als nicht so beziehungsgefährdend erlebt und besser integriert werden (ebd.). Die daraus folgende intensivere frühe Vater-Erfahrung der Jungen würde dann wohl später auch mehr Platz für die Abgrenzung vom positiv-ödipalen Vater gewährleisten und somit mehr Möglichkeiten der Abgrenzung in Richtung einer eigenständigen männlichen Sozialisation schaffen.

Das Negativ-Ödipale in Form der Anlehnung des Jungen an den frühen Vater ist für das männliche Kind schließlich auch wegen der Aufgabe der Mutter als Liebesobjekt (als Teil der Lösung des positiven Ödipuskomplexes) wichtig, weil Jungen im Gegensatz zu Mädchen einen doppelten Verzicht zu verarbeiten haben: nicht nur den Verzicht auf die Mutter als Liebesobjekt, sondern – was auch einen bedrohlichen Zug hat – auch auf den Verzicht auf deren primärobjekthafte Rolle des Versorgens und Nährens (Deserno, 1999). Mädchen hingegen kehren ausgangs des Ödipuskonflikts zum versorgenden Primärobjekt zurück. Gerade deshalb könnte eine »wohlwollend beschützende Vater-Sohn-Dyade« aus der präödipalen Zeit für Jungen hilfreich sein.

Diese Sicht des negativen Ödipuskomplexes stellt nach Desernos Auffassung deshalb einen »*entscheidenden Beitrag Freuds zur Konzeptualisierung der Männlichkeit*« (ebd., S. 91 – Hervh. JCA) abseits herkömmlicher Aktivitäts- und Passivitätsklischees dar– womit wir zum letzten Teil, dem der Chancen für eine andere Männlichkeitsentwicklung kommen.

Josef Christian Aigner

Neue Perspektiven auf die männliche Sozialisation

> *»Dies ist heutzutage wirklich die Aufgabe aller Männer:*
> *Den auf männliche Weise Nährenden und Sorgenden in uns zu erforschen (...)«*
> *(Osheron, 1990, S. 245).*

Nun stellt sich die Frage, in welchem Ausmaß Väter in der gegenwärtigen Gesellschaft von ihrer eigenen Geschichte und Vatererfahrung her zu solchen dyadischen, negativ-ödipalen Beziehungsqualitäten in der Lage sind (Deserno, 1999, S. 97f.). Deshalb verwundert es auch ein wenig, warum im Geschlechterdiskurs (oder -kampf?) und im Verlangen nach einer achtsameren, nicht-patriarchalen, einfühlsameren Männlichkeit die Frage nach den Schwierigkeiten von Vätern eher selten auftaucht. Langsam (wenigstens) wird zwar der Wert etwa von antisexistischer Jungenarbeit (vgl. Winter, 2016) diskutiert. Aber zur Sozialisation von Männern und zur damit zusammenhängenden Rolle der Vaterbeziehung gibt es wenig.

Das Vakuum, das durch den Abbau patriarchalischer Herrschaft und Willkür zwischen alten und neuen Vaterrepräsentanzen entstand, wird heute häufig durch fragwürdige, mediale oder andere Heldenfiguren gefüllt. Zudem sind die neu auftretenden Normen, wie man als Mann oder Vater zu sein hat, oft diffus, schwer fassbar und damit auch schwer bekämpfbar. Diese neuen Normen gehen im Rahmen unserer Gegenwartsgesellschaft in Richtung Optimierung, Unbegrenztheit und narzisstischer Wunschvorstellungen, die dahin tendieren, sich großartig und von allen Einschränkungen befreit zu präsentieren (im beruflichen Sinn Männer immer noch mehr als Frauen) – wovon zumindest der neoliberal-kapitalistische Markt profitiert.

Dagegen ginge es gesellschafts- und familienpolitisch darum, einer kindnahen, positiven Väterlichkeit und lebensbejahenden Männlichkeit im öffentlichen Bewusstsein und in der medialen Präsenz wieder mehr Platz einzuräumen. Dies steht aber immer noch im Widerspruch zur einseitig leistungsbetonten wirtschaftlich-beruflichen Erwartung an Männlichkeit. Zudem erleben wir gegenwärtig einen – noch dazu sehr pauschalisierenden – Negativdiskurs über Männer und Väter: Sie werden häufig als eher empathielose, kindabgewandte, bis hin zur physischen und sexuellen Gewalt neigende Wesen apostrophiert – Mängelwesen mit »maskuliner Defektologie«, wie Christoph Kucklick (2008) das in seinem Buch mit dem bezeichnenden Titel *Das unmoralische Geschlecht* einmal nannte. Diese »negative Andrologie« (ebd.) und der verbreitete Negativdiskurs grenzt nach meinem Empfinden manchmal auch an Männerfeindlichkeit und es gälte, hier zu differenzieren und dieses pauschale Bild zurückzudrängen, auch im Interesse der betroffenen Kinder und der nachkommenden Generationen.

Hinderlich für Männer sind auch ökonomische und soziale Strukturen, deren Aufweichung es bedürfte: Die Vision fördernd-fürsorglicher Väterlichkeit kann nämlich nicht per »good will« oder durch die Programme gutmeinender Familienverbände verordnet werden, sondern nur durch eine *Veränderung lebensweltlicher Strukturen*, die die Wahrnehmung einer solchen Vaterrolle ermöglichen und unterstützen. Dazu gehörte letztlich auch eine viel mehr geförderte Männerforschung, die bisher im Bereich der Geschlechterforschung weit hinter der Frauenforschung zurückbleibt. Sie müsste auf eine Schaffung entscheidender Strukturen in Wirtschaft und Gesellschaft zielen, um Männern und Vätern mehr kindorientierte Entfaltungschancen einzuräumen.

Aus psychoanalytischer Sicht würde das Wechselspiel von Kindlichkeit und den bisher abgewehrten Aspekten von Männlichkeit gerade auch Männern und Vätern selbst guttun und ganz andere Männlichkeitsentwürfe ermöglichen. Wer weiß, wie der eine oder andere Politiker in zukunftsträchtigen Fragen entscheiden und sich verhalten würde, hätte er mehr vitalen Kontakt zu seinen oder zu Kindern überhaupt erlebt. Zudem ergäbe mehr Väterbeteiligung für die Frauen, die den größten Teil der Familien- und Kinderarbeit leisten, auch *mehr Bezug zu einer anderen als der häuslich-familiären Welt,* womit auch die immer wieder artikulierte enge Mutterbindung und die ihr zugeschriebenen Probleme obsolet würden und somit auch die vielzitierte »Befreiung« der Kinder aus dieser Bindung durch den Vater weitgehend hinfällig wäre.

Von Seiten der psychoanalytischen Entwicklungspsychologie hätten wir mit der stärkeren Gewichtung der negativ-ödipalen und einer somit »dyadischen« Vaterbeziehung (Blos, 1990) eine Vision früher Vatererfahrungen bereit, die die Entwicklung einer anderen Rahmung der männlichen Sozialisation Heranwachsender ermöglicht. Ein dabei benötigter feinfühlig sorgender, zugewandter Vater und eine von homophoben Tabus befreite Anlehnung kleiner Jungen an die Väter böte schließlich eine gute Chance für ganz andere Männlichkeitsmuster als die traditionellen.

Der Vater nähme dann – worauf auch empirische Befunde hinweisen – innerhalb des Beziehungsgeflechts Mutter-Vater-Kind eine ganz selbstverständliche, der Mutter ebenbürtige Rolle ein – und zwar nicht als Mutterdouble (»Mappi« nach Jörg Bopp, 1984), wie es manchmal erscheint, und auch nicht in der Position einer in jüngerer Zeit diskutierten »geschlechtslosen Mütterlichkeit« (Krüger-Kirn, 2022), die mir keine wirkliche Lösung zu sein scheint, nein: Väterliche Fürsorge kann auch ohne Anleihen bei Mütterlichkeit geschehen – ansonsten würden Väter als Fürsorgeverantwortliche rein sprachlich wieder ins Abseits geraten.

Die Realisierung einer solchen Vaterrolle würde im Rahmen unserer Überlegungen der geschlechtsspezifischen Sozialisation von Buben eine andere Prägung verleihen, die nicht auf »mehr Eisenhans« und angeblich »urtümliches« Mann-Sein zielt, sondern auf einen *fürsorglicheren Umgang von Männern mit Kindern und letztlich mit sich selbst.*

Literatur

Aigner, J. Chr. (2013): Der ferne Vater. Zur Psychoanalyse von Vatererfahrung, männlicher Entwicklung und negativem Ödipuskomplex. 3., leicht überarb. Auflage. Gießen (Psychosozial).

Bauer, B. (1993): Die ‚dritte Beziehung': Triangulierende Funktionen in der analytischen Kinder- und Jugendlichenpsychotherapie. In: Praxis der Kinderpsychologie und Kinderpsychiatrie, 42. Jg., 124–131.

Benjamin, J. (1990): Die Fesseln der Liebe. Psychoanalyse, Feminismus und das Problem der Macht. Basel; Frankfurt a. M (Stroemfeld/Roter Stern).

Benjamin, J. (1992): Macht und Begehren der Frau. In: Rohde-Dachser, Chr. (Hg.): a. a. O. 1992, 97–123.

Bley, R. (1993): Eisenhans. Ein Buch über Männer. München (Kindler).

Blos, P. (1990): Sohn und Vater. Diesseits und jenseits des Ödipuskomplexes. Stuttgart (Klett-Cotta).

Bopp, J. (1984): Die Mammis und die Mappis. Zur Abschaffung der Vaterrolle. In: Kursbuch 76, (Rotbuch), 53–4.

Brech, E.; Bell, K.; Maharens-Schürg, Chr. (Hg.) (1999): Weiblicher und männlicher Ödipuskomplex, Göttingen (Vandenhoeck & Ruprecht).

Deserno, H. (1999): Männlichkeit und Ödipuskomplex. In: Brech, E. et al. (Hg.): a.a.O., 81–110.

Eissler, K. R. (1995): Das Ende einer Illusion. Sigmund Freud und sein 20. Jahrhundert. In: Psyche. Zeitschrift für Psychoanalyse und ihre Anwendungen, 49.Jg., 1196–1210.

Freud, S. (1900): Die Traumdeutung. In: Studienausgabe Band II, 21–588.

– Ders., (1916/17): Vorlesungen zur Einführung in die Psychoanalyse. In: Studienausgabe Band I, S. 33–445.

– Ders. (1921c): Massenpsychologie und Ich-Analyse. In: Studienausgabe Band IX, 61–134.

– Ders. (1923): »Psychoanalyse« und »Libidotheorie«. In: Gesammelte Werke Band XIII.
– Ders. (1923a): Das Ich und das Es. In: Studienausgabe Band III, 273–330.
Gläser, G. (1994): Zur Auswirkung präödipaler Vaterdeprivation auf weibliches Wünschen, Wollen und Begehren. In: Forum der Psychoanalyse 10, 245–259.
Grieser, J. (1998/2021): Der phantasierte Vater. Zur Entstehung und Funktion des Vaterbildes beim Sohn. Frankfurt a. M. (Brandes & Apsel).
Kucklick, C. (2008): Das unmoralische Geschlecht. Zur Geburt der Negativen Andrologie. Frankfurt a. M. (Suhrkamp).
Krüger-Kirn, H. (2022): Un-Gleichzeitigkeiten im familialen Geschlechterverhältnis. In: Schäfer, G., Martin, R.; Moeslein-Teising, I. (Hg.): Zeitdiagnosen. Gießen (Psychosozial), S. 364 – 380.
Laplanche, J.; Pontalis, J. B. (1973): Das Vokabular der Psychoanalyse. Erster u. zweiter Band, Frankfurt a.M. (Suhrkamp).
Lüdemann, S.; Seifert, E. (2024): Jenseits von Ödipus? Psychoanalytische Sondierungen sexualpolitischer Umbrüche. Gießen (Psychosozial).
Mertens, W. (1993): Ödipuskomplex. In: Ders. (Hg.): Schlüsselbegriffe der Psychoanalyse. Stuttgart (Verlag Internationale Psychoanalyse), 209–223.
Mertens, W. (1994): Entwicklung der Psychosexualität und Geschlechtsidentität. Bd. 2: Kindheit und Adoleszenz. Stuttgart (Kohlhammer).
Moser, T. (1996): Der Erlöser der Mutter auf dem Weg zu sich selbst. Eine Körperpsychotherapie. Frankfurt a. M. (Suhrkamp).
Müller, F. (2019): Vom Trieb zum Begehren. Über das Verschwinden des Ödipus. In: sans phrase. Zeitschrift für Ideologiekritik. Heft 14.
Nitzschke, B. (1991): Die Liebe als Duell... und andere Versuche, Kopf und Herz zu riskieren. Reinbek b. Hamburg (Rowohlt).
Osheron, S. (1990): Die ersehnte Begegnung. Männer entdecken ihre Väter. Köln (EHP-Verlag).
ÖIF – Österreichisches Institut für Familienforschung (2024): Bedeutung der Familie für die Gesellschaft. Bericht zur Konferenz, 14. Juni 2024, Wien.
Pellegrino, H. (1961): Versuch einer Neuinterpretation der Ödipussage. In: Psyche. Zeitschrift für Psychoanalyse und ihre Anwendungen, 15. Jg., Heft 7, 475–485.
Rath, C.-D. (2006): Vorwort. In: Michels, A.; Müller, P.; Perner, A. & Rath, C.-D. (Hrsg.): Jahrbuch für Klinische Psychoanalyse (Bd. 7, »Familie«, S. 9–20). Tübingen (edition diskord).
Rohde-Dachser, Chr. (Hg.) (1992): Beschädigungen. Psychoanalytische Zeitdiagnosen. Göttingen (Vandenhoeck & Ruprecht).
Schäfer, J. (1999): Vergessene Sehnsucht. Der negative Ödipuskonflikt in der Psychoanalyse. Göttingen (Vandenhoeck & Ruprecht).
Schäfer, G., Martin, R.; Moeslein-Teising, I. (Hg.) (2022): Zeitdiagnosen. Gießen (Psychosozial).
Schon, L. (2000): Sehnsucht nach dem Vater. Die Dynamik der Vater-Sohn-Beziehung. Stuttgart (Klett-Cotta).
Winter, R. (2016): Der werdende Mann. Jungen und ihre Problemlagen heute. In: Aigner, J. Chr.: Der andere Mann. Gießen (Psychosozial), S. 37–58.

Frank Dammasch

Adoleszente Entwicklungskrisen und Walk-In Sprechstunde für Jugendliche des Anna-Freud-Instituts

> *»Wenn der Hummer den Panzer wechselt, verliert er zunächst seinen alten Panzer und ist dann solange, bis ihm ein neuer gewachsen ist, ganz und gar schutzlos. Während dieser Zeit schwebt er in großer Gefahr.«*
> (Françoise Dolto)

1. Gedanken zur Adoleszenz heute

»Schutzlos, sensibel, dünnhäutig und durchlässig«: So beschreibt Dolto in ihrer Metapher den psychischen Zustand des Jugendlichen. Das Ich bzw. das Selbst wird von innen und außen aufgeweicht oder auch angegriffen, und wir sehen im pubertierenden Teenager einen seelisch ungeschützten Menschen vor uns, dessen kindliche Abwehrmechanismen nicht mehr ausreichen, um die hormonbedingt wachsende innere Triebspannung und die erhöhten sozialen und kognitiven Anforderungen der Außenwelt zu meistern. Die Außenwelt, Elternhaus und Schule, geben einerseits Schutz und Halt, werden aber gleichzeitig in Frage gestellt, weil sie sozusagen zum alten kindlichen Panzer gehören. Die Gefühle und Gedanken, die Sehnsüchte und Ängste der inneren Erlebniswelt sind vorher und nachher niemals so bedeutungsvoll wie in der Adoleszenz. Wenn die Triebimpulse von innen und die Ansprüche von außen zunehmend Druck ausüben, kann das im guten Fall positive Auswirkungen auf das reflektierende Denken haben und den Jugendlichen zu kreativen, kognitiven und mentalen Höchstleistungen bringen.

Das jugendliche Selbst-Gefühl schwankt oft zwischen Großartigkeitsvorstellungen und panisch-ängstigender Einsamkeit. Kreative Sublimierung, ICH-schützende Abwehr gehen als Überlebensmechanismen manchmal Hand in Hand. Im nicht so positiven Fall werden die Pflaster von alten Wunden abgerissen und die ganze Verletzlichkeit wird spürbar, die aus den frühen traumatischen Erfahrungen herrühren oder aus dem Wiedererleben eines fehlenden frühen Holdings. Der Schmerz kann den Jugendlichen ganz mitreißen, das Gefühl der Sinnlosigkeit des Lebens wird übermächtig und dann scheint der einzige denkbare Ausweg manchmal im Tod zu liegen. Der Suizid erscheint als Ausweg, um die Verwundungen des kindlichen Selbst und den seelischen Schmerz des Wachsens nicht weiter ertragen zu müssen.

Die Sehnsucht nach dem Tod ist verknüpft mit dem Wunsch nach einem ganz spannungslosen Zustand – einer Harmonie des Nicht-Seins. Neben diesem ganzheitlichen Versuch der Schmerzreduktion durch den Selbstmord gibt es andere Varianten, um die Kontrolle, die durch den Verlust des haltenden Abwehrpanzers der Kindheit verloren gegangen ist, wiederzuerlangen. Vor allem der Körper des Mädchens wird zum Austragungsort von Leid und Konflikt. *Das Ich ist vor allem ein körperliches,* sagt Sigmund Freud. Nie spürt man dies stärker als in der Teenagerzeit. Die Ängste, die aus der Erfahrung des Verlustes der Ich-Kontrolle herrühren, werden übermächtig. Im Ritzen der Körperoberfläche wird versucht, unerträgliche Spannungen abzubauen und einen harmonischen Raum der glatten Gefühllosigkeit zu erreichen. In der Magersucht wird versucht, den kindlichen Körper mit aller Macht zu erhalten und den erwachsenen weiblichen Formen und der potenziellen Mütterlichkeit – der unbewussten Einheit mit der Mutter – zu widerstehen.

Vor allem weibliche Jugendliche versuchen – durch Instagram und TikTok angetrieben –, über die transsexuelle Umdefinition des Geschlechts einen kontrollierten Ausweg aus dem weiblich-mütterlichen schmerzhaften Menstruationschaos hin zur vermeintlich autonomen Männlichkeit zu finden. Insbesondere weibliche Jugendliche scheinen im »weniger Körpersein« einen Ausweg aus dem Triebdschungel und der bedrohlich erlebten Einheit mit der eigenen Mutter zu finden.

Die Auswirkungen des Lockdowns in der Pandemie, Social Media und die gesellschaftlich geförderte Auflösung traditioneller Initiationsriten mit der Verheißung des »Alles ist möglich« stürzen immer mehr Jugendliche in orientierungslose Zustände, die die Bildung einer stabilen Identität erschweren.

Der neu zu erschaffende Schutzpanzer soll heutzutage fluide sein und alle Möglichkeiten offen lassen. Jugendliche leben in einer neoliberalen Welt der digitalen Multioptionalität. Dies macht die Entwicklung vor allem von denjenigen schwierig, die bereits in der frühen Kindheit Trennungen oder andere Traumata erfahren haben, also Jugendlichen, die schon in der frühen Entwicklung gar keine stabilen Bindungserfahrungen hatten, die ihnen einen ruhigen Aufbau ihres Schutzmantels vor inneren und äußeren Gefahren im eigenen Tempo ermöglichten.

Das Erleben von frühen Brüchen in der *Kontinuität des Seins,* wie Winnicott sagt, sind nicht nur Einzelschicksale, sondern werden von pädagogischen Programmen insbesondere durch die sozialpolitische Propagierung der Frühstbetreuung unterstützt. Die Eltern, vor allem die Mütter, sollen früh dem Arbeitsmarkt als Produktivkraft wieder zur Verfügung stehen. In offiziellen Erziehungsplänen wird schon der Säugling als selbständig konstruiert:

> »Das Neugeborene kommt als kompetenter Säugling zur Welt. (...) Kinder gestalten ihre Bildung und Entwicklung von Anfang an aktiv mit und übernehmen dabei entwicklungsangemessen Verantwortung, denn der Mensch ist auf Selbstbestimmung und Selbsttätigkeit hin angelegt.« (Hessischer Bildungs- und Erziehungsplan, 2008)

In der Kinder- und Jugendlichen-Psychotherapie und -Psychiatrie erleben wir jeden Tag die Schattenseiten dieses naiven Fortschrittsoptimismus. Jugendliche Patienten und Patientinnen haben fast alle in der Frühkindheit Brüche in der Kontinuität ihres Seins erlebt. Dies ist nicht alleine auf den Zeitgeist der frühkindlichen Optimierung zurückzuführen – aber auch darauf. Meiner Erfahrung nach sind vor allem weibliche Jugendliche davon betroffen. Aufgrund der Eigenart der meisten Mädchen, die wichtigen Bezugspersonen positiv stimmen zu wollen, passen sie sich schon in frühem Alter der Umwelt an, in der Hoffnung, so den »Glanz im Auge der Mutter« sehen zu können. Sie gelten ihren Eltern in der Kindheit oft als »pflegeleicht«, wirken schon früh selbständig und sind in der Schule fleißig. Anders als die unruhigen Jungen, die schon in der Kindheit revoltieren und durch ADHS oder Aggressionen auffallen. Mädchen zeigen die leidvollen Brüche ihres Lebens und ihrer frühen Beziehungen dagegen oft erst mit Beginn der Pubertät.

Bevor ich meine analytischen Erfahrungen mit einer weiblichen Jugendlichen darstelle, die frühe Trennungen und Brüche erlebt hat, möchte ich kurz das Konzept unserer neu gegründeten Sprechstunde vorstellen, in der ich sie und andere Jugendliche kennengelernt habe.

2. Walk-In Sprechstunde für Jugendliche

Unsere langjährigen klinischen Erfahrungen zeigen, dass seelisch belastete Jugendliche aufgrund ihrer Entwicklungseigenheiten im traditionellen Gesundheitssystem nur selten ankommen. Die biologische, seelische und soziale Umbruchsituation der Adoleszenz geht einher mit der Angst davor, sich in verbindliche Abhängigkeitsbeziehungen von Erwachsenen zu begeben. Man möchte groß und unabhängig sein – gerade dann, wenn man besonders hilfreiches Verstehen bräuchte. Sprunghaftigkeit, Unzuverlässigkeit, Verantwortungslosigkeit sind typische Merkmale von Jugendlichen. Daher schaffen es nur Wenige, sich den organisatorischen Bedingungen für eine Psychotherapie (langwierige telefonische Suche nach einem Therapieplatz mit Misserfolgen, Wartezeiten von mehreren Monaten, notwendige Einbeziehung der Eltern und der Krankenkasse, u. a.) auszusetzen.

Gerade in der heutigen Zeit ist durch die Coronapandemie, die aktuellen Krisen und Kriege ein schwieriges soziales Umfeld für das Aufwachsen der jüngeren Generation entstanden. Hinzu kommt, dass die sogenannte Generation Z mit den Vorzügen und Nachteilen der unbegrenzten Möglichkeiten des Internets konfrontiert ist. Der extensive Social-Media-Konsum mit »Reizüberflutung, Suchtverhalten und Stress durch den Vergleich geschönter Darstellungen mit der eigenen (körperlichen und sozialen) Realität« (vgl. Sinus-Studie 6/2024, S. 717) erhöht unserer Erfahrung nach zusätzlich die Sensibilität und psychische Kränkungsanfälligkeit (Stichwort: Mobbing). Das Gefühl, »lost« zu sein, wird oft beschrieben. Hiervon scheinen besonders Mädchen betroffen.

Ausgehend von diesen Erfahrungen haben wir Anfang 2022 am Anna-Freud-Institut beschlossen, ein niederschwelliges Angebot für Jugendliche in Form einer psychotherapeutischen Walk-In Sprechstunde aufzubauen. Dabei handelt es sich um ein deutschlandweit innovatives Projekt. Ziel ist es, die seelische Gesundheit von Jugendlichen von 14 bis 21 Jahren zu stärken und psychotherapeutische Behandlungen für psychisch belastete Jugendliche anzubieten. Es bildet für die Jugendlichen damit eine Brücke zur ambulanten psychotherapeutischen Versorgung. Es hat sowohl präventive wie kurative Funktion.

Nach einer halbjährigen Phase der Konzeptionsbildung und Angebotsdarstellung, der Kontaktaufnahme mit einigen ausgewählten weiterführenden Schulen und der Bildung eines psychotherapeutischen Netzwerkes begannen wir im Juni 2022 mit sechs EinzeltherapeutInnen und später mit zusätzlich drei GruppentherapeutInnen die Arbeit. Jugendliche zwischen 14 und 21 Jahren können sowohl spontan kommen oder sich in der Telefonsprechstunde anmelden und bekommen meistens innerhalb von einer Woche einen Termin. Das Angebot wird von Anfang an sehr gut angenommen. So stehen manchmal schon einige Jugendliche vor der Tür, bevor die Sprechzeit beginnt. Es kommen auch Lehrerinnen direkt mit ihren Schülerinnen oder Sozialarbeiterinnen mit Jugendlichen aus einer Wohngruppe. Terminvereinbarungen und spontanes Erscheinen halten sich ungefähr die Waage. Auch telefonische Beratungen gibt es vor allem mit Eltern, Lehrerinnen oder Sozialarbeiterinnen.

Ziele sind im Wesentlichen, im ersten Schritt gemeinsam mit den Jugendlichen die seelischen Probleme zu verstehen und bereits mögliche Ursachen aus den Beziehungserfahrungen mit den Peers, der Schule oder der Familie herauszuarbeiten.

Im zweiten Schritt werden entweder Kurzzeittherapien im Einzelsetting oder Gruppensetting angeboten. Bei akuter Suizidalität werden kurzfristig Termine bei mitarbeitenden Jugendpsychiatern vereinbart oder direkt in eine Klinik eingewiesen. In den übrigen Fällen reichen oft wenige Gespräche zur Entlastung aus, oder bei gemeinsam erarbeiteter Therapieindikation wird ein Kontakt zu einem niedergelassenen KJP hergestellt.

Aufgrund des zuverlässigen großen Netzwerks des Anna-Freud-Instituts konnten bisher alle Jugendlichen mit Therapieindikation kurzfristig an niedergelassene KJP vermittelt werden. Für uns überraschend war die durchgehende Erfahrung, dass gerade dieses eher unverbindliche kurze Setting – ohne »Gefahr«, in eine längere Abhängigkeitsbeziehung zu geraten –, bei vielen Jugendlichen zu einem sehr vertrauensvollen, offenen Dialog über ihre innere Erlebniswelt mit all ihren Ängsten, Bedrängnissen und Wünschen führt. In den meisten Fällen konnte man Dankbarkeit spüren, dass sich ein verstehender Erwachsener den Sorgen annimmt. Unsere Erfahrung ist: Jeder Jugendliche braucht mindestens einen Menschen, der sich um ihn sorgt. Ein Teil der Jugendlichen war mit einem, zwei oder drei Gesprächen als Art Krisenintervention bereits zufrieden. Ein anderer Teil kam entweder bereits mit dem Gedanken, eine Psychotherapie machen zu wollen, oder es stellte sich im Gespräch eine gemeinsam geteilte Therapieindikation her. Hier konnten wir bisher alle Jugendlichen mit Therapiemotivation entweder in unsere Therapiegruppen, akute Kurzzeittherapien oder an niedergelassene Kollegen und Kolleginnen weitervermitteln.

In den ersten zwei Jahren haben etwa 400 Jugendliche die Dienste der Sprechstunde in Anspruch genommen. Es werden meist ein bis drei Gespräche geführt. Waren es anfangs fast 100% weibliche Jugendliche, so diversifizierten sich nach einem Jahr zunehmend die Jugendlichen nach Geschlecht (Verhältnis nun 75% weiblich, 23% männlich, 2% transgender) und kulturellem Hintergrund (40% deutsch und 60% mit Migrationshintergrund).

Anmeldegründe sind (sortiert nach Häufigkeit): Depressionen, Angst und Panikgefühle, Selbstverletzendes Verhalten und Essstörungen, Traumatische Erfahrungen mit Trennungen, Suizidalität, Identitätskrisen einschließlich Geschlechterdysphorie, Probleme mit dem Leben in zwei Kulturen, schulische Probleme.

3. Depressive Streberinnen

Eine Gruppe von Jugendlichen, die in zwanghafter Weise der Hoffnung hinterherlaufen, ihr verletztes Selbst durch ein Ideal schulischer Perfektion zu erfüllen, nenne ich *Depressive Streberinnen.*

Es sind meist 14- bis 16-jährige besonders begabte Jugendliche, die versuchen, die wackeligen Grundfesten ihrer Identität auf kognitiver Leistungsfähigkeit aufzubauen. Optimierungsdruck und Verlorenheitsgefühl liegen bei ihnen eng beieinander. Schulische Strebsamkeit verbunden mit dem unerbittlichen Drang nach sehr guten Noten werden zu einem Perfektionsimperativ. Die unvermeidliche Erfahrung des Nichtperfektseins wird als Versagen erlebt und führt zum Einbruch des Selbstwertgefühls. Schlechte Noten lösen ein Gefühl aus, »lost« zu gehen, nichts wert zu sein. Schneller, als Bezugspersonen es bemerken, entstehen bei ihnen Gedanken daran, ihrem Leben ein Ende zu setzen. In solchen Phasen massiver Versagensgefühle und damit einhergehender Lebensmüdigkeit geht alles verloren: Der Glaube, von Anderen anerkannt zu werden, der Glaube an eine lebenswürdige Zukunft, der Glaube, dass es Menschen gibt, die einen lieben und vermissen würden. Manche Mädchen können die Suizidgedanken durch Selbstverletzungen, Ritzen der Arme oder Beine begrenzen und den drängenden psychischen Schmerz zu einem spürbaren körperlichen Schmerz umwandeln. Paradoxerweise können sie manchmal nach diesem dissoziativen Zustand für kurze Zeit wieder zu sich und ihrem verlorengegangenen Gefühl der Selbstwirksamkeit finden.

Wie beschrieben kommen wir in der Walk-In Sprechstunde aufgrund der Spontaneität der Beziehungsherstellung oft schneller als in der Anmeldepraxis mit den inneren Bedrängnissen, Ängsten und Sehnsüchten der Jugendlichen in Kontakt. Neben dem nur scheinbar unverbindlichen Rahmen spielt dabei auch die aktiv neugierige offene Gesprächsführung eine Rolle.

Ich skizziere im Folgenden eine Begegnung mit einer Jugendlichen aus der Sprechstunde und beschreibe den Beginn eines analytischen Prozesses.

Die 16-jährige Bahina steht verloren wirkend gemeinsam mit einer Freundin ohne Anmeldung vor der Tür unserer Walk-In Ambulanz. Sie musste noch etwas warten, da alle Therapeuten mit anderen Jugendlichen in Gesprächen waren. Als ich sie schließlich nach halbstündiger Wartezeit hole, fällt mir ihre dicke Ummantelung und ihre sehr zurückhaltend schweigsame Art auf. Während man mit anderen Jugendlichen in unserem offenen Setting erstaunlich schnell und vertrauensvoll ins Gespräch über ihre inneren Bedrängungen kommt, wirkt das aus Indien stammende Mädchen sehr zurückgezogen, findet erst langsam zur Sprache. Ich teilte ihr mit, wer ich bin, welche Aufgabe unsere Sprechstunde hat und dass wir nun etwas Zeit hätten, gemeinsam darüber zu reden, was sie heute zu uns gebracht habe. Nachdem ich ihr versichert habe, dass niemand etwas von unserem Gespräch zu erfahren braucht, kommt sie allmählich aus sich heraus. Ihr ist es wichtig zu hören, dass vor allem ihre Eltern nichts erfahren. Die hätten so viel zu ertragen mit sich und den Großeltern und der Arbeit und würden ihre Probleme ohnehin nicht verstehen. Sie wolle auch niemanden zusätzlich belasten.

Sie ist in ihren dicken Mantel eingehüllt, redet leise. Die Lehrerin habe sie auf unser Angebot aufmerksam gemacht. Sie ist zusammen mit einem Mädchen einen weiten Weg zu uns gekommen. Im Laufe der drei Gespräche, die mit ihr stattfinden, kommt sie immer mehr dazu, von sich und ihren inneren Bedrängnissen, vor allem von ihren Gefühlen des Alleinseins und der Isolation zu reden.

Sie habe sich eigentlich von Schulbeginn an nicht wohl gefühlt in ihrer Haut. Es falle ihr schwer, Kontakte zu anderen Menschen herzustellen; z.B. das Mädchen, das mitgekommen sei, glaube, dass sie befreundet seien, aber sie könne das nicht empfinden, sie fühle sich ihr nicht nahe, obwohl von außen gesehen wegen ihres asiatischen Aussehens alle meinen, sie seien enge Freundinnen. Sie schildert zahllose Mobbingerfahrungen, wie die anderen ihr den Ranzen geklaut hätten, wie sie ihr ein Brot in das Buch gedrückt haben, wie sie beim Vorbeigehen ihr irgendetwas Rassistisches zuflüstern oder sie als hässlich bezeichnen. Bei ihrem indischen Aussehen denken alle automatisch, sie müsse superklug in der Schule sein. Eine spezifische Form von Rassismus, die ihren inneren Druck noch erhöhe. Überhaupt gehe es in der Schule immer um Rivalität: »Was hast Du in der Arbeit? Wow, so schlecht, ich bin da viel besser, wohl nicht gut genug gelernt.« Dieses Gefühl, nicht gut genug und nicht beliebt zu sein, begleitet sie schon lange. Manchmal habe sie auch Panikattacken in der Schule, wenn sie sich ganz draußen fühle und von jemandem gedemütigt fühle. Immer wieder denke sie, dass das Leben nicht mehr lebenswert sei, aber dann denke sie, sie könne das ihren Eltern nicht antun. Vor drei Jahren habe sie einen Selbstmordversuch unternommen, versucht, sich die Pulsadern aufzuschneiden, aber nicht tief genug geschnitten, wahrscheinlich, weil sie dann doch an ihre Familie dachte. Ich frage, ob sie heutzutage auch solche Gedanken habe, sich das Leben zu nehmen. Gedanken habe sie schon, so denke sie darüber nach, vor ein Auto zu springen, wenn sie an der Straße stehe. Vor drei Jahren war sie in einem starken Tief, das war auch während der Schulschließungen, habe sich ganz allein und isoliert gefühlt. Ihre Mutter hatte das damals mitbekommen und mit ihr geredet. Aber die Eltern haben viel Arbeit und sind schon genug belastet. Der Vater sei oft unterwegs in anderen Ländern.

Eigentlich sei es ihr nach dieser Zeit wieder besser gegangen, aber jetzt ist alles wieder zurückgekommen. Sie weiß nicht, warum. Sie beschreibt ihre innere Abgeschottetheit, die für Andere gar nicht sichtbar sei. So organisiere sie durchaus gerne Ausflüge mit einer Freundesgruppe, die meisten mit asiatischem Migrationshintergrund. Andere denken aufgrund der physiognomischen Ähnlichkeiten sicherlich, dass sie eine eng aufeinander bezogene Clique seien. Sie reden ja auch viel miteinander. Aber ihre Gefühle sind nicht dabei. Sie spüre keine Gemeinsamkeit. Sie sei auch lieber alleine in ihrem Zimmer nach der Schule, die für sie wegen der vielen anderen Schüler, dem Mobbing und dem Druck, sich anzupassen, sehr anstrengend sei. In ihrem Zimmer träume sie dann, begebe sich in ihre Phantasiewelt, in der sie sich großartig fühlen könne, unbesiegbar und erfolgreich sei, vor allem fliege sie in ihren Phantasien gerne in den Wolken – alleine, anstrengungslos. Sie lebe viel in einer Traumwelt, beschäftige sich auch viel mit japanischen Mangas. Allmählich wird klar, dass sie manchmal nicht wisse, ob die Realität wirklich real sei oder Traum. So würde es ihr auch mit unserem Gespräch gehen. Sie gehe nach Hause, begebe sich in ihre Traumwelt, würde vielleicht auch schlafen und danach wisse sie gar nicht mehr sicher, ob unser Gespräch stattgefunden habe oder ob es ein Traum gewesen sei. Manchmal wirke alles irreal.

Diese De-Realisationsphänomene kommen häufiger bei weiblichen Jugendlichen vor, die unsere Ambulanz aufsuchen. So berichten einige Schülerinnen, dass die Schule extrem anstrengend sei. Sie könnten gut den Anderen und auch den Lehrern zeigen, wie klug sie sind, dabei sind sie innerlich mit ihren Gefühlen kaum dabei, leben in einer Parallelwelt.

Bei Bahina und vielen anderen Mädchen erstaunt, wie ihre kognitiven und reflexiven Fähigkeiten aufgrund eines hohen Leistungsideals so weit entfernt sind von ihren Emotionen und ihrer Lust auf die Beziehung mit Anderen. Aggression und auch Sexualität wird bei diesen jungen kognitiv begabten Mädchen oft in selbstverletzendes Verhalten, Ritzen, Essstörungen übersetzt. Suizidgedanken entwickeln sich dann häufig aus einer Spirale des Gefühls, dem eigenen Ich-Ideal und den vermeintlichen Ansprüchen der Eltern niemals entsprechen zu können. In ihrer narzisstisch zurückgezogenen Gedankenwelt geraten sie in Gefahr, zunehmend den emotional bedeutsamen Kontakt zu den Gleichaltrigen und den Eltern zu verlieren. Dringend brauchen sie einen Menschen, der sich traut, sie aus dieser narzisstisch-destruktiven Spirale herauszuholen, da sonst aus den situativen Suizidgedanken eine ernsthafte Lebensgefahr entstehen kann.

Depressive Gefühle ergeben sich unter anderem, wenn man seinen eigenen zu hohen Erwartungen nicht gerecht werden kann und einen strengen inneren Kritiker hat, der einen immer mit Selbstentwertung dafür bestraft, wenn man nicht gut genug ist. Besonders Schülerinnen, die ihren Selbstwert nur über Schulleistungen definieren können, geraten in diesen suizidalen Teufelskreis. Der Zugang zu der Vielfalt der Gefühle und der eigenen Wünsche wird zwanghaft eingeengt und der Weg zu emotionalen Beziehungen scheint blockiert. Eine suizidal gefährdete Jugendliche fasste ihren Wunsch nach einer engen wärmenden Beziehung und ihre Angst davor so zusammen: *Umarme mich, aber berühre mich nicht!*

Bahina ist klug und konnte ihren dicken Schutzmantel auch aufgrund ihres erheblichen Leidensdruckes in den drei vereinbarten vertrauensvollen Gesprächen zunehmend ablegen. Dabei kam ihr der Rahmen unserer Gespräche entgegen, der anonym sein kann, nicht auf Dauer angelegt ist und damit die große Angst der Adoleszentin verkleinert, in eine abhängige Beziehung zu geraten. Die Möglichkeit, sofort zu kommen und auf verständnisvoll wohlwollende, nicht bewertende Erwachsene zu treffen, ermöglicht diesen erstaunlich schnellen Zugang zur inneren Erlebniswelt. Mit Bahina konnte ich gut eine erste gemeinsame Basis des Verstehens ihrer Probleme erarbeiten. Aufgrund ihrer

Selbstmordgedanken, die oft in dissoziativen Situationen auftauchen und die sie dann möglicherweise nicht mehr kontrollieren kann, ermuntere ich sie, mit ihren Eltern zu reden. Das Interesse und die Mitarbeit der Eltern ist auch eine Grundlage dafür, dass sie schließlich eine intensive langfristige Jugendlichenanalyse bei mir beginnen kann.

4. Abschließende Gedanken

»Warum arbeiten Sie eigentlich mit so abgefuckten Teenagern?« Mit dieser Frage überraschte mich nach einem längeren Schweigen eine 16-jährige Patientin, nachdem ich sie danach gefragt hatte, wann sie sich zum letzten Mal geritzt habe. Auch wenn ihre Frage in unserem Dialog eine abwehrende Funktion hatte, indem sie die Beantwortung meiner Frage vermeidet, brachte sie mich doch zum Nachdenken.

Die Beantwortung ihrer Frage möchte ich als Zusammenfassung des bisher Beschriebenen benutzen: Die Jugend ist eine Zeit des Umbruchs der Körperlichkeit, der Affekte und der abstrakten Denkmöglichkeiten. Emotionale und kognitive Dissonanzen sind typisch. Beziehungsentwürfe werden in Frage gestellt, die bisherige psychische Struktur weicht auf und wird in einem schwierigen Prozess verworfen, neu erfunden oder modifiziert. Dabei kommt es zu einer manchmal unheimlichen Dynamik sowohl in der Außenwelt im Kampf mit den bisherigen Beziehungen als auch in der Innenwelt im Konflikt zwischen Es und Über-Ich. Die Ich-Fähigkeiten stehen immer wieder unter Druck, Regression und Progression wechseln sich in chaotischer Weise ab. Vorstellungen über den Tod kommen ins Bewusstsein, signalisieren die Schmerzhaftigkeit des Sterbens kindlicher Lebens- und Beziehungsentwürfe. Daneben entfaltet sich auch oft eine beeindruckende Kreativität. Die Ich-Struktur und die Identitätsentwürfe wirken manchmal so fluide und wechselhaft, dass manche Hausärzte, vor allem wenn noch Verletzungen des eigenen Körpers hinzukommen, in Unkenntnis der adoleszenten Dynamik die Diagnose Borderline stellen. Diese Diagnose sollte allerdings erst im Erwachsenenalter vergeben werden, da die Borderline-Phänomene der adoleszenten Triebdynamik zwar ein Hinweis auf eine tiefgreifende Pathologie sein können, aber oft auch nur ein besonders dramatisches Entwicklungsstadium kennzeichnen: Spaltungen in Gut und Böse, schneller Wechsel der libidinösen und aggressiven Besetzungen, hysterische Dramatisierungen, Somatisierungen, Todeswünsche im Wechsel mit Leistungsfähigkeit und libidinöser Begeisterungsfähigkeit, Verschmelzungswünsche und Isolationsgefühle, Ängste und Panikgefühle. Insgesamt also eine Zeit, die insbesondere mit der libidinösen Besetzung des Denkens und der Reflexion ein lebendiges psychotherapeutisches Gebiet für jeden Analytiker sein könnte. Sicherlich muss man selbst auch Zugang im eigenen Selbst finden zu den ungebändigten, ängstigenden rebellischen Gefühlen seiner Jugend, um seine frühe Erlebniswelt angstfrei in der Gegenübertragung zur Erkenntnisbildung nutzen zu können. Gerade die »abgefuckten Teenager« liegen mir dabei besonders am Herzen, inspirieren in mir eigene Erinnerungen an den ängstigenden pubertären Triebdschungel und stimulieren dadurch das psychoanalytische Junktim von Forschen und Heilen in besonders intensiver Weise.

Martina Scharrer

Vom Halten und Aushalten – Psychodynamisches Verstehen von Jugendlichen mit Frühstörungen[1]

Eingangs möchte ich kurz meine persönlichen Erfahrungen, meinen persönlichen Prozess der Integration von Jugendhilfe und Psychoanalyse und meine Perspektive im Hinblick auf die fruchtbare Verknüpfung von Jugendhilfe und Psychoanalyse darlegen als zwei Disziplinen, die sich mit Kindern und Jugendlichen mit »frühen Störungen« pädagogisch und therapeutisch beschäftigen – manchmal auch beschäftigen müssen. Im Weiteren möchte ich über Aspekte des Trennenden und des Gemeinsamen, über das Unmögliche und Mögliche der Verbindung dieser beiden Felder nachsinnen. Dann werde ich den Jugendlichen Ben vorstellen, der aus meiner Sicht von einer fruchtbaren Verknüpfung in Form professioneller und liebevoller Beziehungsgestaltung profitieren konnte, und Einblicke in die Kontaktaufnahme und in die Beziehungsgestaltung mit ihm geben. Zum Abschluss gehe ich schließlich noch auf das aus meiner Sicht Gelingende, auf das »Wie« dieser Kontakt- und Beziehungsgestaltung ein.

1. Jugendhilfe und Psychoanalyse bei Kindern und Jugendlichen

Mein erster Zugang zu früh gestörten Kindern und Jugendlichen ereignete sich im Rahmen der Jugendhilfe, in einer Einrichtung für »schwer Erziehbare«, wie das damals noch hieß. Wie man sich unschwer vorstellen kann, war ich mit Verhaltensweisen von Kindern und Jugendlichen konfrontiert, die bei mir zu großen Irritationen führten – allerdings war ich auch mit Verhaltensweisen von Pädagoginnen und Pädagogen konfrontiert, die mich nicht weniger irritiert zu-

---

1 Die Ausführungen in diesem Artikel basieren auf meinem gleichnamigen Buch: *Vom Halten und Aushalten – Psychodynamisches Verstehen von Jugendlichen mit Frühstörungen in Psychotherapie, Jugendhilfe und Supervision.* (2024) Frankfurt a. M.: Brandes & Apsel.

rückließen. Zwei Jahre später begann ich mit meinem Studium – erst Psychologie, dann Sonderpädagogik für Erziehungsschwierige und dann Pädagogik, ergänzt mit etwas Philosophie – Studiengänge, die unter anderem auch die vertiefte Beschäftigung mit der Psychoanalyse, als Teil der akademischen Psychologie verstanden, und psychoanalytischer Pädagogik erlaubten. Parallel dazu arbeitete ich an den Wochenenden weiter in der Einrichtung und betreute viele Freizeiten in den Semesterferien. Von da an bewegte ich mich immer wieder gefühlt in zwei Welten: dem psychoanalytischen Paradigma und der Jugendhilfepraxis. Diese wirkten auf mich einerseits wie zwei unvereinbare Widersprüchlichkeiten, aber andererseits eröffneten sich in der Praxis auch Möglichkeiten zur »Überbrückung« dieser Dichotomie – nämlich durch die Erfahrung von Beziehungsgestaltungen, die oftmals Pragmatismus, Improvisation und Intuition erforderten und »erste Gehversuche« eines psychoanalytischen Verstehens darstellten.

Psychoanalytisches Verstehen meint immer auch Selbstverstehen erlebt durch psychoanalytische Selbsterfahrung und Therapie sowie psychodynamische Fallbesprechungen und Supervision. Ich denke dieser Zugang – dem zufolge die Erkenntnis auf Sinneswahrnehmung und Eindrücke zurückzuführen ist – lässt sich in der sensualistischen Aussage des Philosophen John Locke entdecken: »Nihil est in intellectu quod prius non fuerit in sensu« – »Nichts ist im Geiste, was nicht vorher in den Sinnen war« (vgl. Doering, 2022, S. 23).

Im Nachhinein betrachtet würde ich das als Geburtsstunde meiner Bemühungen auffassen, Psychoanalyse für die Jugendhilfe und Jugendhilfe für die Psychoanalyse im Interesse betroffener Kinder und Jugendlicher fruchtbar zu machen. So beschäftigt mich bis heute die Frage, wie es gelingen kann, Vertreterinnen und Vertreter der Jugendhilfe in ihrer Verantwortung für diese Kinder und Jugendlichen für die Psychoanalyse zu begeistern, sowie im Gegenzug psychoanalytische Psychotherapeutinnen und -therapeuten für die Aufgabe zu gewinnen, Kinder und Jugendliche mit frühen Störungen zu behandeln bzw. sich in der Jugendhilfe zu engagieren. Ehrlich gesagt bin ich mittlerweile der Auffassung, dass ein hilfreicher Umgang mit frühgestörten Kindern und Jugendlichen ohne die Konzepte und das Wissen der Psychoanalyse gar nicht auskommen *kann*.

2. Zum Trennenden und Gemeinsamen, Unmöglichen und Möglichen der Verknüpfung von Jugendhilfe und Psychoanalyse im Kontext früher Störungen

Ich beginne mit dem Trennenden, dem vermeintlich Unvereinbaren, das ich zu Beginn meines beruflichen Werdegangs als vorrangig erlebte: einerseits der pädagogische Kontext stationärer Jugendhilfe, in welchem – aus meiner Sicht – die Unmöglichkeit des Erziehens gefordert war, und andererseits die Theorie und die Konzepte und der verstehende Zugang der Psychoanalyse, die mein Interesse und meine Neugierde im Umgang mit frühgestörten Kindern und Jugendlichen beflügelten.

Angesichts der psychischen Situationen und der massiven Entwicklungsverweigerung betroffener Kinder und Jugendlicher fiel es mir manchmal schwer, den pädagogischen Aufträgen, den Erwartungen an die betroffenen Kinder und Jugendlichen und den pädagogischen Zielsetzungen einen Sinn abzuringen; das machte mich oftmals wütend und verzweifelt: Affekte kochten hoch und Konflikte wurden häufig auf institutionellen Ebenen ausgetragen. Es handelte sich um Dynamiken jenseits von technischer Neutralität, die man wohl auch als Übertragungsgeschehen einhergehend mit Projektionen und projektiven Identifikationen auffassen kann.

Insbesondere in diesen affektgeladenen Zusammenhängen halte ich die Psychoanalyse für unabdingbar, um Verstrickungen zu identifizieren und aufzulösen, vorgefundene Realitäten und Grenzen zu akzeptieren, Widersprüche auszuhalten und Ambiguitäten zu tolerieren. So denke ich, dass Psychoanalyse als ein spezifischer Zugang in vielfältiger Weise im Interesse früh gestörter Kinder und Jugendlicher hilfreich ist – was aber nicht unbedingt psychoanalytisch-therapeutische Behandlung bedeuten muss. Man kann Jugendhilfe als pädagogisches Feld auch nicht mit Psychoanalyse – die im pädagogischen Diskurs manchmal auf psychodynamische Therapie reduziert wird – gleichsetzen: Beziehungsgestaltungen in der Jugendhilfe bedeuten eben nicht ununterbrochen psychoanalytische Therapie – das geht nämlich gar nicht. Dennoch springt einem die Therapiebedürftigkeit betroffener Kinder und Jugendlicher in der Jugendhilfe förmlich ins Gesicht – damals wie heute.

Heinz Müller-Pozzi (Müller-Pozzi, 2002) beschreibt Psychoanalyse als eine Erkenntnismethode unbewusster psychischer Prozesse, eine Methode der Verarbeitung psychischer Konflikte sowie eine psychologische Theorie des psychischen Lebens und Erlebens, vor allem deren unbewusster Anteile. Somit ist Psychoanalyse, wie sicherlich bekannt ist, ein viel umfassenderer Begriff, als er weithin verstanden wird: Sie beschreibt eine klinische Situation im Dienst des Erkenntnisgewinns, bleibt nicht auf ein bestimmtes Setting beschränkt und ist damit sozusagen auch nicht auf ein Behandlungszimmer reduziert. So verstanden erfährt Psychoanalyse als situatives Geschehen allgegenwärtigen Charakter und kann eben auch in einer Jugendhilfeinstitution Umsetzung erfahren und ihre Wirksamkeit entfalten.

Auch der 2023 erschienene Tagungsband: *Psychoanalyse »outside the box« – Psychoanalytisches Arbeiten mit Kindern und Jugendlichen außerhalb des klassischen Therapiesettings* verweist auf unterschiedliche Arbeitsfelder mit Kindern und Jugendlichen, in denen dies eindrücklich gelingt (vgl. Traxl/Kirsch/Fraß-See/Glock, 2023).

Wie sieht es in der gelebten psychotherapeutischen Praxis aus? Ambulante analytische Psychotherapie mit früh gestörten Kindern und Jugendlichen aus der stationären Jugendhilfe gestaltet sich oftmals äußerst schwierig: Die Kinder und Jugendlichen scheinen wenig therapiebereit bzw. -fähig zu sein: Sie können oftmals den Rahmen des Behandlungssettings nicht einhalten bzw. greifen ihn sogar aktiv an, drohen mit Suizid, wechseln abrupt ihre Rollen; ihre Affekte, Ansprüche und Bedürfnisse gehen gelegentlich durch die Decke und können in einem ambulanten Behandlungsrahmen oftmals nicht gehalten werden. Sie bleiben dem Behandlungstermin fern, brechen Therapien ab, bringen Psychotherapeutinnen und -therapeuten in große Not, etc., etc.

Aber es gibt eben nicht nur vermeintliche und tatsächliche Unterschiede und Abtrennung, sondern auch Gemeinsames, Verbindendes. Dazu gehören u. a. die Affekte der früh gestörten Kinder und Jugendlichen, die diese bei erwachsenen Fachleuten, die in unterschiedlichen Funktionen und Verantwortungsbereichen mit ihnen zu tun haben, hinterlassen bzw. unterbringen. Denn allzu oft münden solche Kontakte in Gefühlen der Hilflosigkeit, einem Ringen um Macht und Agieren aus Ohnmacht. Zentral scheint zum einen die Beziehungsverweigerung der Kinder und Jugendlichen, die meist kränkend wirkt, zum anderen ihr oftmals externalisierendes, bedrohliches und beängstigendes, aggressives und destruktives Agieren.

Und meist ist man mit der Frage konfrontiert, warum diese Kinder und Jugendlichen durch ihr Verhalten ihre Situation noch verschlimmern, nichts »Gutes« annehmen können, ja Ablehnung und Trennungen geradezu heraufbeschwören: Menschen ziehen sich zurück und Kinder und Jugendliche werden –

meist nach vielen »Chancen« – aus Psychotherapie, Schulen, Pflegefamilien und Institutionen der Jugendhilfe verwiesen.

Die Fragen, die sich mir dabei stellen, sind in erster Linie: Wie lassen sich diese Kinder und Jugendlichen grundsätzlich aushalten, und wie lassen sich Beziehungsfähigkeit und ein Gefühl innerer Sicherheit vermitteln?

Ich denke, dass das Gefühl erfahrener Hilflosigkeit im Umgang mit frühgestörten Kindern und Jugendlichen manche Fachkräfte dazu veranlasst, ihre Haltung zu verändern, indem sie von der viel beschworenen »professionellen Distanz« und dem Glauben an eine effiziente, schnell wirkende und ökonomisch günstige therapeutische Methode abrücken. Denn es sind gerade die »persönlich« erfahrenen, identifizierten und reflektierten Kränkungen und das begleitende Gefühl von Ohnmacht, die Anlass dazu bieten, sich in der Praxis auch auf psychoanalytische Konzepte zu besinnen.

Es handelt sich aus meiner Sicht um Gefühle, die eben gefühlt und verstanden werden müssen, damit sie nicht im ewigen Kreislauf der Beziehungsdynamik wiederholt werden – genau *das* ist nämlich in der Regel nicht auszuhalten. Nicht von ungefähr verstanden sich die Vorreiter therapeutischer Heimerziehung als Psychoanalytiker, wie beispielsweise Anna Freud, Fritz Redl, Hans Zulliger, Bruno Bettelheim, August Aichhorn und Jaques Berna, um nur einige wenige Beispiele zu nennen. Aktuell ist auf den Intensivpädagogen Menno Baumann hinzuweisen, dessen Zugang einer Subjektlogik u. a. auf der psychoanalytischen Pädagogik beruht. Auch die Psychoanalytische Sozialarbeit und Psychoanalytische Pädagogik sollen hier erwähnt werden.

Sieglinde Eva Tömmel hat in ihrem Buch *Wer hat Angst vor Sigmund Freud?* (Tömmel, 2014) herausgestellt, wie und warum grundsätzlich ein psychoanalytischer Ansatz hilfreich sein kann und gar zu »heilen« vermag. Als wesentlich identifiziert sie die verstehende Haltung, welche die Achtung vor dem inneren Erleben, die Beachtung der Subjektivität und Individualität des Gegenübers umfasst, sowie die Achtung des Anderen an sich, die wiederum auf Selbstachtung beruht. Eine verstehende Haltung eröffnet die Möglichkeit, sich selbst als verstanden zu erleben, was Anerkennung des Anderen vermittelt. Diese Erfahrung – und das finde ich sehr bedeutsam – knüpft an ein frühes interaktives und vorsprachliches Erleben an.

In Tömmels eigenen Worten: »Im Verstehensprozess spiegelt ein Subjekt das Andere; im Verstandenwerden erkennt der Andere seinen Wert. Im Verstandenwerden gibt es keine menschliche Einsamkeit. Indem ich einen Anderen verstehe, zeige ich, dass ich ihn achte, dass ich um seine Bedürfnisse weiß und dass ich glaube, dass man sie wissen kann. Der Andere fühlt sich dann nicht mehr alleine auf der Welt, sondern aufgehoben im Hier und Jetzt und in seiner individuellen Geschichte« (ebd., S. 107).

Ich finde es hier wichtig zu erwähnen, dass dieser Zugang nicht auf ein Entweder-Oder abzielt, also entweder verstehe oder handle ich. Vielmehr umschreibt Tömmel auf der Grundlage einer Beziehungsgestaltung ein methodisches Vorgehen als einen reflexiven Prozess, der sich in einer Haltung abbildet. Diese Haltung ermöglicht es aus meiner Sicht, eine Beziehungsgestaltung emotional und mental zu strukturieren. Auf pädagogische Kontexte bezogen möchte ich hier auch an den psychoanalytischen Pädagogen Hans-Georg Trescher erinnern, der sehr treffend schrieb: »Wer versteht, kann manchmal zaubern« (Trescher, 1982, S. 77).

Das zentral Verbindende zwischen Jugendhilfe und Psychoanalyse, wenn es um früh gestörte Kinder und Jugendliche geht, ist allerdings, dass es sich um ein hochdynamisches Beziehungsgeschehen handelt. Insbesondere bei frühen Störungen wird die Not erfahrener Bindungs- und Beziehungstraumatisierungen dieser Kinder und Jugendlichen in den weiteren Beziehungsgestaltungen unbewusst verortet und wiederholt. So wird im pädagogischen Alltag ein liebevoller Betreuer zum allmächtigen Vater, zur misshandelnden Mutter, zum missbrauchenden Bruder, zum idealisierten Retter, zum Opfer von Wut und Aggression, etc. – oftmals im rasanten Wechsel der Rollen, obgleich diese Vorgänge meist verbal keinerlei Ausdruck finden.

Es braucht hier also einen verstehenden Zugang, der sich auf einen *intersubjektiven* Kontext konzentriert und der ein dynamisches Geschehen auch jenseits bewussten und gezeigten Verhaltens annimmt. Und genau dies definiert nach Heinz Müller-Pozzi eine psychoanalytische Situation, die einem die Chance bietet, die oftmals widersprüchlich anmutenden Verhaltensweisen, die eigenen diffusen Gefühle und das machtvolle, destruktive Agieren betroffener Kinder und Jugendlicher mittels der Wahrnehmung eines eigenen resonanten Erlebens zu verstehen. Eigenes Erleben im Umgang dient damit als wertvolle und unabdingbare Quelle der Reflexion und ermöglicht es, sich auf diese Kinder und Jugendlichen immer wieder einzulassen, ohne selbst als »Spielball« den destruktiven Dynamiken und Ängsten ausgeliefert zu sein – und somit also psychisch gesund zu bleiben.

Die Erkenntnisse, die mittels Psychoanalyse in den Kontakten mit betroffenen Kindern und Jugendlichen als implizite Kommunikation im Sinne von szenischem Verstehen, Übertragung und Gegenübertragung, Projektion, projektiver Identifikation, Bedeutung früher Abwehrmechanismen, etc. gewonnen werden können, dienen aus meiner Sicht dazu, einen Beziehungsaufbau überhaupt zu ermöglichen: So ist es die Erkenntnis, die in Beziehungen als implizites Kommunikationsgeschehen gewonnen wird.

3. Die Fallgeschichte Bens mit einem besonderen Augenmerk auf Kontakt- sowie Beziehungsgestaltung

Zum Zeitpunkt des Erstkontaktes mit mir war Ben elf Jahre alt. Bereits in diesem Alter vermochte er es, ein ganzes Stadtviertel durch eine Vielzahl von Straftaten wie Diebstahl und Vandalismus zu »terrorisieren«. Seine delinquenten Taten standen auf der Tagesordnung der Stadtratssitzung, verzweifelt wurde überlegt, wie und wo er schnellstmöglich untergebracht werden könnte. Ben hatte laut Polizei als Elfjähriger innerhalb eines Jahres knapp 300 Straftaten begangen – und dabei handelte es sich natürlich nur um die Taten, bei denen er tatsächlich erwischt wurde.

Im Alter von sieben Jahren musste Ben im Rahmen einer Inobhutnahme seine Mutter und viele Geschwister verlassen. Diese Maßnahme erfolgte wegen mangelnder elterlicher Fürsorge, Vernachlässigung bis hin zur Verwahrlosung, sowie aufgrund von massiven Gewalterfahrungen in der Herkunftsfamilie. Nach der Entlassung aus einer stationären Maßnahme der Jugendhilfe verbrachte er seinen Lebensalltag in einer Übergangseinrichtung zunächst für Kinder, nach diversen Vorfällen für Jugendliche, die auf Vermittlung in eine weitere Einrichtung warteten.

Bens Lebensgeschichte zeugt von Traumatisierungen, die eine von Überlebensstrategien geprägte Persönlichkeitsentwicklung bedingten. Resiliente Erfahrungen in Form von positiven emotionalen Beziehungen standen ihm nur unzureichend zur Verfügung, und er zeigte über Jahre hinweg ausgeprägtes Misstrauen Anderen gegenüber sowie Kontaktunfähigkeit, mangelnde Gruppenfähigkeit, fehlende Anpassungsleistungen, Bewegungsunruhe, Impulsives Verhalten, Gefühl der Gefühllosigkeit mit Suizidalität, Insomnie aufgrund von Intrusionen, Gefühl innerer Leere, Aufmerksamkeits- und Konzentrationsstörungen – eine Persönlichkeitsstörung einhergehend mit schwieriger Identitätsentwicklung und hoher Bedürftigkeit in bindungsrelevanten Bereichen; er war ja, trotz allem, noch ein Kind.

Ein Gefühl, das Ben aber weder erinnern, spüren oder zeigen konnte, war seine Angst. Während er hochriskantes Verhalten an den Tag legte (z. B. auf Dächern oder Bahngleisen herumzuturnen, ein Verhalten, das man auch als parasuizidales Handeln auffassen könnte), fiel es ihm schwer, mit unvertrauten Personen Kontakt aufzunehmen – er wirkte dabei ernst und bedroht, agierte seinerseits bedrohlich und feindselig, zeigte deutliche Abwehr im Bereich sozialer Beziehungen und im Akzeptieren der Realität sowie im Akzeptieren von Regeln und Grenzen. Die damit assoziierten Gefühle der Angst schienen aber getrennt und abgespalten von seinem Erleben zu existieren. Neben Bens massiv antisozialem und kriminellem Verhalten entstand der Eindruck, einem Überlebenskampf des Kindes beizuwohnen. Auf die Frage, warum er sich denn so verhalte, entgegnete Ben, er habe doch »sowieso keine Zukunft«.

Es gelang Ben dennoch, sich zum Mitfahren auf eine Auslands-Freizeitmaßnahme unserer Jugendhilfeeinrichtung »Groß Werden« gGmbH nach Schweden zu motivieren. In den ersten Tagen erlaubte er keinerlei Kontakt zu Erwachsenen, sondern begegnete Kontaktversuchen mit Weglaufen und »unbemerktem« Wiederkommen. Kontakte waren geprägt von seiner Kontrolle und Zurückweisung, seiner Sprachlosigkeit sowie dem Bemühen, Erwachsene auf Distanz zu halten. Auch eine Versorgung mit gemeinsamen Mahlzeiten lehnte er zu Beginn strikt ab, er bediente sich lieber selbst – meist nachts – in Abwesenheit aller anderen am Kühlschrank. Er rannte weg, wenn man ihm zu nahe kam, triumphierte über sein Unvermögen, einzuschlafen und Ruhe zu finden, und blieb über vier lange Tage und Nächte hinweg wach.

In den ersten vier Tagen entzog er sich nachts der Unterkunft und streifte im Dorf umher, um immer wieder destruktive Aktionen zu verrichten. Betreuende Erwachsene folgten ihm bzw. *verfolgten ihn* auf Abstand, kümmerten sich um das angerichtete Chaos, entdeckten ihn, obgleich er sich »versteckt« hielt. Es entstand zunehmend der Eindruck, dass für Ben die Kontrolle – man kann vielleicht auch von sadistischer Kontrolle sprechen – über den Abstand zu Erwachsenen von existentieller Notwendigkeit sei, um womöglich perspektivisch überhaupt einen Kontakt herstellen zu können. Die Dynamik von Nähe und Distanz vor dem Hintergrund eines Gefühls des Verfolgens und der Verfolgung erhielt dabei besondere Bedeutung. Es entstand zudem der Eindruck, dass er die Durchsetzung spezifischer, pädagogisch-strukturierender Maßnahmen zunächst als invasives Eindringen empfand. Mein eigenes Erleben von Übergriffigkeit und Täterschaft in diesem Kontext verstand ich als projektive Identifikation, welche die von Vernichtungsangst geprägte Innenwelt von Ben an mich übermittelte.

Dieses Verständnis gab mir zu diesem Zeitpunkt die Gelegenheit, zu beobachten, eigene Wahrnehmungen zu reflektieren und diese auch als Entsprechung der Versuche von Bens Kontaktgestaltung zu verstehen.

Die zunehmende Erschöpfung der Mitarbeitenden veranlasste mich schließlich dazu, Ben mit seinen nächtlichen Aktionen zu konfrontieren. Unter Berufung auf realistische Notwendigkeiten forderte ich ihn auf, seine nächtlichen Streifzüge zu unterlassen, da die Mitarbeitenden nun auch einmal schlafen müssten. Er reagierte beleidigend und abweisend, forderte mich sehr unfreundlich auf, »sein« Zimmer zu verlassen. Ich entgegnete ihm, dass ich seinem Wunsch erst dann entsprechen würde, wenn er mir versprechen könne, in der kommenden Nacht nicht auszusteigen – und blieb bei dieser Ansage in »seinem« Zimmer vor »seiner« Tür stehen. Zudem deutete ich meine Vermutungen über seine Schlaflosigkeit und versprach ihm, dass – auch wenn er einschlafen werde – immer jemand in Abstand bei ihm sei und verlässlich über seinen Schlaf wache. Es sei zudem ihm überlassen, ob er im Wohn-, Ess- oder in »seinem« Zimmer schlafen würde. Ein heftiger Wutanfall mit ausfallenden Beleidigungen folgte – ich hielt aus, blieb stehen, bevor er letztlich versprechen konnte, nachts zu Hause zu bleiben. Die darauffolgende Nacht blieb er wach, allerdings ohne wegzulaufen, in der nächsten Nacht schlief er im Wohnzimmer auf der Couch; ein Erwachsener stand immer zur Verfügung, der über seinen Schlaf wachte.

In den nächsten Tagen war zu beobachten, dass Bens eigenartige Kontaktgestaltung zunehmend von Widersprüchlichkeiten geprägt schien: Neben massiver Abwehr von Nähe und Kontakt war nämlich »plötzlich« ein Wunsch nach Beteiligung und ein Interesse an Kontakt spürbar. Ab und an bemerkte ich, dass er mich beobachtete. Er versteckte sich beispielsweise hinter Bäumen und Büschen, um sich dann immer häufiger anzunähern und einen kurzen Kontakt in Form von Einwortsätzen herzustellen; zum Beispiel kam er um die Ecke, sagte »Servus« und ging dann wieder. Wesentlich daran schien meine intuitive Haltung, ihn immer im Auge zu haben, immer zu wissen, wo er sich aufhielt, was er gerade machte, ohne aber einen direkten Blickkontakt zu suchen. Zum anderen war ich beschäftigt mit der Frage, wie angstbesetzt er wohl Kontakt erlebe.

Ben hielt sich zunehmend an Erwartungen, die die Erwachsenen an ihn richteten; sein Bemühen, in Kontakt zu kommen, wurde noch deutlicher erkennbar, mitunter suchte er diesen sogar aktiv. Zum Beispiel forderte er Erwachsene zum Wasserballspiel, Badminton, Angeln, Elche suchen, etc. auf. Aus meiner Sicht bildete sich diese Veränderung bzw. Entwicklung in meinen widerstreitenden

Vorstellungen und Phantasien ab: Einerseits entstand das Bild eines hilflosen Kindes, das Schutz brauchte, andererseits gab es aber auch Anteile seiner kindlichen Persönlichkeit, welche dieses Bemühen verhinderten, abwehrten und zerstörten.

So kamen Kontaktversuche vor, die durch schwer auszuhaltende Spannungen charakterisiert oder als unerträgliche Ängste wahrnehmbar waren und immer wieder auch zum Scheitern führten. In der Projektion spiegelte sich dieses Gefühl auch in meinen Befürchtungen, in der Kontaktgestaltung mit dem Jungen etwas falsch zu machen, seine Grenzen gewaltvoll zu überschreiten. Es entstand in mir auf der einen Seite der Wunsch, ihn stattdessen zu versorgen, ihn vielleicht retten zu können. Gleichzeitig verspürte ich eine erhöhte Aufmerksamkeit, um jederzeit seine gewaltvollen und destruktiven Impulse zu begrenzen.

Aufbauend auf dieser Beschreibung der *Kontakt*gestaltung möchte ich nun Einblick in die *Beziehungs*gestaltung geben. Nach 18-monatiger ambulanter Betreuung konnte Bens Begleitung in einem auf Freiwilligkeit, Dauerhaftigkeit und Verlässlichkeit ausgerichteten Rahmen der stationären Jugendhilfe fortgesetzt werden. Auch wenn Bens »Freiwilligkeit« dazu verführen hätte können, eine erfolgte »Rettung« mit Dankbarkeit anzunehmen, war sein Verhalten den Betreuungspersonen gegenüber von Ablehnung und Zurückweisung, teilweise Feindseligkeit dominiert. Er lehnte Kontaktaufnahmen wiederum ab, vermochte es beispielsweise nicht, sich gemeinsam an einen Tisch zu setzen oder triangulierende Situationen auszuhalten. Überhaupt war wenig von Ben spürbar, er wirkte isoliert – Affekte richtete er gegen sich selbst, so auch ein Hassgefühl.

Aus meiner Sicht kämpfte Ben mit sich, um seine »täterloyalen Introjekte« und die damit einhergehenden Affekte zu kontrollieren. Ich hatte den Eindruck, dass er auf keinen Fall etwas falsch machen wollte, was auf Kosten seiner Gefühle ging – die resultierende emotionale Taubheit bildete vielleicht ein Gegengewicht zu seiner chaotischen und womöglich sadistischen Innenwelt. Bereits nach wenigen Tagen offenbarte er mir, dass er »unheimliche Wut« und »maßlose Gier« empfinde und nicht mehr denken könne. Seine Affektlage wirkte häufig dysphorisch und gereizt, er schien getrieben von innerer Unruhe und Ängsten, insbesondere in sozialen Situationen, in denen emotionale Anpassungsfähigkeit einem Gefühl überwältigender Überforderung wich, welchem er mit Rückzug begegnete.

Dieses Beziehungsgeschehen bewirkte wiederum intensive Emotionen bei den Betreuenden, die immer wieder von heftiger Wut und Kränkung, Angst und Selbstzweifeln sowie tiefer Verunsicherung und Gefühlen der Ablehnung heimgesucht wurden. Neben der enormen Herausforderung meinerseits, eben auch Adressatin dieser Gefühle zu sein, diese wahrzunehmen und auszuhalten, bestand auch die Gefahr, in Bens feindselig anmutendem Verhalten seine gesamte Persönlichkeit zu sehen, eine Persönlichkeit, vor der man sich schützen müsse.

Erste Schritte der Suche nach Nähe, Schutz, Spiegelung und psychischer Verfügbarkeit zeigte Ben in seiner dyadischen Ausrichtung der Kontaktgestaltung. Er meldete Bedürfnisse gegenüber den weiblichen Bezugspersonen an und suchte – wenn er in Kontakt ging – die Zweisamkeit. Die männlichen Bezugspersonen wurden aktiv ausgeschlossen, ein Geschehen, welches unter den Betreuenden eine spaltende Dynamik nach sich zog. Diese Dynamik bildete sich nämlich in ihnen ab – einerseits als Gefühl seines Wunsches von intensiver Nähe, Versorgung und Verschmelzung, und andererseits als kränkende Zurückweisung. Seine Spaltungsabwehr war nahezu durchgängig spürbar, indem er die Betreuungspersonen in idealisierte Gute und abgewertete Böse aufteilte.

Auch hier gelang die Wahrnehmung von Bens Innenwelt mittels meiner psychodynamischen, reflexiven und auf Selbsterfahrung beruhenden Fallarbeit, auf der Vermutung projektiver Identifizierungen. Im Sinne einer frühen Form der Kommunikation zeigten sich Bens dyadisch ausgerichtete Beziehungs- und Verschmelzungswünsche, die unbewusst an betreuende Personen adressiert waren, die sich auf der Beziehungsebene zur Verfügung stellten und zudem in der Lage schienen, seine Projektionen in ihrem eigenen Erleben »untergebracht« auszuhalten. Dies bildete den Beziehungsrahmen für eine Reinszenierung eines ehemaligen intersubjektiven Geschehens mit den primären Bindungspersonen.

So bewegten wir uns, parallel zur rahmengebenden Realität, gemeinsam mit Ben in Kontexten seiner aktualisierten Frühgeschichte, immer wieder dazu verführt, sich einerseits in der Rolle idealisierter und versorgender Objekte zu verlieren, und sich andererseits auf die Ebene von Bens symptomatischem Verhalten zurückzuziehen, zu reagieren und die eigene Abwehr auszuagieren. Auf Letzteres bewusst zu verzichten, beförderte bei Ben ein regressiv anmutendes Entwicklungsgeschehen, welches teilweise einem frühkindlichen »Nachholen« existentiell bedeutsamer Beziehungsgestaltung im Sinne der Ausbildung innerer Repräsentanzen und deren Integration gleichkam, ohne auf Zumutungen im Sinne realistischer Forderungen zu verzichten.

Emotional tauchte Ben aus meiner Sicht in frühe Phasen ein, die dem Säuglingsalter glichen: nachts nicht schlafen können, aufgeregt im Schlaf vokalisieren, Umtriebigkeit und Angst – aber auch Suche nach Zweisamkeit und Abgrenzungsversuche gegenüber einem »Dritten«. Diese Phasen zeigten sich auch als

Stimmungen in abruptem Wechsel und bewirkten Entsprechungen im Erleben der Betreuenden. Zunehmend erlaubte es Ben, in diesem Rahmen einen Dialog anzustoßen, bei welchem das Erleben rudimentär in Sprache gefasst werden konnte.

Einen wesentlichen Aspekt dieses Geschehens der Beziehungsgestaltung mit Ben sah ich in der Notwendigkeit der Abstinenz, sich also in dieser regressiven Intersubjektivität nicht zu verlieren, sondern sie vielmehr immer wieder zu begrenzen. Der Rahmen orientierte sich in diesem Sinne nicht ausschließlich an äußeren Gegebenheiten, sondern an der Notwendigkeit, Grenzen zu etablieren und Realität gemeinsam zu akzeptieren, um Ben »verdaubare« und kontrollierbare Erfahrungen von Trennungen und Frustrationen zuzumuten, die für ihn zunehmend aushaltbar wurden und Entwicklung und seelisches Wachsen auf der Grundlage von Beziehung ermöglichten. Dieses Beziehungsgeschehen vollzog sich oftmals jenseits bewussten Verhaltens, stand im Zusammenhang mit Fein- und Taktgefühl, mit der Fähigkeit zu adäquater Resonanz, mentaler Verfügbarkeit und »Markierung« entsprechender Affekte, und bildete aus meiner Sicht ein wesentliches therapeutisch-pädagogisches und kuratives Moment der Beziehungsgestaltung im Rahmen der Jugendhilfe.

4. Die Frage nach der Art und Weise »psychoanalytischen Verstehens«

Abschließend möchte ich auf die Frage, »wie« sich psychoanalytisches Verstehen vollzieht, eingehen, welches in der Beziehung mit Ben hilfreich war. Psychoanalytische Haltung hat es ermöglicht, einen verstehenden Zugang zu Ben zu eröffnen. Ein solcher Zugang, wie von Sieglinde Tömmel als grundsätzliche psychoanalytische Haltung und Herangehensweise formuliert, ist geprägt von Interesse am Anderen und dem Bemühen, dessen Verhalten einen Sinn abzuringen.

Psychoanalyse eröffnet den Blick auf frühkindliche Erfahrungen. Im Kontakt zu Ben schienen diese nicht verbalisierbar und zeigten sich eher in einem Gefüge von Irritationen und Unsicherheiten im Beziehungsgeschehen. Dabei scheint es mir wesentlich zu begreifen, dass Bens Beziehungsgestaltungen auf eine Persönlichkeit hinweisen, die entwicklungspsychologisch von einer massiv beeinträchtigenden strukturellen Störung gezeichnet ist. Im Sinne einer nach

Otto F. und Paulina Kernberg und Mitarbeitenden formulierten »Borderline-Organisation« verstehe ich Bens klinische Auffälligkeiten als eine Form von externalisierender Persönlichkeitsstörung, deren schwere strukturelle Pathologie erst nach einer ausführlichen diagnostischen Evaluation oder eben – wie hier aufgezeigt – im Laufe einer therapeutisch-pädagogischen Beziehungsgestaltung zum Ausdruck kam (vgl. Kernberg, P.F./Weiner/Bardenstein, 2001; vgl. Kreft/Drust/Huber-Horstmann/Held, 2020).

Dabei fallen eine Vielzahl von Verhaltensweisen mit klinisch relevanter Symptomatik auf, die auch vergangenen Entwicklungsphasen zuzuordnen sind.

Das beschriebene Beziehungsgeschehen ließ eine Innenwelt Bens erahnen, deren Selbst- und Objektrepräsentanzen fragmentiert, gespalten und verknüpft mit Affekten sind, die auf beiden Seiten eine enorme Anspannung, aber auch Gefühle von Wut, Traurigkeit, Hilflosigkeit, etc. spürbar werden ließen. In den Beziehungsgestaltungen inszenierten sich aus meiner Sicht wiederholende Dynamiken aus seiner frühesten Kindheit mit ihrer existentiellen Angewiesenheit auf emotionale Versorgung – und damit Abhängigkeit (vgl. v. Klitzing, 2011). In diesen Dynamiken waren die Betreuenden Projektionen und Aggressionen, Idealisierungen und Entwertungen ausgesetzt – hatten es mit hochdynamischen und komplexen Übertragungsmustern zu tun, die reflektiert und verstanden werden mussten. Implizite Kommunikationsformen in diesem Beziehungsgeschehen, wozu psychoanalytische Kernstücke wie Übertragung und Gegenübertragung sowie Projektion und projektive Identifizierung zählen, ermöglichten es, Bens Leid jenseits von Sprache zu erfassen.

Nicht zuletzt möchte ich deshalb noch auf unser »empfangendes Unbewusstes« hinweisen, welches von einem dynamischen Unbewussten zu differenzieren und in seiner Entstehungsgeschichte früher konzipiert ist. Um mit Christopher Bollas zu sprechen: »Unser unbewusstes Leben entsteht in utero; es geht aus unserer ererbten Disposition hervor und entwickelt sich in den prägenden Kindheitsjahren weiter. Die Art und Weise, wie unsere frühen Anderen – die transformierenden Objekte unserer Säuglingszeit und Kinderjahre – uns behandeln, wird in uns kodiert und in die Grammatik unseres Ichs oder in die Regel des Seins und der Bezogenheit eingebaut, nach denen wir unser Leben leben« (Bollas, 2011, S. 18).

Franco De Masi spricht in diesem Zusammenhang von einem emotional-rezeptiven Unbewussten, welches Erkenntnisprozesse intuitiv-emotional strukturiert und einen bedeutungsvollen Zusammenhang zwischen dem Selbst und der Welt herstellt (vgl. De Masi, 2022). Es umfasst zudem eine emotional-intuitive

Eigenschaft, eigene psychische Prozesse wahrzunehmen, und ermöglicht einen unbewussten, emotionalen Austausch auf vorsprachlicher Ebene. Neben dieser kommunikativen Funktion erhält das emotional-rezeptive Unbewusste im Zusammenhang mit frühen Störungen noch eine andere wesentliche Bedeutung: Es gründet in der Annahme, dass das intuitiv-emotionale Denken nur dann entstehen kann, wenn ein Kind existenziell bedeutsame, empathische Reaktionen von Primärobjekten erfahren hat.

Vor diesem Hintergrund lässt sich vielleicht auch mit Sigmund Freud das grundsätzliche Dilemma dieser Kinder und Jugendlichen verstehen: »Niemals sind wir ungeschützter gegen das Leiden, als wenn wir das geliebte Objekt oder seine Liebe verloren haben.« (Freud, 1929, S. 441) Im Zusammenhang damit möchte ich daher zum Abschluss noch zwei Vertreter der Jugendhilfe zu Wort kommen lassen, die mir als Vorbild dienten, und noch einen weiteren Aspekt im Halten und Aushalten dieser Kinder und Jugendlichen zur Sprache bringen. In den Werken beider lässt sich das Wort *Liebe* finden.

Zum einen möchte ich an Yecheskiel Cohen erinnern, der sich in einem Interview dazu bekannte, dass er die Kinder in seiner Einrichtung liebte. Sein Therapiekonzept des *Jerusalem Hills Therapeutic Center* ist in einem ergreifenden Dokumentarfilm festgehalten, der das Konzept der Einrichtung auf den Punkt bringt: »(…) die Geschichte einer einzigartigen Therapie, (…) wenn Wissenschaft auf Intuition trifft, (…) und Liebe auf Professionalität, (…) dann können Wunder geschehen (…)« (vgl. Cohen, 2017).

Zum anderen denke ich an Ronald Hofmann, der sich in seinem Praxisbuch für *Therapie, Betreuung und Beratung von bindungsgestörten Kindern und Jugendlichen mit einer Borderline Störung* sowohl auf die Objektbeziehungstheorie nach Otto F. Kernberg als auch auf die Bindungstheorie stützt und eindrücklich »das Halten« charakterisiert: »Das Halten ist der wesentlichste Teil der therapeutischen und pädagogisch-betreuerischen Beziehung und damit der personellen Grundhaltung zu borderlinegestörten Kindern und Jugendlichen (…). Halten beschreibt eine Fähigkeit und eine innere Haltung als individuelle nichtlernbare Therapie- und Erziehungskompetenz. Dies beinhaltet das bindungsrelevante Schützen und Beschützen der Kinder und Jugendlichen. Praktisch heißt dies, für sie einzutreten (…). Vermittlung eines rückhaltlosen Schutzes ohne Gegenleistung, Liebe trotz Begrenzung, Liebe trotz eigener Wut, Angst, Demütigung, Hilflosigkeit« (Hofmann, 2002, S. 229).

Literatur

Baumann, M. (2009): Verstehende Subjektlogische Diagnostik bei Verhaltensstörungen. Ein Instrumentarium für Verstehensprozesse in pädagogischen Kontexten. Hamburg (tredition).

Bollas, C. (2011): Die unendliche Frage. Zur Bedeutung des freien Assoziierens. Frankfurt a. M. (Brandes & Apsel).

Bollas, C. (2020): Der Schatten des Objekts. Das ungedacht Bekannte. Zur Psychoanalyse der frühen Entwicklung. 5. Aufl., Stuttgart (Klett-Cotta).

Bürgin, D./Staehle, A./Westhoff, K./Wyler v. Ballmoos, A. (2020): Psychoanalytische Grundannahmen. Vom analytischen Hören im klinischen Dialog. Frankfurt a. M. (Brandes & Apsel).

Cohen, Y. (2017): Das traumatisierte Kind. Psychoanalytische Therapie im Kinderheim. 2. Aufl., Frankfurt a. M. (Brandes & Apsel).

De Masi, F. (2022): Die Arbeit mit schwierigen Patientinnen und Patienten. Die Behandlung von schweren Neurosen, Traumata und Perversionen, von Borderline- und psychotischen Zuständen. Frankfurt a.M. (Brandes & Apsel).

Doering, S. (2022): Resonanz – Begegnung – Verstehen. Implizite Kommunikation in der therapeutischen Beziehung. Stuttgart (Klett-Cotta).

Dulz, B./Briken, P./Kernberg, O.F./Rauchfleisch, U. (Hrsg.) (2017): Handbuch der Antisozialen Persönlichkeitsstörung. 2. Aufl., Stuttgart (Schattauer).

Dulz, B./Herpertz, S. C./Kernberg, O. F./Sachsse, U. (Hrsg.) (2011): Handbuch der Borderline-Störungen. 2. Aufl., Stuttgart (Schattauer).

Freud, S. (1929): Das Unbehagen in der Kultur. In: GW XIV. Frankfurt a. M.: (1999), S. 420–506.

Herpertz-Dahlmann, B./Simons, M. (2011): Entwicklungsaspekte und differenzialdiagnostische Überlegungen bei Borderline-Symptomen im Kindes- und Jugendalter. In: Dulz, B./Herpertz, S. C./Kernberg, O. F./Sachsse, U. (Hrsg.): Handbuch der Borderline-Störungen. 2. Aufl., Stuttgart (Schattauer).

Hofmann, R. (2002): Bindungsgestörte Kinder und Jugendliche mit einer Borderline-Störung. Ein Praxisbuch für Therapie, Betreuung und Beratung. Stuttgart (Klett-Cotta).

Kernberg, O. F. (2019a): Borderline-Störungen und pathologischer Narzißmus. 19. Aufl., Frankfurt a. M. (Suhrkamp).

Kernberg, O. F./Levy, K.N. (2011): Borderline-Persönlichkeitsstörung und Borderline-Persönlichkeitsorganisation – Psychopathologie und Diagnose. In: Dulz, B./Herpertz, S.C./Kernberg, O. F./Sachsse, U. (Hrsg.): Handbuch der Borderline-Störungen. 2. Aufl., Stuttgart (Schattauer).

Kernberg, P. F./Weiner, A./Bardenstein, K. (2001): Persönlichkeitsstörungen bei Kindern und Jugendlichen. (2. Aufl.) Stuttgart (Klett-Cotta).

Kreft, I./Drust, M./Huber-Horstmann, B./Held, U. (2020): Die Übertragungsfokussierte Psychotherapie für Kinder mit Borderline-Persönlichkeitsorganisation. Göttingen (Vandenhoeck & Ruprecht).

Müller-Pozzi, H. (2002): Psychoanalytisches Denken. Eine Einführung. 3. erw. Aufl., Bern (Huber).

Sevecke, K./Krischer, M. (2017): Emotionale Auffälligkeiten bei antisozialem Verhalten im Kindes- und Jugendalter. In: Dulz, B./Briken, P./Kernberg, O. F./Rauchfleisch, U. (Hrsg.): Handbuch der Antisozialen Persönlichkeitsstörungen. Stuttgart (Schattauer).

Sevecke, K./Krischer, M. (2016): Jugendliche Persönlichkeitsstörungen im psychodynamischen Diskurs. Göttingen (Vandenhoeck & Ruprecht).

Tömmel, S.E. (2015): Wer hat Angst vor Sigmund Freud. 2. korr. Aufl., Frankfurt a. M. (Brandes & Apsel).

Traxl, B./Kirsch, S./Fraß-See, L./Glock, S. (Hrsg.) (2023): Psychoanalyse – »Outside the box«. Psychodynamisches Arbeiten mit Kindern und Jugendlichen außerhalb des klassischen Therapiesettings. Frankfurt a. M. (Brandes & Apsel)

Trescher, Hans-Georg: Wer versteht, kann (manchmal) zaubern (1982). In: Kindheit, 4 (1) S. 77–90.

Vogel, M. (2019): Schwere Traumata in der Säuglingszeit prägen ein Leben lang. https://www.psychologie.ch/psychoscope-blog-schwere-traumata-der-saeuglingszeit-praegen-ein-leben-lang (Stand: 15.06.2022).

Von Klitzing, K. (2022): Vernachlässigung – Betreuung und Therapie von emotional vernachlässigten und misshandelten Kindern. Stuttgart (Klett-Cotta).

Die Autorinnen und Autoren

Josef Christian Aigner, Dr. phil., Dr. h.c., Psychologe und Psychoanalytiker, Psychotherapeut. Bis 2017 Professur für Psychoanalytische Pädagogik und Psychosoziale Arbeit an der Fakultät für Bildungswissenschaft der Universität Innsbruck. Arbeits- und Forschungsschwerpunkte: Väter- und Männerforschung, Psychoanalytische Kulturkritik, Sexualforschung, Sexualpädagogik, Sexualtherapie.

Frank Dammasch, Prof. Dr. phil., Dipl. Soz. und Dipl. Päd., analytischer Kinder- und Jugendlichen-Psychotherapeut, Kontrollanalytiker, Supervisor, Hochschullehrer an der Fachhochschule Frankfurt a. M., Autor und Herausgeber zahlreicher Fachartikel und -bücher. U. a.: *Lernen und Lernstörungen bei Kindern und Jugendlichen* (mit D. Katzenbach, 2004), *Die Bedeutung des Vaters* (mit H.-G. Metzger, 2005), *Jungen in der Krise* (2007), *Männliche Identität* (mit H.-G. Metzger u. M. Teising, 2008), *Triangulierung* (mit D. Katzenbach u. J. Ruth, 2008), *Das modernisierte Kind* (mit M. Teising, 2013), *Männlichkeiten* (mit I. Quindeau, 2014), *Migration, Flucht und Kindesentwicklung* (mit C. Burkhardt-Mußmann, 2016), *Männlichkeit, Sexualität, Aggression* (mit H.-G. Metzger, 2017).

Ludwig Janus, Dr. med., Studium der Psychologie und Medizin in München, Essen und Göttingen. Psychoanalytische Weiterbildung in Göttingen und Heidelberg. Seit 1975 Psychotherapeut in eigener Praxis. Dozent und Lehranalytiker. Past-Präsident der Internationalen Studiengemeinschaft für Pränatale und Perinatale Psychologie und Medizin (ISPPM), Past-Präsident der Deutschen Gesellschaft für psychohistorische Forschung und politische Psychologie (GPPP). Mitglied psychoanalytischer Fachgesellschaften (DPG, DGPT) sowie der Gesellschaft für Bindungsanalyse nach Hidas und Raffai und Mitglied in der Arbeitsgruppe für pränatal fundierte Psychotherapie und Psychosomatik. Leiter des Instituts für pränatale Biologie und Medizin. Autor und Herausgeber zahlreicher Bücher und Einzelpublikationen in Fachzeitschriften zur prä- und perinatalen Psychologie sowie Psychohistorie, u. a. *Die Psychoanalyse der vorgeburtlichen Lebenszeit und der Geburt* (1989), *Menscheitsgeschichte als psychologischer Entwicklungsprozess* (2008), *Lehrbuch der Pränatalen Psychologie* (2014; hrsg. mit Klaus Evertz, Rupert Linder), *Homo foetalis – das Wechselspiel des fötalen Erlebens mit den Primateninstinkten und dem Verstand als Wesenskern des Menschen* (2018).

Lisa Koch, Dr. phil., Psychologische Psychotherapeutin und Psychoanalytikerin für Kinder, Jugendliche und Erwachsene und Mitglied der DPG, VaKJP und IPV. Lisa Koch ist Dozentin, Supervisorin und Lehranalytikerin am Institut für Psychoanalyse und Psychotherapie von Kindern und Jugendlichen (KIP) in Nürnberg und am Institut für Psychoanalyse Nürnberg-Regensburg (IPNR).

Ellen Lang-Langer, Dr. phil., Analytische Kinder- und Jugendlichen-Psychotherapeutin, niedergelassen in Frankfurt am Main. Dozentin, Supervisorin, Sachverständige für Familienrecht. Veröffentlichungen: *Trennung und Verlust: Fallstudien zur Depression in Kindheit und Jugend* (2009), *Spielraum und Rahmen: Abstinenz und Agieren in der psychoanalytischen Behandlung von Kindern und Jugendlichen* (2014), *Holding, Strukturveränderung und Therapieerfolg: Evaluation psychoanalytischer Behandlungen von Kindern und Jugendlichen im Erwachsenenalter* (2019), *Autismus und Trauma* (2024), diverse Beiträge in Fachzeitschriften.

Florian Müller, analytischer und tiefenpsychologisch fundierter Kinder- und Jugendlichen-Psychotherapeut in eigener Praxis in Nürnberg. Supervisor, Dozent und aktuell Vorstandsmitglied am Institut für Psychoanalyse und Psychotherapie von Kindern und Jugendlichen in Nürnberg. Letzte Veröffentlichungen: *Zwischenwelten in der Kinderanalyse eines Jungen im Latenzalter.* In: Kinderanalyse. Psychoanalyse im Kindes- und Jugendalter und ihre Anwendungen. 4/2018. *Vom Trieb zum Begehren. Über das Verschwinden des Ödipus.* In: sans phrase. Zeitschrift für Ideologiekritik. 14/2019. *»Eine Art psychoanalytischer Roman«. Versuch über Döblins Hamlet-Roman.* In: sans phrase. Zeitschrift für Ideologiekritik. 24/2024.

Martina Scharrer, Dr. phil., analytische und tiefenpsychologisch fundierte Psychotherapeutin für Kinder und Jugendliche in eigener Praxis. Zusatzausbildungen in systemischer Beratung und Psychotraumatologie. Dozentin und aktuell Vorstandsvorsitzende am Institut für Psychoanalyse und Psychotherapie von Kindern und Jugendlichen in Nürnberg. Letzte Veröffentlichung: *Vom Halten und Aushalten. Psychodynamisches Verstehen von Jugendlichen mit Frühstörungen in Psychotherapie, Jugendhilfe und Supervision.* (Brandes & Apsel, 2024).

Angelika Staehle, Diplom-Psychologin. Psychologische Psychotherapeutin, analytische Kinder- u. Jugendlichen-Psychotherapeutin, Psychoanalytikerin für Kinder, Jugendliche und Erwachsene (DPV/IPA). Lehranalytikerin und Supervisorin DPV/DGPT/IPA, Gruppenlehranalytikerin, Leiterin der Weiterbildung Kinder- und Jugendlichenanalyse der DPV von 2006 bis 2019.

Niedergelassen seit 40 Jahren in eigener Praxis für Kinder, Jugendliche und Erwachsene, einzeln und in Gruppen. Zahlreiche Veröffentlichungen zur psychoanalytischen Behandlungstechnik von Kindern, Jugendlichen und Erwachsenen, zu Träumen, autistischen Phänomenen, Mutismus und Symbolisierungsstörungen. Letzte Veröffentlichungen: (2020): Dieter Bürgin, gemeinsam mit Angelika Staehle, Kerstin Westhoff, Anna Wyler von Ballmoos: *Psychoanalytische Grundannahmen. Vom analytischen Hören im klinischen Dialog.* Brandes & Apsel, Frankfurt a. M.; (2022): *Angst zu lieben – Vermeidung des Anderen.* Kinderanalyse, 30. Jg. April 2022, H. 2, 121–148.

Jörg Wiesse, Prof. Dr. med., Facharzt für Kinder- und Jugendpsychiatrie und -Psychotherapie, Psychoanalytiker.

Hendrik Zill, M.A., analytischer und tiefenpsychologisch fundierter Kinder- und Jugendlichen-Psychotherapeut, seit 2020 stellv. Vorsitzender des Instituts für Psychoanalyse und Psychotherapie von Kindern und Jugendlichen Nürnberg e.V., Supervisor und Dozent an verschiedenen Ausbildungsinstituten und Universitäten, war mehrjährig in der Kinder- und Jugendpsychiatrie und im sozialpädiatrischen Zentrum in Chemnitz als Psychologe tätig, seit 2011 niedergelassen in eigener Praxis in Chemnitz.

Der Frankfurter Verlag für Psychoanalyse

Herausgegeben von der Fachzeitschrift
Kinder- und Jugendlichen-Psychotherapie

Psychodynamische Kinder- und Jugendlichen-Psychotherapie

Band 1: Grundlagen

300 S., Pb. Großoktav, 39,90 €,
ISBN 978-3-95558-365-1

Erfahrungen von frühster Kindheit an prägen das Erleben und das Verhalten von Kindern und Jugendlichen und ihre Beziehungen zu anderen. In den unterschiedlichsten Situationen stoßen junge Menschen an ihre Grenzen, überschreiten sie oder scheitern daran.

In der Psychodynamischen Psychotherapie können Analytiker*innen auf flexiblere Art und Weise die Therapie so gestalten, dass besser auf die Bedürfnisse der jungen Patent*innen eingegangen werden kann.

Mit Beiträgen von Heribert Blass, Karl Heinz Brisch, Arne Burchartz, Mahrokh Charlier, Frank Dammasch, Maria Teresa Diez Grieser, Peter Fonagy, Udo Hock, Anne Hurry, Karin J. Lebersorger, Horst-Eberhard Richter, Anne-Marie Sandler, Beate Schumacher

Der Frankfurter Verlag für Psychoanalyse

Arne Burchartz / Beate Kunze (Hrsg.)

Mitherausgeber: Fachzeitschrift
Kinder- und Jugendlichen-Psychotherapie

Psychodynamische Kinder- und Jugendlichen-Psychotherapie

Band 2: Theorie und Praxis der Behandlung

ca. 280 S., Pb. Großoktav, 39,90 €,
ISBN 978-3-95558-395-8
erscheint im April 2025

Auf der Grundlage der Psychoanalyse haben sich eine Fülle technischer und methodischer Behandlungsansätze für die psychischen und psychosomatischen Krisen und Erkrankungen von Kindern und Jugendlichen herausdifferenziert. Je nach Alter, Entwicklungsstand, Strukturniveau der Störung und familiärem Hintergrund kann die Behandlungspraxis ganz verschieden aussehen. Der Band repräsentiert diese Bandbreite mit Texten zur Psychotherapie vom Säuglingsalter bis in die Adoleszenz, zu verschiedenen Störungen: Angststörung, psychosomatischen Störungen, Traumafolgen, Dissozialität, Selbstverletzungen usw. Ebenso kommen praktische Prinzipien zur Sprache: Der Rahmen, die Deutung, das Spiel, die Phantasietätigkeit und nicht zuletzt die Arbeit mit den Eltern.

Die Beiträge stammen von erfahrenen Kinder- und Jugendlichenpsychotherapeuten, die sich über die Schulter schauen lassen und Einblicke in ihre alltägliche psychotherapeutische Arbeit eröffnen.

Beiträge von
Rose Ahlheim,
Marie-Luise Althoff,
Susanne Benzel,
Claudia Burkhardt-Mußmann,
Heidemarie Eickmann,
Michael Günter,
Gabriele Häußler,
Thomas Hüller,
Ellen Lang-Langer,
Johan Norman,
Katarzyna Schier,
Angelika Staehle,
Erwin Sturm,
Gabriele Teckentrup,
Gisela Zeller-Steinbrich

Der Frankfurter Verlag für Psychoanalyse

Doris Mauthe-Schonig

Die Behandlungspraxis in der Kinder- und Jugendlichen-Psychoanalyse

Sieben Fallgeschichten

212 S., Pb. Großoktav, 29,90 €,
ISBN 978-3-95558-382-8

Falldarstellungen sind keine Sachtexte, auch wenn sie wie Sachtexte daherkommen. Sie sind keine Sachtexte, weil sowohl von der Autorin wie von den Kindern subjektives Erleben hinzugefügt wird. Falldarstellungen werden zu Fallgeschichten, sie sind eine Koproduktion, an der beide Seiten Anteil haben. Diese intersubjektive Sichtweise von Mauthe-Schonig entspricht einem theoretischen Ansatz von einer Psychoanalyse, die sich in den letzten hundert Jahren stark weiterentwickelt hat.

 **Der Frankfurter Verlag für Psychoanalyse**

Martina Scharrer

Vom Halten und Aushalten

Psychodynamisches Verstehen von Jugendlichen mit Frühstörungen in Psychotherapie, Jugendhilfe und Supervision

292 S., Pb. Großoktav, 39,90 €,
ISBN 978-3-95558-380-4

Zahlreiche Fallbeispiele dienen dazu, ein Verständnis für die Beziehungsgestaltung zu fördern und das erwachsene Gegenüber als »Verwandlungsobjekt« zu betrachten. Beziehungsgestaltung bedeutet hier, sich auf die Dynamiken im Kontakt mit den betroffenen jungen Menschen einzulassen und ihnen Raum für heilsame transformierende Prozesse zu bieten.

Der Frankfurter Verlag für Psychoanalyse

Ellen Lang-Langer
Autismus und Trauma
Genese und psychodynamische Behandlung bei Kindern und Jugendlichen

292 S., Pb. Großoktav, 39,90 €, ISBN 978-3-95558-369-9

Autistische Störungen werden verstanden als Reaktion auf allerfrüheste, traumatisierende Verletzungen. Aus schicksalhaften Gründen gelingt es Vater und Mutter nicht, die Bedürfnisse des Kindes in einer angemessenen Weise zu beantworten, weder auf der Ebene des Augenkontaktes, noch auf der Ebene des Berührens, Sprechens, Träumens. Eigene zerstörerische und traumatisierende Erfahrungen, manchmal über Generationen, vereisen die innere Welt, töten Kreativität, Beziehungs- und Wahrnehmungsfähigkeit, Lebendigkeit, verhindern Holding und befördern Projektionen.

In den Behandlungsberichten wird die zunächst über weite Strecken in Verbindungslosigkeit verharrende psychoanalytische Behandlung autistischer Kinder und Jugendlicher beschrieben. Der Kontakt mit dem Objekt wird als traumatisierend erlebt. Die Therapeutin erlebt in der Gegenübertragung Antwortlosigkeit und die Unmöglichkeit, einen Spiegel im Gegenüber zu finden. Genau diese Szene ist es, die von der frühen Geschichte der Kinder erzählt. Wenn der autistische Patient beginnt, die Therapeutin zu registrieren, ihre Existenz zuzulassen, kommen anrührende Begegnungen zustande, die an die Ein- und Abstimmung von Mutter und Baby erinnern; denn die autistische Symptombildung suchte, das nicht-vorhandene, frühe mütterliche Schutzschild zu ersetzen, um ein Überleben zu ermöglichen.

Der Frankfurter Verlag für Psychoanalyse

Sebastian Kudritzki /
Catharina Salamander (Hrsg.)

Psychoneurosen des Kindesalters

Symptom – Beziehung – Entwicklung

200 S., Pb. Großoktav, € 29,90
ISBN 978-3-95558-353-8

Die AutorInnen geben Denkanstöße und diskutieren vertieft über das, was im Kind durch das Symptom zur Sprache kommen will. Besprochen werden:

Essstörungen,
Angststörungen,
Depressionen,
Enkopresis,
Enuresis,
psychosomatische Krankheitsbilder,
Zwänge,
Sprach- und Denkstörungen,
Lern- und Leistungsstörungen, externalisiertes Verhalten, Beziehungstraumatisierungen und Regression.

Der Frankfurter Verlag für Psychoanalyse

Jill Salberg / Sue Grand

Transgenerationales Trauma

Eine Einführung

ca. 176 S., Pb. Großoktav,
ca. 24,90 €,
ISBN 978-3-95558-390-3
erscheint im März 2025

Jill Salberg und Sue Grand bieten einen Überblick über die psychoanalytische Arbeit zu transgenerationalen Traumata, wobei sie ihre Perspektive in der Bindungstheorie und der sozialethischen Wende der relationalen Psychoanalyse verankern. Transgenerationales Trauma ist eine bahnbrechende Studie über die Übertragung von Traumata über Generationen hinweg.

Salberg und Grand untersuchen, wie das Trauma unserer Vorfahren eine Narbe in unserem Leben, unserem Körper und unserer Welt hinterlassen kann. Sie gehen davon aus, dass wir die soziale Gewalt, der wir ausgesetzt waren, allzu oft wiederholen. Ihr einzigartiger Ansatz umfasst bei der Beschäftigung mit Bindung, Hinterlassenschaften von Gewalt und der Rolle von Zeugenschaft bei der Heilung verschiedene psychoanalytische und psychodynamische Theorien. Klinische und persönliche Geschichten werden mit der Theorie verwoben, um die soziohistorischen Positionen zu verdeutlichen, die wir erben und ausleben.